Mark Zahel

Walliser Alpen

Die großen Trekkingrunden

Tour Monte Rosa – Tour Matterhorn – Tour des Combins

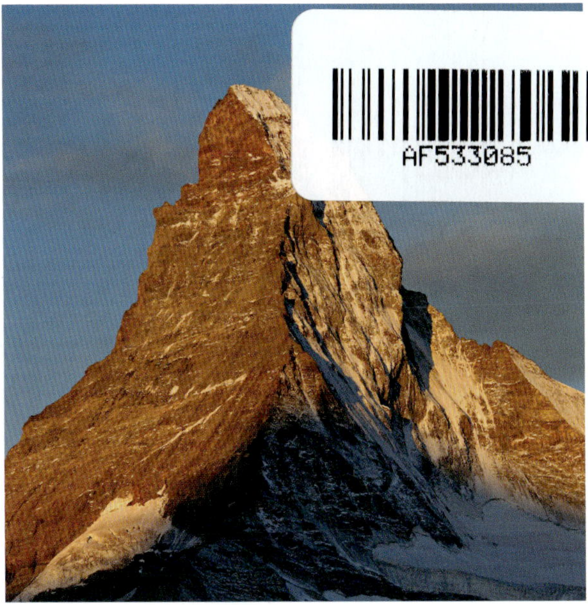

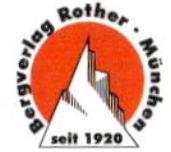

BERGVERLAG ROTHER GMBH • MÜNCHEN

ROTHER WANDERFÜHRER

Abruzzen
Achensee
Algarve
Allgäu 1, 2, 3, 4
Allgäuer Alpen - Höhenwege und Klettersteige
AlpeAdriaTrail
Altmühltal
Andalusien Süd
Annapurna Treks

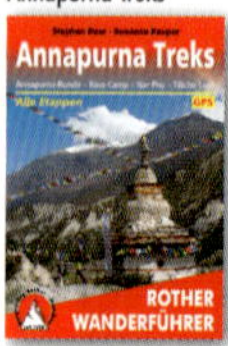

Antholz - Gsies
Aostatal
Appenzeller Land
Ardennen
Arlberg - Paznaun
Arnoweg
Außerfern
Australien
Auvergne
Azoren
Bayerischer Wald
Berchtesgaden
Bergisches Land
Berlin
Bern
Berner Oberland Ost
Berner Oberland West
Bodensee Nord, Süd
Bodensee-Rätikon
Böhmerwald
Bolivien
Bozen
Brandnertal
Bregenzerwald
Bremen - Oldenburg
Brenta
Bretagne
Bulgarien
Burgund
Cevennen
Chiemgau
Chiemsee
Chur
Cilento
Cinque Terre
Comer See
Cornwall-Devon
Costa Blanca
Costa Brava
Costa Daurada
Costa del Azahar
Côte d'Azur
Dachstein-Tauern Ost
Dachstein-Tauern West
Dänemark-Jütland
Dauphiné Ost, West
Davos
Dolomiten 1, 2, 3, 4, 5, 6
Dolomiten-Höhenwege 1-3
Dolomiten-Höhenwege 4-7
Dolomiten-Höhenwege 8-10
Donausteig
E5 Konstanz - Verona
Ecuador
Eifel
Eifelsteig
Eisenwurzen
Elba
Elbsandsteingebirge
Elsass
Ober-, Unterengadin
Erzgebirge
Fichtelgebirge
Fränkische Schweiz
Friaul-Julisch Venetien
Fuerteventura
Gardaseeberge
Garhwal-Zanskar-Ladakh
Gasteinertal

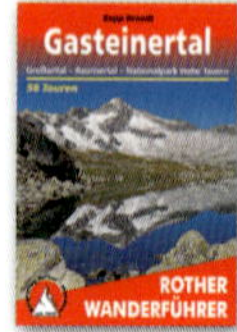

Genfer See
Gesäuse
Glarnerland
Glockner-Region
Goldsteig
La Gomera
Gran Canaria
Grazer Hausberge
Gruyère-Diablerets
GTA
Hamburg
Harz
Hawaii
El Hierro
Hochkönig
Hochschwab
Hohenlohe
Hunsrück
Ibiza
Innsbruck
Irland
Isarwinkel
Island
Istrien
Italienische Riviera
Jakobsweg - Camino del Norte
Französischer Jakobsweg Le Puy-Pyrenäen, Straßburg-Le Puy
Jakobswege Schweiz

Spanischer Jakobsweg
Südwestdeutsche Jakobswege
Jugendherbergen Rheinland-Pfalz und Saarland
Julische Alpen
Jura, Französischer
Jura, Schweizer
Kärnten
Kalabrien
Kapverden
Karawanken
Karnischer Höhenweg
Karwendel
Kaunertal
Kitzbüheler Alpen
Klettersteige Bayern - Vorarlberg- Tirol - Salzburg
Klettersteige Dolomiten - Brenta - Gardasee
Klettersteige Julische Alpen
Klettersteige Schweiz
Klettersteige Westalpen
Korfu
Korsika
Korsika - GR 20
Kraichgau
Kreta
Kurhessen
Lago Maggiore
Languedoc-Roussillon
Lanzarote
Lappland
Lesbos-Chios
Limesweg
Lungau
Luxemburg-Saarland
Madeira
Mallorca
Marken-Adriaküste
Maximiliansweg
Mecklenburgische Seenplatte
Meran
Montafon
Mont Blanc
Montenegro
Moselhöhenweg
Mühlviertel
München
München - Venedig
Münsterland
Golf von Neapel
Neckarweg
Neuseeland
Neusiedler See
Niederlande
Niederrhein
Nockberge
Norische Region
Normandie
Norwegen Mitte, Süd, Jotunheimen
Oberlausitz
Oberpfälzer Wald
Odenwald
Ötscher
Ötztal
Ossola-Täler
Ostfriesland

Ost-Steiermark
Osttirol Nord, Süd
La Palma
Patagonien
Peru
Pfälzer Weitwanderwege
Pfälzerwald
Pfaffenwinkel
Picos de Europa

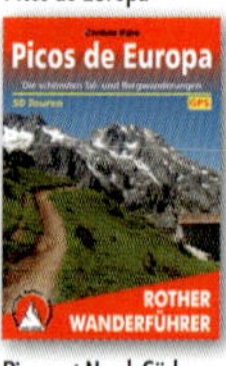

Piemont Nord, Süd
Pinzgau
Pitztal
Provence
Pyrenäen 1, 2, 3, 4
Regensburg
La Réunion
Rheinhessen
Rheinsteig
Rhodos
Rhön
Riesengebirge
Rom-Latium
Rügen
Ruhrgebiet
Salzburg
Salzkammergut Ost
Salzkammergut West
Samos
Sardinien
Sauerland
Savoyen
Schottland
Schwabenkinder-Wege Oberschwaben, Vorarlberg
Schwäbische Alb Ost
Schwäbische Alb West
Schwarzwald Fernwanderwege
Schwarzwald Mehrtagestouren Mitte/Nord, Süd/Mitte
Schwarzwald Nord, Süd
Schweden Mitte, Süd
Seealpen
Seefeld
Sierra de Gredos
Sierra de Guadarrama
Sizilien
Spessart
Steigerwald
Steirisches Weinland
Sterzing
Stubai
Stuttgart
Südafrika West
Surselva
Sylt, Amrum, Föhr
Tannheimer Tal
Tasmanien
Hohe Tatra
Niedere Tatra
Tauern-Höhenweg
Hohe Tauern Nord
Tauferer Ahrntal
Taunus
Tegernsee
Teneriffa
Tessin
Teutoburger Wald
Thüringer Wald
Toskana Nord
Toskana Süd
Türkische Riviera
Überetsch
Umbrien
Ungarn West
Vanoise
Veltlin
Vía de la Plata
Via Francigena
Vierwaldstätter See

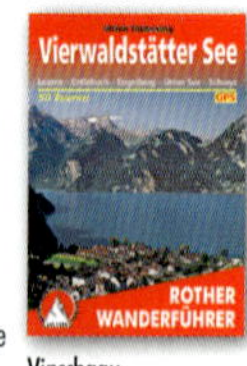

Vinschgau
Vogesen
Vogesen-Durchquerung
Wachau
Waldviertel
Wales
Oberwallis
Unterwallis
Walliser Alpen
Weinviertel
Welterbesteig Wachau
Weserbergland
Westerwald
Westerwald-Steig
Wien
Wiener Hausberge
Wilder Kaiser
Zillertal
Zürichsee
Zugspitze
Zypern

Vorwort

Trekkingtouren in den Walliser Alpen lassen Wunschträume wahr werden: Wenn wir mit einer ordentlichen Portion Entdeckungslust aufbrechen, um in die erhabene Hochgebirgswelt für mehr als nur eine Stippvisite einzutauchen, wenn wir eine lange Spur tiefgreifender Erlebnisse aufnehmen, da wird garantiert Unvergessliches in unserem Herzen haften bleiben. Tag für Tag ein hoher Passübergang oder ein berauschender Höhenweg, die sich letztendlich zu einer großartigen Runde verbinden – da ist das Ganze viel mehr als die Summe seiner Einzelteile.

Wer diese Art der aktiven Freizeitgestaltung für sich entdeckt, hebt einen »gewöhnlichen« Bergwanderurlaub zweifellos auf eine andere Stufe. Denn sie entbindet uns vom abgehackten Rhythmus typischer Tagestouren und lässt emotional gleichsam einen »Flow« aufkommen. Solch eine mehrtägige Alpinwanderung ist schon im Geiste eine Herausforderung und führt manch einen unterwegs auch zu einer besonderen Selbsterfahrung. Routinierte Trekkingfreunde können ohnehin nicht anders, als immer wieder ihrer Leidenschaft zu frönen.

Wo zahlreiche stolze Viertausender aufragen und die alpine Landschaft von anmutigen Talschaften bis ins Reich der Gletscher an Facettenreichtum kaum zu überbieten ist, wo sich außerdem das Wetter regelmäßig gut gelaunt präsentiert, dort sind beste Voraussetzungen für ein spannendes Alpentrekking gegeben. Braucht es nur noch praktikable Routen, die wir als Leitfaden aufnehmen können …

In diesem Führer werden drei verschiedene Rundtouren in den Walliser Alpen mit allen relevanten Basisinformationen und detaillierten Routenbeschreibungen vorgestellt. Alle drei führen nach einem Motto, wie es speziell in den Westalpen inzwischen recht verbreitet ist, um ein großes, berühmtes Bergmassiv samt Ausläufern. Und zwar überwiegend auf für normale Wanderer gut beherrschbaren Wegen und Pfaden. Der gewaltige Monte Rosa, das unvergleichliche Matterhorn sowie die charismatische Gruppe um den Grand Combin ganz im Westen der Region stehen also im Mittelpunkt des Interesses. Jeder der drei Treks ist auf seine Weise höchst lohnend und macht uns jeweils sowohl mit der schweizerischen als auch mit der italienischen Seite vertraut. Leichtere und anspruchsvollere Etappen halten sich die Waage. In ihrer Gesamtheit vermitteln sie zweifellos ein ausführliches Bild der Walliser Alpen. Schultern wir also den Rucksack und lassen wir uns stets aufs Neue verzaubern!

Bleibt mir, Ihnen mit diesem Büchlein eine anregende Lektüre sowie einen nützlichen Begleiter unterwegs zu wünschen. Und natürlich die allerschönsten Erlebnisse!

Mark Zahel, im Sommer 2013

Inhaltsverzeichnis

Die Südostabstürze des Monte Rosa vom Rifugio Pastore gesehen.

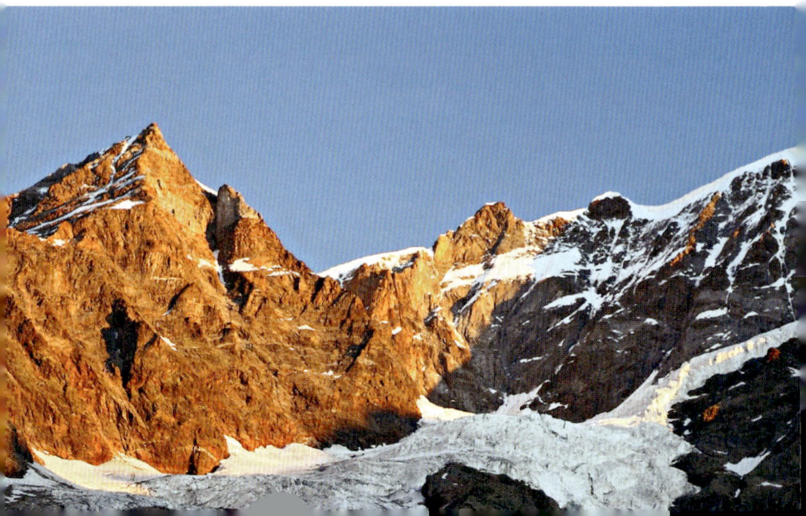

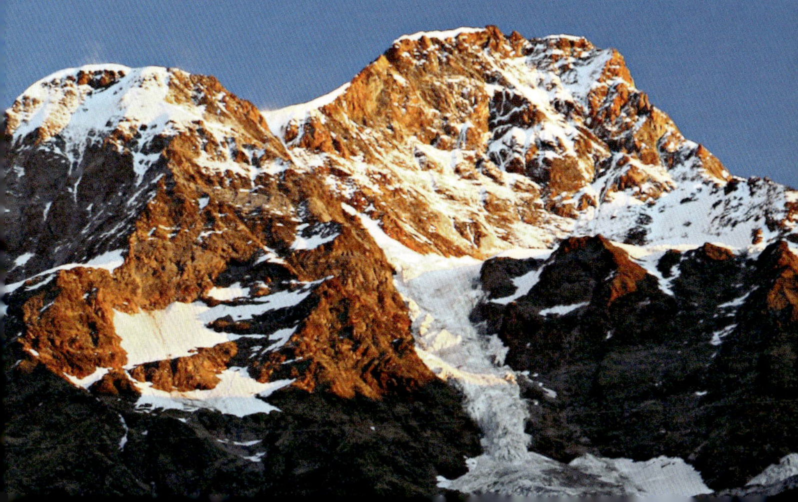

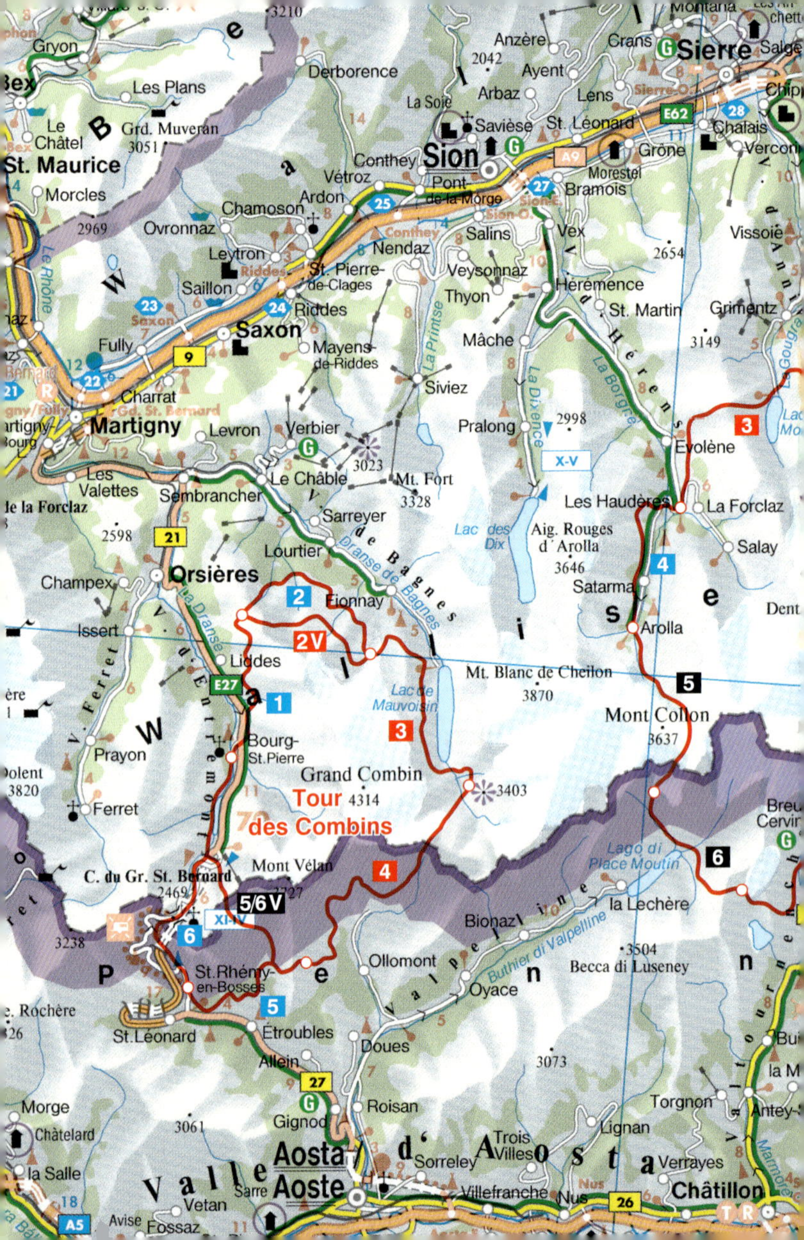

Gryon
Bex
Les Plans
Le Châtel
Grd. Muveran
3051
St. Maurice
Morcles
2969
Ovronnaz
Derborence
3210
Anzère
2042
Ayent
Arbaz
La Soie
Savièse
Sion
Conthey
Vétroz
Ardon
Chamoson
Leytron
Saillon
Saxon
Fully
Charrat
Martigny
Les Valettes
Sembrancher
Levron
Verbier
Le Châble
3023
Mt. Fort
3328
Sarreyer
Lourtier
Fionnay
Champex
Orsières
Issert
Liddes
Prayon
Ferret
Bourg-St.Pierre
Grand Combin
4314
Tour des Combins
3403
Mont Vélan
C. du Gr. St. Bernard
2469
3238
St.Rhémy-en-Bosses
St.Léonard
Étroubles
Allein
Gignod
Roisan
Doues
Ollomont
Oyace
Bionaz
la Lechère
Lago di Place Moutin
Becca di Luseney
3504
3073
Torgnon
Lignan
Trois Villes
Sorreley
Aosta
Aoste
Sarre
Villefranche
Nus
Verrayes
Châtillon
Antey
Morge
Châtelard
la Salle
3061
Vetan
Avise
Fossaz
Valle d'Aosta
Pont-de-la-Morge
Nendaz
Salins
Veysonnaz
Thyon
Riddes
St. Pierre-de-Clages
Mayens-de-Riddes
Siviez
Mâche
Pralong
2998
Lac des Dix
La Dixence
La Printse
Vex
Hérémence
St. Martin
Bramois
Grône
Chalais
Crans
Montana
Sierre
Salgesch
Lens
St. Léonard
Vissoie
Grimentz
2654
3149
Evolène
Les Haudères
La Forclaz
Salay
Aig. Rouges d'Arolla
3646
Satarma
Arolla
Mt. Blanc de Cheilon
3870
Mont Collon
3637
Lac de Mauvoisin
Dranse de Bagnes
V. de Bagnes
La Borgne
V. d'Hérens
V. Ferret
V. d'Entremont
La Dranse
Le Rhône
2598
E62
A9
E27
A5
9
21
27
26
22
23
24
25
28
X-V
XI-IV
1
2
2V
3
4
5
5/6 V
6

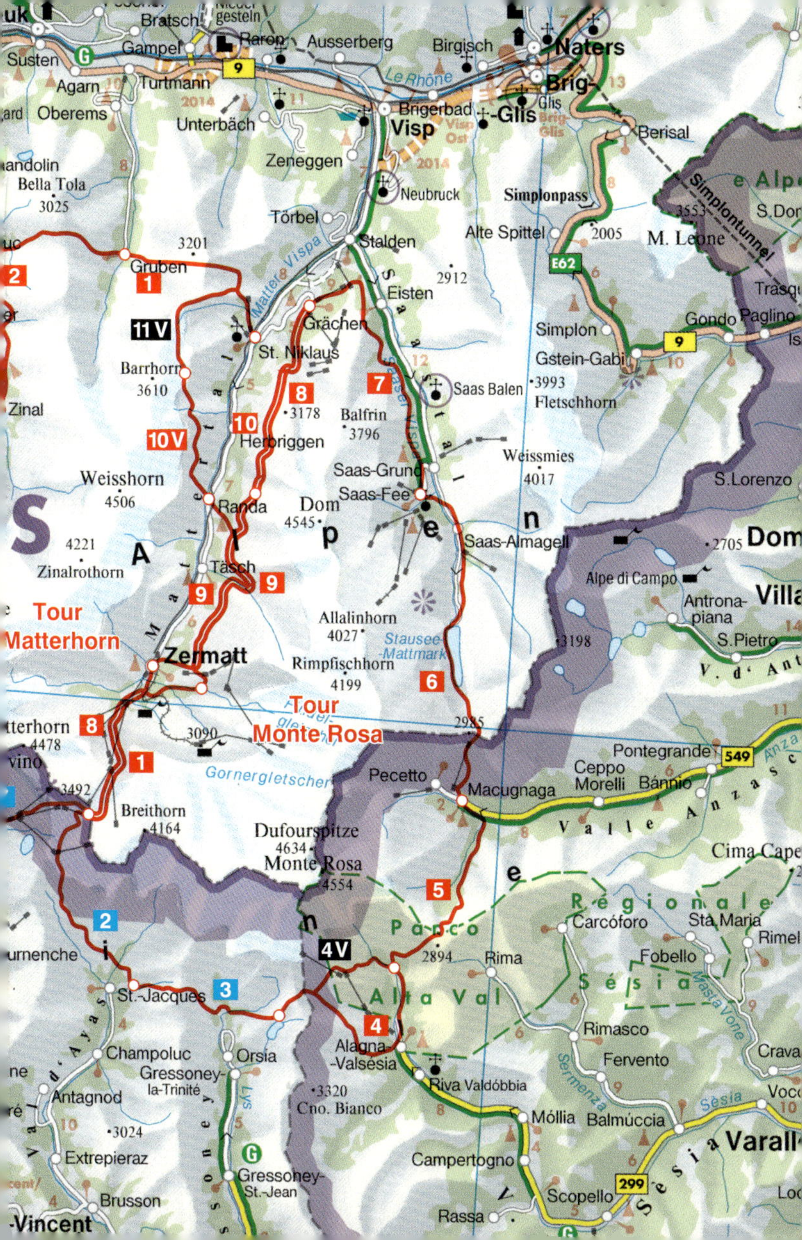

Bratsch
Gampel
Raron
Ausserberg
Birgisch
Naters
Susten
Agarn
Turtmann
Le Rhône
Brig-
Glis
Oberems
Unterbäch
Brigerbad
Visp
-Glis
Berisal
Zeneggen
Bella Tola
3025
Neubruck
Simplonpass
Simplontunnel
Törbel
Stalden
Alte Spittel
2005
M. Leone
3201
Gruben
2912
Eisten
E62
Grächen
St. Niklaus
Simplon
Gondo
Paglino
Gstein-Gabi
Barrhorn
3610
Saas Balen
3993
Fletschhorn
Zinal
3178
Balfrin
3796
Herbriggen
Weissmies
4017
Saas-Grund
Weisshorn
4506
Saas-Fee
S.Lorenzo
Randa
Dom
4545
Saas-Almagell
2705
4221
Zinalrothorn
Täsch
Alpe di Campo
Antrona-
piana
Allalinhorn
4027
Stausee
-Mattmark
3198
S.Pietro
Tour
Matterhorn
Zermatt
Rimpfischhorn
4199
Tour
Monte Rosa
2985
Pontegrande
549
3090
Ceppo
Morelli
Bannio
Gornergletscher
Pecetto
Macugnaga
3492
Valle Anzasca
Breithorn
4164
Dufourspitze
4634
Monte Rosa
4554
Cima Cape
Regionale
Carcóforo
Sta.Maria
Rimel
Parco
2894
Rima
Fobello
St.-Jacques
Alta Val
Sésia
Mastallone
Rimasco
Champoluc
Orsia
Alagna-
-Valsésia
Crava
Gressoney-
la-Trinité
Fervento
Antagnod
Riva Valdóbbia
Sermenza
3320
Cno. Bianco
Móllia
Balmúccia
Sèsia
3024
Varall
Extrepieraz
Campertogno
Gressoney-
St.-Jean
299
Brusson
Scopello
Rassa
-Vincent

Zum Gebrauch des Wanderführers

Schwierigkeitseinstufung

Jeder große Trek wird zunächst mit einer allgemeinen Einführung gewürdigt. Danach folgen die einzelnen Tagesetappen nach Vorschlag des Autors, von dem freilich auch individuell abgewichen werden kann. Die Farbe der Tourennummer gibt bereits einen (groben) Hinweis auf das Schwierigkeitsniveau der jeweiligen Strecke. Es werden drei Kategorien unterschieden:

Leicht Bergwanderung auf gut ausgebauten und markierten Wegen von meist nur mäßiger Steilheit. Passagen in abschüssigem Gelände sind selten. Ein Grundmaß an Trittsicherheit kann vorteilhaft sein, sonst gibt es aber keine besonderen Anforderungen. Auch konditionell nicht überdurchschnittlich fordernd.

Mittel Wege und Bergpfade, die solide Trittsicherheit erfordern, in ausgesetztem Gelände auch Schwindelfreiheit. Sie sind in der Regel ebenfalls ausreichend markiert, weisen aber nicht selten schmalen Verlauf auf und können vereinzelt gesichert sein. Der Gebrauch der Hände ist jedoch allenfalls unterstützend notwendig, klettern im eigentlichen Sinn muss man nicht. Im

Der Talschluss von Mauvoisin mit Pointe d'Otemma (links) und Bec d'Epicoune.

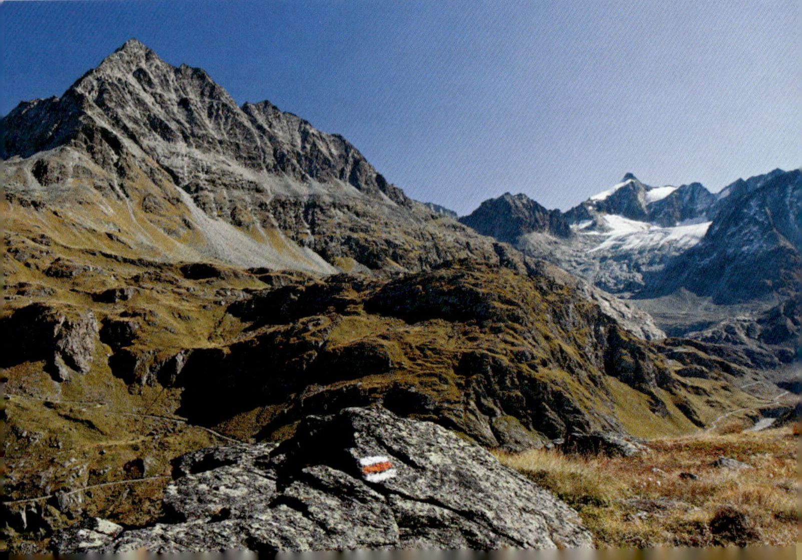

Symbole

Symbol	Bedeutung	Symbol	Bedeutung
	Ort mit Einkehrmöglichkeit	†	Gipfel
	Einkehrmöglichkeit	)(	Pass, Sattel
	Schutzhaus, Unterstand		Kirche, Kapelle, Marterl/Bildstock
P	eingerichteter Parkplatz		Aussichtsplatz
	Fahrt mit Seilbahn/Sessellift		Abzweig

alpinen Gelände nimmt die Abhängigkeit von den aktuellen Verhältnissen zu. Ist bei technisch leichteren Routen allein der konditionelle Anspruch hoch (Richtwert 7 Stunden oder mehr), wird ebenfalls in diese Kategorie eingestuft.

■ **Schwierig** Anspruchsvollere Routen in oft hochalpinem, beschwerlichem Gelände. Eventuell kann eine erkennbare Trasse am Boden fehlen, außerdem ist mit leichten Kletterstellen (in diesem Führer nicht über den I. Grad hinaus) zu rechnen. Absolute Trittsicherheit und Schwindelfreiheit sind ebenso unerlässlich wie eine umfassendere alpine Erfahrung. Die Abhängigkeit von Wetter und Verhältnissen ist umso mehr zu beachten.

Neben der Schwierigkeit der Tour sind in der Kopfzeile außerdem die Gesamtgehzeit sowie die zu bewältigenden Höhenunterschiede aufgeführt: Diese werden für Auf- und Abstieg getrennt angegeben und beziehen sich auf die gesamte Etappe. Dabei ist ein zwischenzeitliches Auf und Ab so genau wie möglich und sinnvoll berücksichtigt.

Der Tourensteckbrief

In den einzelnen Etappenkapiteln wird vorab auf Besonderheiten, Hintergründiges und den jeweiligen Grundcharakter eingegangen. Darunter steht der Tourensteckbrief als wichtigstes Werkzeug zur konkreten Planung. Folgende Elemente sind üblicherweise enthalten:

- **Ausgangs- und Endpunkt:** Diese ergeben sich nach dem Etappenschema fortlaufend. Beim Ausgangspunkt des 1. Tages findet sich ein kurzer Hinweis auf die Anreise.
- **Anforderungen:** Es wird über Beschaffenheit der Wege bzw. des Geländes, über besonders relevante Schwierigkeiten sowie an die Begeher gestellte Voraussetzungen Auskunft gegeben. All dies gründet sich allein auf objektive Kriterien und daher immer auf die Annahme günstiger Verhältnisse. Dass z. B. Schlechtwetter die Anforderungen merklich erhöhen kann, muss zusätzlich einkalkuliert werden. Die Summe dieser Fakten findet letztlich auch in der Farbe der Tourennummer (siehe oben) Ausdruck.

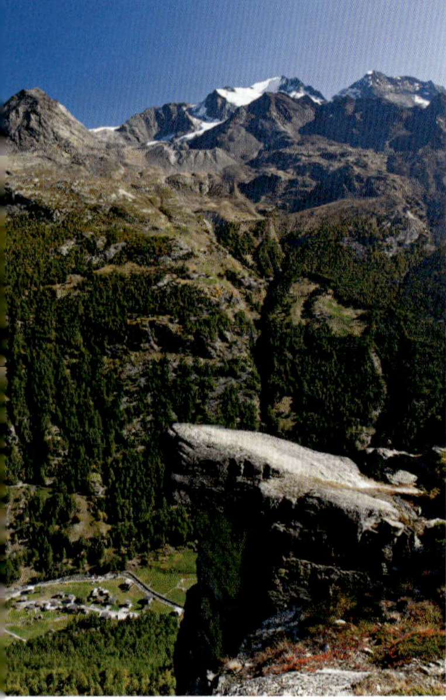

Panoramablicke vom Feinsten bietet der Grächener Höhenweg im Saastal.

■ **Einkehr und Unterkunft:** Aufgeführt werden sämtliche Stationen einer Etappe, die Verpflegung bzw. Übernachtungsmöglichkeit anbieten. Um Erkundigungen einholen und sich gegebenenfalls für eine Übernachtung anmelden zu können, werden auch die Telefonnummern genannt.

■ **Hinweise, Tipps und Varianten:** Unter diesen Stichwörtern findet man Besonderheiten, die für die Planung und Durchführung relevant sein können. Oft handelt es sich beispielsweise um etwaige Seilbahnnutzungen, Vorschläge für lohnende Gipfelabstecher sowie kleinere Wegvarianten im Verlauf der Etappe. Diese werden dann in relativ knapper Form beschrieben. Alternativen, die in größerem Stil von der Hauptroute abweichen, wird allerdings ein eigenes Kapitel gewidmet.

Karten und Profile

Weitere wichtige Planungshilfen sind der Kartenausschnitt sowie das Höhenprofil, das die wesentlichen Steigungsverläufe wiedergibt und zudem den Überblick über die Gehzeiten (einschließlich Zwischenwerte) und die zurückzulegende Strecke enthält. Maßgeblich ist dabei immer die reine Gehzeit ohne Pausen, wobei die tatsächliche Streuung in der Praxis ein bekanntes Phänomen ist, das mitunter Kritiken seitens der Nutzer verursacht. Ein Autor kann eben nicht alle Einflussfaktoren, unter denen das persönliche Leistungsvermögen des Einzelnen sicherlich an erster Stelle steht, dezidiert berücksichtigen, sondern sich lediglich an berggewohnten, ausdauernden Wanderern ohne erhöhten sportlichen Anspruch orientieren. Diese legen im Aufstieg normalerweise 300 bis maximal 400 Höhenmeter pro Stunde zurück, im Abstieg etwa das 1,5-Fache. In flachem Gelände können ungefähr vier Streckenkilometer angesetzt werden, sofern der Untergrund nicht hindernisreich ist.
Sowohl in der Karte als auch im Profil sind wichtige Wegpunkte verortet. Diese werden auch in der Routenbeschreibung kenntlich gemacht und korrespondieren zudem mit dem GPS-Track, der als Zusatznutzen via Internet abrufbar ist.

GPS-Tracks

Zu diesem Wanderführer stehen auf der Internetseite des Bergverlag Rother (www.rother.de) GPS-Daten zum kostenlosen Download bereit. Sie benötigen dafür das Passwort wfWALAL01Su3Wo; Benutzername: gast. Sämtliche GPS-Daten wurden vom Autor im Gelände erfasst. Verlag und Autor haben die Tracks und Wegpunkte nach bestem Wissen und Gewissen überprüft. Dennoch sind Fehler oder Abweichungen nicht auszuschließen, außerdem können sich die Gegebenheiten vor Ort zwischenzeitlich verändert haben. GPS-Daten sind zwar eine hervorragende Planungs- und Navigationshilfe, erfordern aber nach wie vor sorgfältige Vorbereitung, eigene Orientierungsfähigkeit sowie Sachverstand in der Beurteilung der jeweiligen (Gelände-)Situation. Man sollte sich für die Orientierung auch niemals ausschließlich auf GPS-Gerät und -Daten verlassen.

Routenbeschreibungen

Mit der eigentlichen Wegbeschreibung schließt das Etappenkapitel ab. Der Autor ist um angemessene Ausführlichkeit bemüht, damit die Route an vielen Zwischenpunkten oder auch an Wechseln der Geländebeschaffenheit gut nachzuvollziehen ist. Ganz wichtige Stationen sind wie erwähnt nummeriert hervorgehoben. Jedes denkbare Detail zu benennen, würde den Rahmen aber sprengen und auch im Sinne der Übersichtlichkeit kontraproduktiv sein.

Nomenklatur und Höhenangaben stammen vornehmlich aus dem amtlichen Kartenwerk von Swisstopo, auf italienischem Boden eventuell auch abweichend. Damit sei ein generelles Faktum angesprochen, welches besonders die Südseite der Walliser Alpen betrifft: Da hier historisch bedingt verschiedene Sprachkulturen Einfluss genommen haben (etwa das Franko-Provenzalische, das Walserdeutsche und natürlich auch das Italienische), kommt es zu einem gewissen Durcheinander in der Schreibweise geografischer Begriffe. Ein praktisches Problem für den Wanderer entsteht dadurch freilich kaum.

Stiebende Wasser neben unserem Weg.

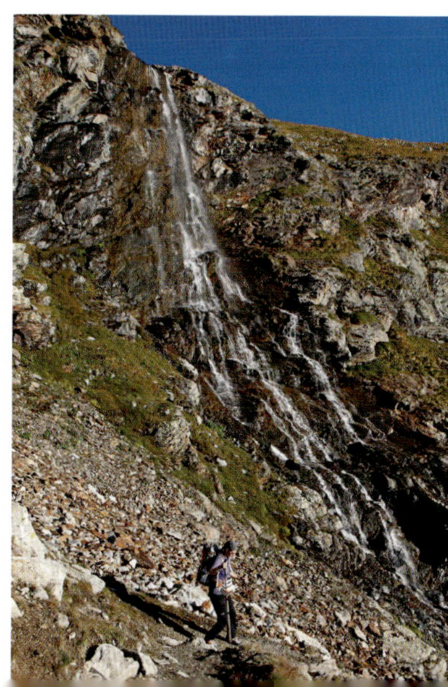

Planung und Durchführung

Allgemeine Anforderungen

Gegenstand dieses Führers sind mehrtägige Hochgebirgswanderungen (Trekkings) im Gebiet der Walliser Alpen, welches für seine hohen, teilweise stark vergletscherten Berge berühmt ist. Mit Gletschern kommen wir allerdings nur ausnahmsweise in Berührung. Der überwiegende Teil der Übergänge ist im Sommer eisfrei und verläuft auf gut markierten Bergwegen, die im bergsteigerischen Sinn als »unschwierig« gelten. Nichtsdestotrotz ist der Höhenlage und ihren Begleiterscheinungen Rechnung zu tragen.

Alle drei Treks weisen insgesamt ein vergleichbares Schwierigkeitsniveau auf, wenn auch einzelne Etappen diesbezüglich spürbar variieren. Die anspruchsvollsten findet man wohl bei der Tour Matterhorn. Elementare Bergerfahrung inklusive solider Trittsicherheit muss in jedem Fall vorausgesetzt werden. Absolute Neulinge im alpinen Gelände sollten sich daher zunächst mit den entsprechenden Gegebenheiten im Rahmen überschaubarer Tagestouren vertraut machen. Solch längere Trekkingtouren sind nämlich schon eher die Disziplin fortgeschrittener Wanderer. Besondere Herausforderungen werden an die Ausdauer und das Durchhaltevermögen gestellt. Dabei gilt es auch zu berücksichtigen, dass man die ganze Zeit einen relativ schweren Rucksack mit sich herumträgt. Es ist daher unbedingt ratsam, im Vorhinein genügend körperliche Fitness aufzubauen. Sportliche Aktivitäten jeglicher Art erscheinen dafür geeignet – am besten natürlich, indem man ohnehin regelmäßig das Bergwandern ausübt. Für völlig Untrainierte wären tägliche Marschzeiten von durchschnittlich fünf bis sieben Stunden indes mit einiger Wahrscheinlichkeit etwas zu ambitioniert.

Etappenplanung und Übernachtung

Da es sich in diesem Band um mehrtägige Wanderungen handelt, steht die Frage, wo wir uns am Ende eines jeden Tages betten, sehr im Mittelpunkt des Interesses. Oft wird diese Art des Unterwegsseins ja als »Hüttentrekking« bezeichnet, was auch in unseren Fällen nicht unzutreffend erscheint, aber doch ein paar Einschränkungen erfährt. Denn Talquartiere sind gelegentlich ebenfalls integriert und unverzichtbar.

Auch wenn der Führer auf den ersten Blick so aufgebaut zu sein scheint – ein starres Etappenschema, nach dem sich jeder Wanderer zu richten hat, gibt es im Grunde nicht. Am ehesten wäre dies noch bei der Tour des Combins, die fast ausschließlich auf alpine Hüttenstützpunkte zurückgreift, der Fall. Bei der Tour Monte Rosa und der Tour Matterhorn hat man öfters die Auswahl, zumal Nächtigungsmöglichkeiten in manchen Bereichen (nicht in allen!) relativ dicht gesetzt sind. Hier kann man seiner persönlichen Vorliebe natürlich freien Lauf lassen. Der eine sucht das einfache, rustikale Flair der

Berghütten und sehnt sich vielleicht auch nach besonderen Stimmungen hoch oben im Gebirge, während ein anderer die Vorzüge komfortabler Hotels und Gasthäuser im Tal schätzt. Womöglich wird auch das zur Verfügung stehende Budget ins Kalkül gezogen. Auf den Hütten des SAC und CAI erhalten Alpenvereinsmitglieder Vergünstigungen. Auf die Nennung konkreter Unterkünfte in den Talorten wurde in diesem Band aus naheliegenden Gründen zumeist verzichtet. Man kann hierfür die Fremdenverkehrsbüros kontaktieren.

Stellt sich nur die Frage nach der Notwendigkeit einer Reservierung der Quartiere. Hier scheiden sich die Geister. Persönlich bin ich eigentlich kein Freund davon, denn dieses Vorgehen raubt mir jegliche Flexibilität. Vielleicht mag ich mal einen Ruhetag einlegen oder es zwingt mich auch das Wetter dazu (was im Vorfeld kaum abschätzbar ist). Vielleicht kommt mir spontan eine Extratour in den Sinn oder – weil's grad so viel Spaß macht – noch der Wunsch, die eine oder andere Stunde bis zur nächsten Hütte weiterzumarschieren. Gute Gründe für einen »Fahrplanwechsel« sind schnell gefunden, gerade bei Treks, die insgesamt über eine Woche dauern. Wer dann alles exakt durchorganisiert hat, erlegt sich dadurch sehr schnell eine Bürde auf. Andererseits haben wir unser Quartier nicht sicher, wenn wir irgendwo mit müden Füßen ankommen, und müssen bei etwaiger Vollbelegung auf

Wegweiser der Tour des Combins.

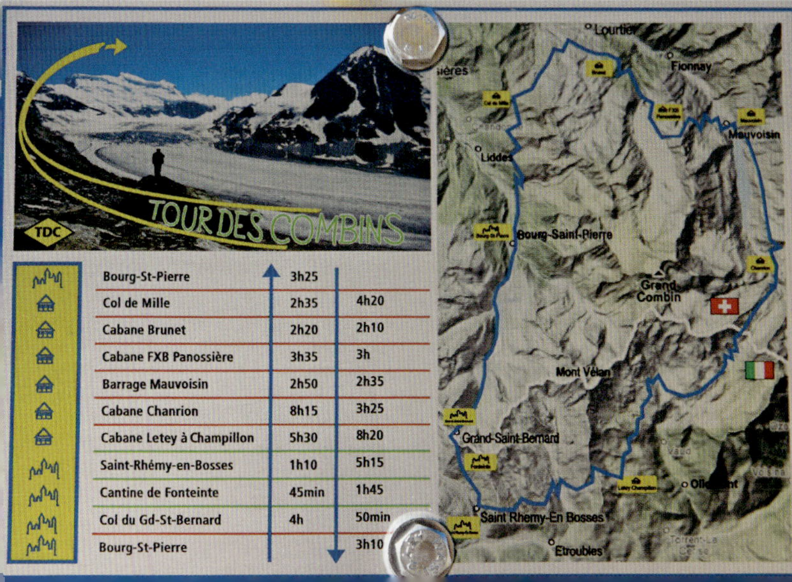

»Goodwill« von den Hüttenwirten hoffen. Diese bevorzugen ihrerseits natürlich Reservierungen, was sich aber erst in den vergangenen Jahren vor allem in der Schweiz so richtig eingebürgert zu haben scheint. Auf italienischer Seite ist man diesbezüglich offensichtlich gelassener. In den Tälern sind die Kapazitäten meist umfangreicher, was aber wenig hilft, wenn in der Hauptferienzeit alles ausgebucht ist. Freilich kann von dauernden Platzproblemen in der Praxis kaum die Rede sein, nur auf wenigen Hütten wird es regelmäßig eng.

Versuch eines Fazits: Für Gruppen erscheint eine Reservierung der Unterkünfte zumindest im August geboten. Wer indes allein oder zu zweit auf Tour geht, darf sich von dieser »Pflicht« durchaus freimachen oder versucht bestenfalls, dies zeitnah unterwegs zu regeln. Eine Vorbestellung, die man letztlich nicht einhalten kann, ist selbstverständlich unbedingt telefonisch abzusagen. Weil dies des Öfteren »vergessen« wird, haben die Hüttenwirte meist den größten Ärger …

Beste Jahreszeit

Neben den Verhältnissen im Gebirge bestimmen die Öffnungszeiten der Hütten die gängige Reisezeit, wobei Letztere häufig enger gesteckt sind als eigentlich wünschenswert. Als leidenschaftlicher Bergwanderer steht man

Schlechtwetter über dem Val d'Entremont im Anmarsch.

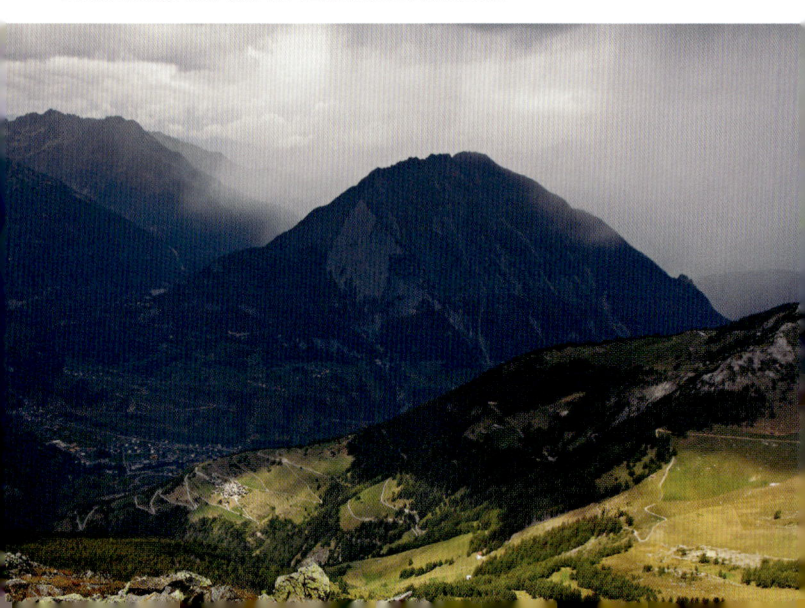

gerade im Herbst immer wieder mal vor einem Dilemma: Die äußeren Bedingungen sind optimal, keine Hitze wie im Hochsommer, keine Gewitterneigung mehr, dafür womöglich eine bombastische Fernsicht – doch die Hütten sind schon zugesperrt. Unter Umständen kann man bei geschickter Planung vollständig auf Talquartiere ausweichen, um dann mit etwas Pech zu sehen, dass ebenfalls schon alle Fensterläden eingeklappt worden sind (speziell in Italien). So bedauerlich dies auch sein mag, die günstige Jahreszeit für unsere drei Trekkingtouren beschränkt sich auf die Monate Juli, August und September. Ende Juni sind einige höhere Passübergänge noch nicht mit genügender Sicherheit durchführbar (außer vielleicht nach schneearmen Wintern), und bereits während der zweiten Septemberhälfte schließen viele Hütten. In dieser Zeit sollte man sich unbedingt vorher vergewissern, welche Infrastruktur noch zur Verfügung steht.

Ausrüstung

Was generell zur Bergausrüstung gehört, dass man nämlich vor allem mit angepasstem Schuhwerk und zweckmäßiger Bekleidung unterwegs ist, wird an dieser Stelle als bekannt vorausgesetzt. Natürlich muss alles auf die Länge und Art der Unternehmung abgestimmt sein. Zum üblichen Wanderequipment kommt in jedem Fall das Notwendige für das »Hüttenleben«, also ein Schlafsack (leichteste Ausführung!), Pflegeutensilien, Wechselwäsche etc. Regen- und Kälteschutz sind umso wichtiger, zumal man kaum überblicken können wird, ob sich die Wetterentwicklung über alle Tage günstig gestaltet (was ohnehin ziemliches Glück wäre). Man denke jedoch daran, sich nicht wie einen Maulesel zu bepacken und damit das Wandervergnügen zu beeinträchtigen. »So viel wie unbedingt nötig, aber so wenig wie möglich«, lautet gleichsam das Motto. Hier und da ein paar Gramm eingespart, das kann sich am Ende beträchtlich summieren.
So erübrigt es sich normalerweise, Proviant in großem Stil mitzuschleppen, da man sich vorwiegend in Hütten und Gasthäusern verpflegen kann (Halbpension zu buchen, bietet sich in der Regel an) und man zumindest auf den beiden längeren Treks zwischendurch auch mal Gelegenheit zum Einkaufen bekommt. Freilich darf auch diverser »Kleinkram« – etwa Sonnenschutz, Notfallapotheke, Taschenmesser und Stirnlampe, nicht zuletzt das Kartenmaterial sowie dieser Führer – nicht vergessen werden. Alpinistische Spezialausrüstung wie ein Seil wäre indes nur Ballast, allenfalls ein paar leichte Steigeisen könnten fallweise nützlich sein.

Kartenmaterial

In puncto Kartenauswahl entsteht durch die Grenzwechsel unserer Touren Richtung Italien eine etwas unbefriedigende Situation, die freilich dadurch gemildert wird, dass wir uns sowieso meist auf gut ausgeschilderten Routen bewegen, die Orientierungsprobleme also nicht dramatisch werden dürften.

Zu empfehlen ist vor allem die gelbe 50.000er-Serie von Swisstopo (Schweizer Landeskarte) mit dem Zusatz »T«, die einen roten Wegeaufdruck beinhaltet. Auch zwei Zusammensetzungen sind diesbezüglich interessant. Einige Standardblätter, die hauptsächlich italienisches Staatsgebiet abdecken, sind allerdings nur in der grünen Serie erhältlich und im infrastrukturellen Datenbestand veraltet. Wer eine noch detailliertere Geländedarstellung bevorzugt, kann die unnachahmlich gute Serie im Maßstab 1:25.000 wählen (allerdings ohne Hervorhebung des Wegenetzes). Im italienischen Teil greift man am besten auf die Blätter des Instituto Geografico Centrale (IGC) zurück, die ebenfalls in den Maßstäben 1:50.000 und 1:25.000 (teilweise) herausgegeben werden. Sie stellen das Wegenetz zwar nicht in allen Details wirklich zuverlässig, doch insgesamt ausreichend dar, können von der Geländedarstellung her aber nicht mit den Schweizern konkurrieren. Folgende Blätter können im Einzelnen angeschafft werden:

- **Tour Monte Rosa:** Swisstopo, 1:50.000, Blätter 274 T »Visp«, 283 T »Arolla« (minimal), 284 T »Mischabel«, 293 »Valpelline« und 294 »Gressoney« oder Zusammensetzung 5028 T »Monte Rosa –Matterhorn«. Swisstopo, 1:25.000, Blätter 1308 »St. Niklaus«, 1328 »Randa«, 1329 »Saas«, 1347 »Matterhorn« (minimal), 1348 »Zermatt« und 1349 »Monte Moro«. IGC, 1:50.000, Blätter 5 »Cervino-Matterhorn e Monte Rosa« und 10 »Monte Rosa, Alagna e Macugnaga«. IGC, 1:25.000, Blätter 108 »Cervinio-Matterhorn – Breuil – Champoluc« und 109 »Monte Rosa – Alagna Valsesia – Macugnaga – Gressoney«.
- **Tour Matterhorn:** Swisstopo, 1:50.000, Blätter 273 T »Montana«, 274 T »Visp«, 283 T »Arolla«, 284 T »Mischabel« und 293 »Valpelline«. Swisstopo, 1:25.000, Blätter 1307 »Vissoie«, 1308 »St. Niklaus«, 1327 »Evolène«, 1328 »Randa«, 1347 »Matterhorn« und 1348 »Zermatt«. IGC, 1:50.000, Blatt 5 »Cervino-Matterhorn e Monte Rosa«. IGC, 1:25.000, Blatt 108 »Cervinio-Matterhorn – Breuil – Champoluc«.
- **Tour des Combins:** Swisstopo, 1:50.000, Blätter 282 T »Martigny«, 283 T »Arolla«, 292 »Courmayeur« und 293 »Valpelline« oder Zusammensetzung 5027 T »Grand St-Bernard – Combins – Arolla«. Swisstopo, 1:25.000, Blätter 1326 »Rosablanche« (minimal), 1345 »Orsières«, 1346 »Chanrion«, 1365 »Gd St-Bernard« und 1366 »Mont Vélan«. IGC, 1:50.000, Blatt 4 »Massiccio del Monte Bianco«.

Taktik unterwegs

Für das Bergwandern gibt es ein paar allgemeine Tipps, die fast Binsenweisheiten gleichkommen, an dieser Stelle aber kurz aufgegriffen werden sollen, zumal sie bei mehrtägigen Touren verstärkte Bedeutung besitzen. In erster Linie gilt es, mit seinen Kräften vorausschauend umzugehen und stets für eine gute Regeneration zu sorgen. Hoffentlich sind unsere Quartiere dabei förderlich. Erholsamer Schlaf in der Nacht und ausreichende, nicht belasten-

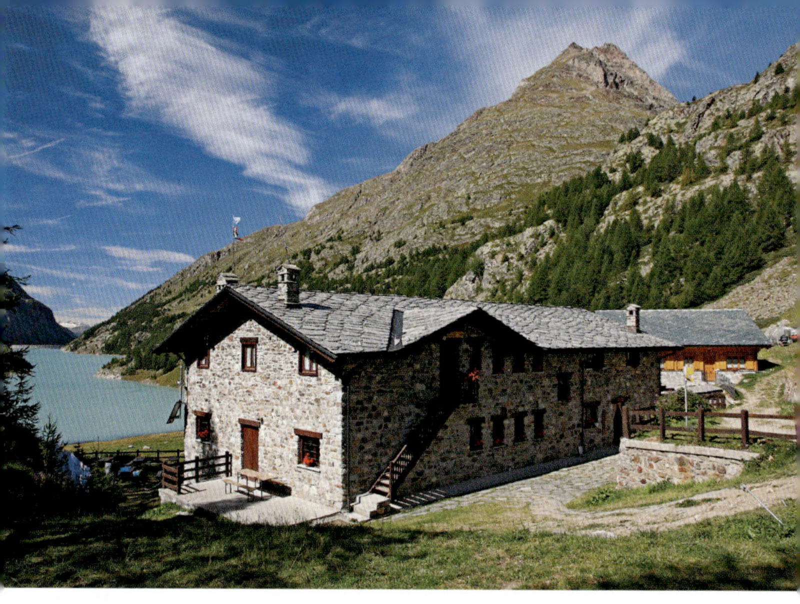

Komfortabler Stützpunkt auf der Tour Matterhorn: das Rifugio Prarayer.

de, aber durchaus auch nicht zu kalorienarme Verpflegung sind das A und O, um sich auf Dauer fit und leistungsfähig zu fühlen. Insbesondere die Flüssigkeitszufuhr darf niemals vernachlässigt werden. Man sei allerdings etwas vorsichtig beim Entnehmen von Wasservorräten aus der freien Natur. Mag dies zwar häufig vollkommen unbedenklich sein, kann doch eine einzige mit Keimen belastete Probe zu unangenehmen Situationen führen.
Ein früher Aufbruch ist gewöhnlich von Vorteil. Man braucht natürlich nicht wie bei einer Hochtour zu nachtschlafender Zeit aufzubrechen, doch in frischer Morgenluft gestaltet sich jeder Aufstieg schlichtweg leichter, ganz abgesehen von den traumhaften Stimmungen zu dieser Tageszeit. Wir sollten dann versuchen, alsbald unseren optimalen Gehrhythmus zu finden, was bei Gruppen natürlich nicht immer konform läuft. Prima, falls das Team homogen zusammengesetzt ist, andernfalls ist auf die Schwächeren Rücksicht zu nehmen. Wenn auch nur ein einziges Mitglied einer Gruppe spürbar überfordert ist, leiden meistens alle darunter. Regelmäßige Pausen mit einem kleinen Snack können ebenfalls nur förderlich sein, oft geschieht das quasi automatisch an besonders attraktiven Wegpunkten. Man plane außerdem Zeitreserven ein, was wiederum für einen jeweils frühen Start am Morgen spricht, der nur hinausgezögert wird, wenn die Etappe kurz oder untertags eine Wetterbesserung zu erwarten ist.

Wetter

Damit sind wir schon beim nächsten wichtigen Stichwort. Es macht einem Verfasser natürlich besondere Freude, ein Gebiet vorstellen zu dürfen, das buchstäblich auf der Sonnenseite liegt. Tatsächlich sind das Wallis und die Region Aosta für ihre klimatische Begünstigung bekannt. Hohe Sonnenscheindauer und relativ geringe Niederschlagsmengen (jene im vorderen Mattertal gelten als die niedrigsten Werte der ganzen Schweiz!) kommen hier zusammen, sodass man wirklich von günstigsten Voraussetzungen für rundum gelungene Tourentage sprechen kann. Freilich bleiben gelegentliche Störungen nicht aus, doch bin ich nicht nur einmal verblüfft gewesen, dass solche letztendlich (durch Föhneffekte) verzögert respektive abgeschwächt eintrafen und es (durch abermalige Föhnströmungen, diesmal von der anderen Seite) viel schneller als anderswo wieder aufklarte. Die inneralpine Lage mit spürbar mediterranem Einschlag kann als prägendes Merkmal gelten.

Gleichwohl soll sich dies jetzt nicht zu euphorisch anhören. Wir dürfen nämlich nicht übersehen, dass wir uns in den Walliser Alpen mitten durchs Hochgebirge bewegen und ein Wetterumschwung gehörige Folgen zeitigen kann. Im Bewusstsein, dass mit dem Wetter jede größere Bergtour steht und fällt, gehört es zum Elementaren, sich ausgiebig damit auseinanderzusetzen. Und zwar nicht nur einmal kurz vor Antritt der Tour, sondern auch unterwegs. Es wäre ja schon eine Utopie, im Voraus eine zuverlässige Prognose über zehn Tage zu erwarten. Also bemühen wir uns regelmäßig um aktuelle Informationen, fragen bei Gastgebern und anderen Einheimischen nach, studieren etwaige Aushänge bei Tourismusbüros und Seilbahnstationen oder nutzen andere Medien. Man kann z. B. den Wetterbericht von Meteo Schweiz unter der Telefonnummer 162 (+41/848/800162 aus dem Ausland) abrufen oder sogar eine individuelle Beratung unter der Nummer 0900/162333 (nur in der Schweiz) erhalten. Ich persönlich lausche gern der ausführlichen 5-Tage-Prognose auf dem Radiosender DRS 1 um ca. 12.20 Uhr.

Gefahren

Auch wenn man die alpinen Gefahren in einem Wanderführer wie diesem keinesfalls hochstilisieren muss, so gilt es doch daran zu erinnern, dass jedwedes Unterwegssein im Gebirge mit einem gewissen Restrisiko verbunden ist. Eine der häufigsten Ursachen für eine Notsituation oder gewisse Unannehmlichkeiten liegt bei Bergwanderungen wohl in der Selbstüberschätzung. Diese kann sich sowohl auf den geländebedingten als auch auf den konditionellen Anspruch beziehen, ist aber durch eine sorgfältige Vorbereitung und umsichtige Durchführung der Tour vermeidbar. Mit reifender Erfahrung tut man sich diesbezüglich leichter. Nicht zu vernachlässigen ist auch der Einfluss einer etwaigen Gruppendynamik mit ihren (scheinbaren) Zwängen. Daneben gibt es aber auch objektive Gefahren, die das Gebirge an sich mitbringt, vor allem im Zusammenspiel mit dem Wetter. Dazu eine kurze Auflistung:

Absturzgefahr: In ausgesetztem Gelände müssen Trittsicherheit und Schwindelfreiheit entsprechend vorhanden sein, was eine verantwortungsvolle Selbsteinschätzung erfordert. Konzentrierte Fortbewegung und erhöhte Vorsicht speziell bei brüchigem Fels, instabilen Geröllhalden und nassen Grashängen.

Schneefelder: Diese treten bevorzugt im Frühsommer auf und können – falls hartgefroren – sehr tückisch sein. Teleskopstöcke bieten nur in mäßig steilem Gelände eine gewisse Hilfe, andernfalls muss mit Pickel und Steigeisen vorgesorgt werden. Im Falle eines Sturzes sofort in die bremsende Liegestützhaltung gehen, bevor der Körper Beschleunigung aufnimmt. Besser man unternimmt die Tour erst, wenn der Altschnee vom letzten Winter abgeschmolzen ist. Im Falle eines Kaltlufteinbruchs mit Neuschnee ist besonders kritisches Beurteilungsvermögen gefragt, je nach Intensität bleibt manchmal nur ein Aussetzen oder sogar der Abbruch der Tour.

Wildbäche: Ohne Brücken oder Stege können diese je nach Wasseraufkommen ein erhebliches Hindernis bedeuten. Man sucht geduldig eine geeignete Stelle zum Queren (bei Blöcken auf deren Stabilität achten!) und setzt mit Vorteil Stöcke zum Abstützen ein.

Steinschlag: Dieser tritt vor allem in steilen, brüchigen Fels- und Schrofenzonen, besonders im Bereich von Rinnen, auf und wird von Wanderern nicht selten selbst ausgelöst. Die gefährdeten Passagen sind rasch, aber konzentriert hinter sich zu bringen.

Gewitter: Es besteht unmittelbare Lebensgefahr durch Blitzschlag, daher sind exponierte Punkte und Gerinne unverzüglich zu verlassen. Besser ist, die Warnsignale (zunehmende Quellbewölkung, schwüle Luft, Fallen des Luftdrucks) zu deuten und rechtzeitig Schutz aufzusuchen. Lokalen Wärmegewittern, die bevorzugt in der zweiten Tageshälfte auftreten, lässt sich recht effektiv

Nebel und Neuschnee – ungünstige Verhältnisse im Hochgebirge.

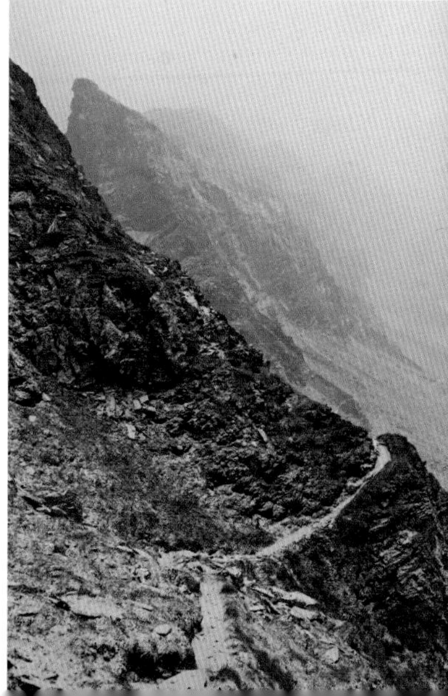

durch frühen Aufbruch begegnen. Frontgewitter werden in der Regel gut vorhergesagt, sodass wir Gelegenheit haben, unsere Taktik danach auszurichten. Man bedenke stets auch die mittelbaren Gefahren wie Nässe, Abkühlung und mögliche Vermurungen bei Starkregen.

Schlechte Sicht: Dadurch verkompliziert sich speziell auf weniger gut markierten Routen die Orientierung. Hilfsmittel wie Kompass, Höhenmesser oder GPS können nützlich werden. Wegloses Gelände sollte bei anhaltend dichtem Nebel tabu sein. Bei Verlust der Markierung gehe man zurück bis zum letzten bekannten Punkt.

Notsituationen

Falls man in eine Notlage gerät oder sich sogar ein ernsthafter Unfall ereignet hat, gilt es zunächst Ruhe zu bewahren und Verletzten Erste Hilfe zu leisten. Mit einem Mobiltelefon lässt sich direkt die Rettung verständigen: In der Schweiz entweder über die allgemeine Notrufnummer 144 oder direkt bei der Rettungsflugwacht REGA über die Nummer 1414, in Italien wählt man 118.

Frisches Brunnenwasser ist stets willkommen.

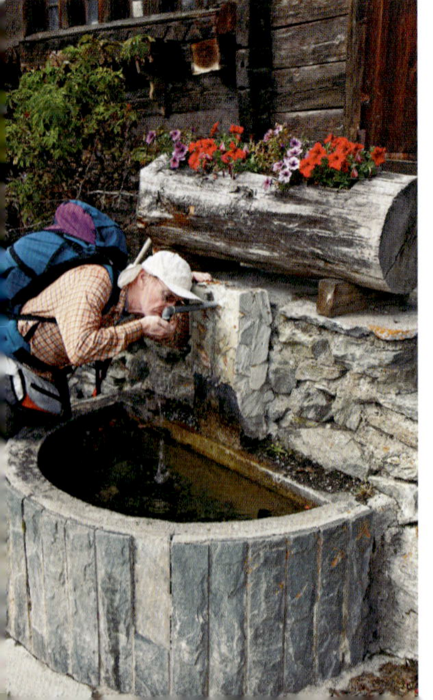

Sollte dies nicht möglich sein, muss das alpine Notsignal abgegeben werden: 6-mal pro Minute ein optisches oder akustisches Zeichen. Mit je einer Minute Pause dazwischen wird dies so lange wiederholt, bis man Antwort erhält. Diese besteht aus 3-maligem Zeichen innerhalb einer Minute.

Seilbahnen und öffentliche Verkehrsmittel

Auf der Tour Monte Rosa und der Tour Matterhorn stehen uns immer wieder mal Seilbahnen und Lifte zur Verfügung, um gewisse Strecken abzukürzen. Gerade in landschaftlich wenig attraktiven Skigebieten kann dies durchaus sinnvoll sein, wobei ich aber nicht empfehlen möchte, ganz generell von solchen Angeboten Gebrauch zu machen. Rein touristische Bahnen sind tagsüber meist von 8.30 oder 9.00 Uhr bis etwa 16.00 oder 17.00 Uhr in Betrieb, wobei vor allem wieder auf italienischer Seite jahreszeitlich starke Einschränkungen bestehen können. Unter den in den Tourensteckbriefen aufgenommenen Telefonnummern lässt sich Genaueres in Erfahrung bringen; auch eine vorsorgliche Internetrecherche daheim schadet nicht.

Die Versorgung mit öffentlichen Verkehrsmitteln kann in Italien als gut, in der Schweiz sogar als hervorragend bezeichnet werden. Alle wichtigen Täler werden mit Buslinien bedient, das Mattertal bis Zermatt mit der BVZ-Bahn. Allerdings sorgt die Topografie der Walliser Alpen für einen problematischen Umstand: Wer zum Beispiel auf der Südseite des Monte Rosa zum Abbruch der Tour gezwungen wird und von dort zurück ins Mattertal muss, hat einen äußerst umständlichen, langwierigen Transfer vor sich. Weniger Probleme wirft diesbezüglich nur die Tour des Combins auf, weil die Überlandlinie via Grand St-Bernard nutzbar ist. Einen guten Rat gibt es in dieser Sache nicht, außer jenen, dass man möglichst nicht blauäugig aufs Geratewohl unterwegs ist, sondern der Sache erstens wirklich gewachsen sein und zweitens etwaige Wetterkapriolen rechtzeitig ins Kalkül ziehen sollte.

Touristische Informationen

Am Ende der Einleitung seien noch die Kontaktdaten der wichtigsten Tourismusverbände aufgeführt. Hier kann man gegebenenfalls nützliche Auskünfte einholen und sich auch bei der Quartiersuche behilflich sein lassen.

- Tourist-Office Saas-Fee, Tel. +41/(0)27/9581858, www.saas-fee.ch
- Tourist-Office Grächen, Tel. +41/(0)27/9556060, www.graechen.ch
- Zermatt Tourismus, Tel. +41/(0)27/9668100, www.zermatt.ch
- Office du Tourisme Zinal, Tel. +41/(0)27/4751370, www.zinal.ch
- Evolène Region Tourisme, Tel. +41/(0)27/2834000, www.evolene-region.ch
- Office du Tourisme Bourg-St-Pierre, Tel. +41/(0)27/7833879, www.st-bernard.ch
- Office du Tourisme Val de Bagnes, Tel. +41/(0)27/7761682, www.bagnes.ch
- Ufficio Informazioni Turistiche Macugnaga, Tel. +39/0324/65119, www.macugnaga-online.it
- Ufficio Informazioni Turistiche Alta Valsesia Alagna, Tel. +39/0163/922988, www.alagna.it
- Azienda di Informazione e Accoglienza Turistica Gressoney-La-Trinité, Tel. +39/0125/366143, www.regione.vda.it
- Azienda di Informazione e Accoglienza Turistica Champoluc/Ayas, Tel. +39/0125/307113, www.regione.vda.it
- Azienda di Informazione e Accoglienza Turistica, Monte Cervino/Breuil, Tel. +39/0166/949136, www.regione.vda.it
- Office Regionale du Tourisme Valpelline, Tel. +39/0165/713502, www.regione.vda.it

Seiten 22/23: Macugnaga im Val Anzasca ist eine alte Walsergründung.

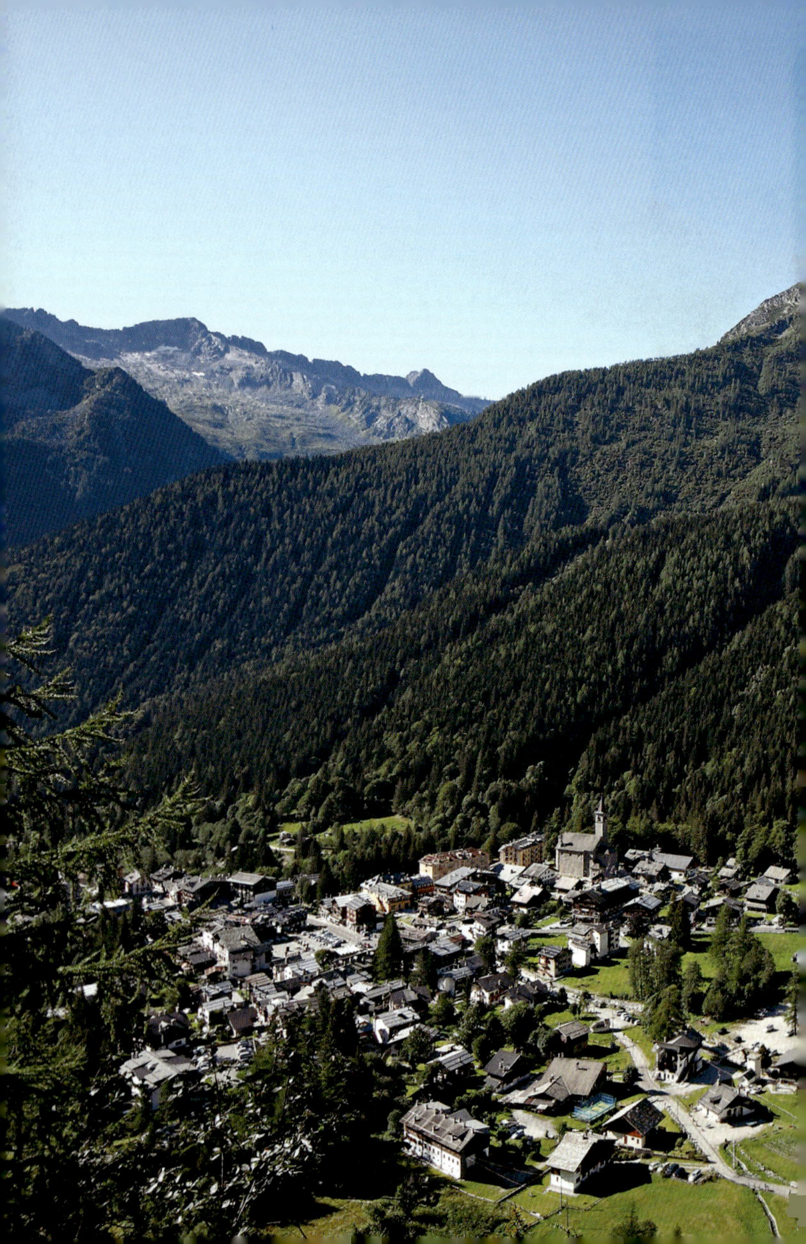

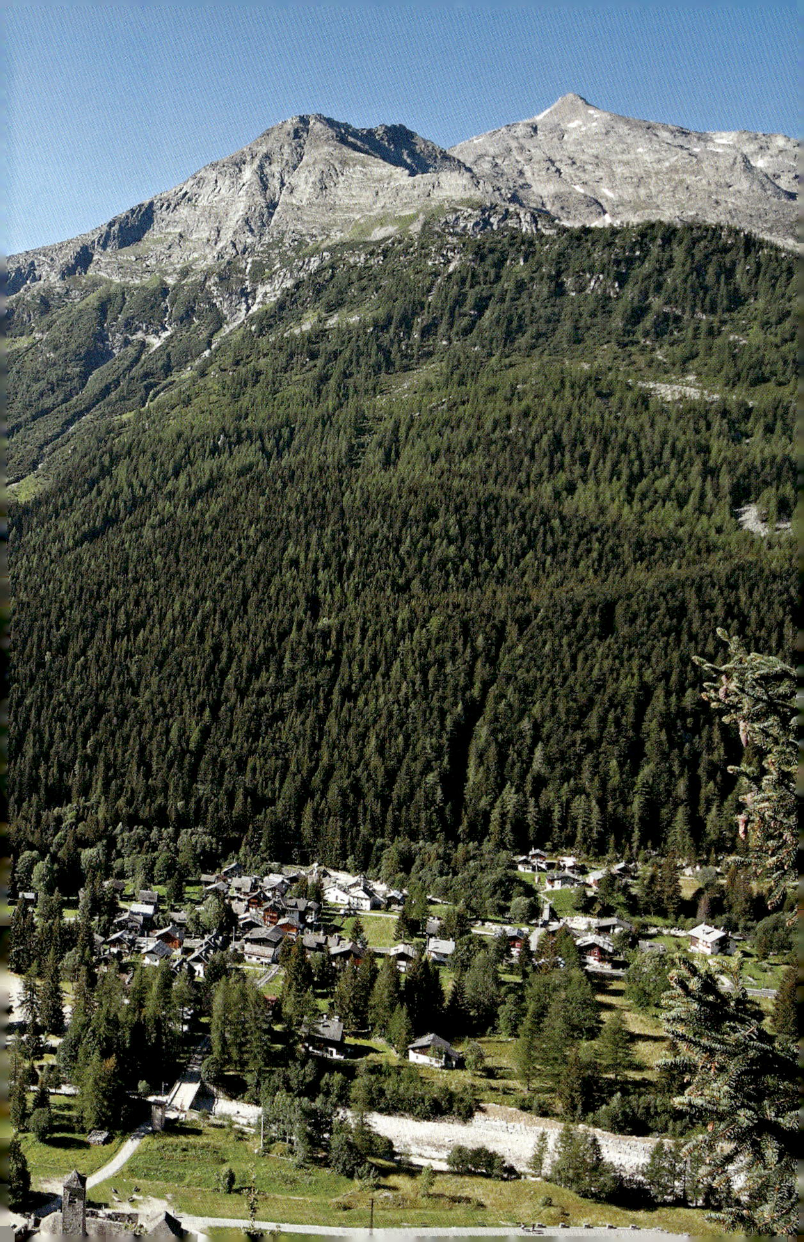

Tour Monte Rosa

Kontrastreiche Wanderung um den Bergriesen der Walliser Alpen

Die Tour Monte Rosa (TMR) ist ein Klassiker unter den westalpinen Trekkingrouten und steht auf der Wunschliste vieler ambitionierter Bergwanderer ganz weit oben. Unterwegs trifft man regelmäßig auf eine international zusammengesetzte Schar von Aspiranten, die sich anschickt, in durchschnittlich neun Tagesetappen das Monte-Rosa-Massiv einschließlich der sich nordwärts nahtlos anschließenden Mischabelgruppe zu umrunden. Zweimal gilt es währenddessen den Alpenhauptkamm zwischen der Schweiz und Italien zu überschreiten, abgesehen von einigen anderen Pässen, die besonders die südlichen Täler des Monte Rosa verbinden. Im Norden begeistern uns einige der spektakulärsten Panoramarouten der Alpen, namentlich der Grächener Höhenweg über dem Saastal sowie der Europaweg über dem Mattertal.

Die großartigen Landschaften mit der Fülle höchster Alpenberge, die sich hier auf engem Raum zusammenballen, zeichnen die Tour Monte Rosa als 5-Sterne-Trek aus. Freilich geht eine gewisse Verlockung auch immer wieder von den unscheinbaren Dingen aus, Zeugnissen der alten Walserkultur zum Beispiel, die jahrhundertelang die Täler rund um den Monte Rosa geprägt

Die Monte-Rosa-Ostwand, illuminiert vom ersten Sonnenlicht.

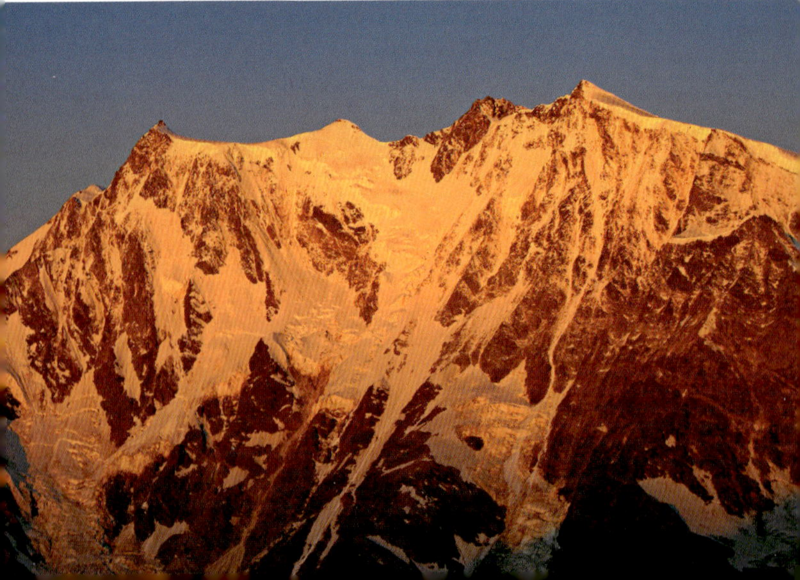

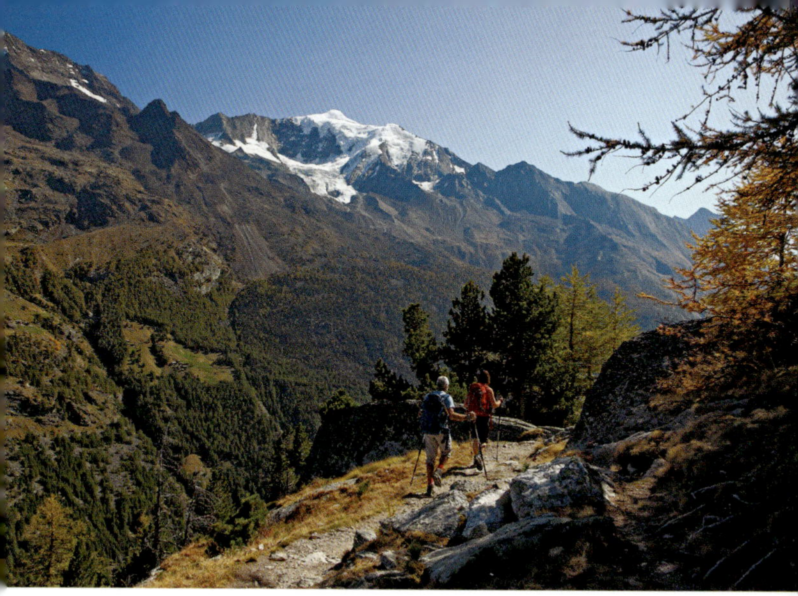

Unterwegs am zauberhaften Grächener Höhenweg.

hat. Als Spezialisten für die Urbarmachung schwieriger Gebirgslagen breitete sich die Walser ab dem 13. Jahrhundert aus dieser Keimzelle sogar bis ins heutige Vorarlberg aus. Somit führt uns die Wanderung nicht nur durch ein Gebiet eindrucksvoller, vergletscherter Westalpenberge, sondern gerät auch kulturhistorisch zu einer spannenden Entdeckungsreise.

Nicht zu übersehen ist allerdings auch, wie verletzlich solch ein Gefüge ist, wenn man den harten Tourismus ungezügelt gewähren lässt. Muss schon das berühmte Zermatt aufgrund seiner unerreichten Popularität in dem dauerhaften Zwiespalt zwischen Kommerz und Landschaftsschutz leben, so haben in manchen Talschlüssen auf italienischer Seite überbordende Pistenerschließungen zu wirklich eklatanten, großflächigen Verwüstungen geführt. Schon krass, dass man beträchtliche Strecken zurücklegen kann, ohne einen Schweißtropfen zu vergießen. Kurzum: Wir dürfen in vielerlei Hinsicht ein Kontrastprogramm erwarten und werden auf der Tour Monte Rosa gleichsam in akzentuierter Form ein Spiegelbild unserer gesamten Alpen entdecken …

Für die meisten von uns wird ein Start auf schweizerischer Seite wegen der weniger umständlichen Anreise vorteilhaft sein. Ich schlage in diesem Führer Zermatt und die Begehung im Uhrzeigersinn vor. Damit steht zwar zu Anfang gleich der höchste Pass der Tour auf dem Programm, doch die Drama-

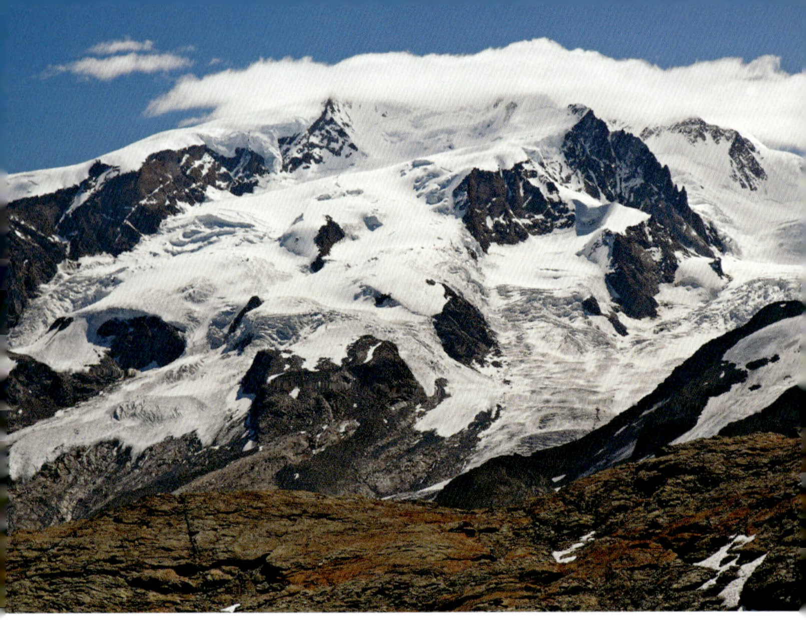

Die Gletscher des Monte Rosa auf Zermatter Seite.

turgie mit den schönsten Etappen zum Schluss spricht für sich. Dies könnte man freilich ebenso erreichen, indem man im hinteren Saastal aufbricht und andersherum wandert. Zumal der Europaweg inzwischen auch bei der Tour Matterhorn inbegriffen ist, möchte ich mit gegenläufigen Beschreibungen in diesem Führer für mehr Abwechslung sorgen.

Der gut 3300 Meter messende Theodulpass ist demnach also das erste Tagesziel, wobei das Auftreten einer Gletschertraverse bei wenig erfahrenen Alpinwanderern bisweilen für Unsicherheit sorgt. Nun, sobald man sich von den wahren Gegebenheiten selbst überzeugen konnte, wird man hinter manch wohlmeinenden Ratschlag (Seilschaft, eventuell sogar mit Bergführer …) ein dickes Fragezeichen setzen. Man geht hier nämlich auf einer Gletscherskipiste! Die seelenlose Arena von Breuil-Cervinia auf italienischer Seite des Theodulpasses präsentiert sich dann als abschreckendes Beispiel jenes totalen Erschließungsdranges, von dem bereits die Rede war. Da Gletscher hier weitgehend fehlen, mutet die Szenerie besonders öde an, sodass unsere Augen erst hinter dem nächsten Pass wieder mehr verwöhnt werden. Die Umgebung des Val d'Ayas ist vielleicht die ursprünglichste auf der Südseite des Monte Rosa, bevor das Pendel im Talschluss des Val di Gressoney wieder auf die andere Seite – sozusagen ins Minus – ausschlägt. Über den

Colle d'Olen und den Colle del Turlo lernt man an den anschließenden zwei Tagen die Umgebungen der alten Walsersiedlungen Alagna und Macugnaga kennen, die mittlerweile natürlich auch schon ein moderneres, dem italienischen Mainstream etwas angepasstes Antlitz bekommen haben, aber das gewisse Flair trotzdem nicht vermissen lassen. Die Übergänge selbst sind reizvoll und von Spannung getragen, da man immer neue Perspektiven auf die großen Gipfel und ihre Ausläufer im erstaunlich weiten südlichen Hinterland geboten bekommt. In Macugnaga befinden wir uns freilich schon auf der Ostseite und damit unter der höchsten Alpenwand überhaupt: wow!
Dieser Anblick wird oben am Monte-Moro-Pass noch übertroffen. Nach dem großen Südbogen kehren wir damit in die Schweiz zurück, passieren den Mattmark-Stausee und kommen hinunter ins Saastal, das man als Alpenfreund einfach lieben muss. Auf dem Höhenweg Richtung Grächen schreiten wir das Tal in berauschender Manier ab und verfahren schließlich mit dem benachbarten Mattertal in ganz ähnlicher Weise. Hier ist es der beliebte Europaweg, der uns binnen zwei Tagen von Grächen via Europahütte und Täschalp zurück nach Zermatt führt und dabei einen Bilderbogen der Superlative spannt. Genau diese Auszeichnung darf freilich die gesamte, rund 150 Kilometer lange Tour Monte Rosa für sich in Anspruch nehmen …

Bei der Alpe Faller im Talschluss des Valsesia.

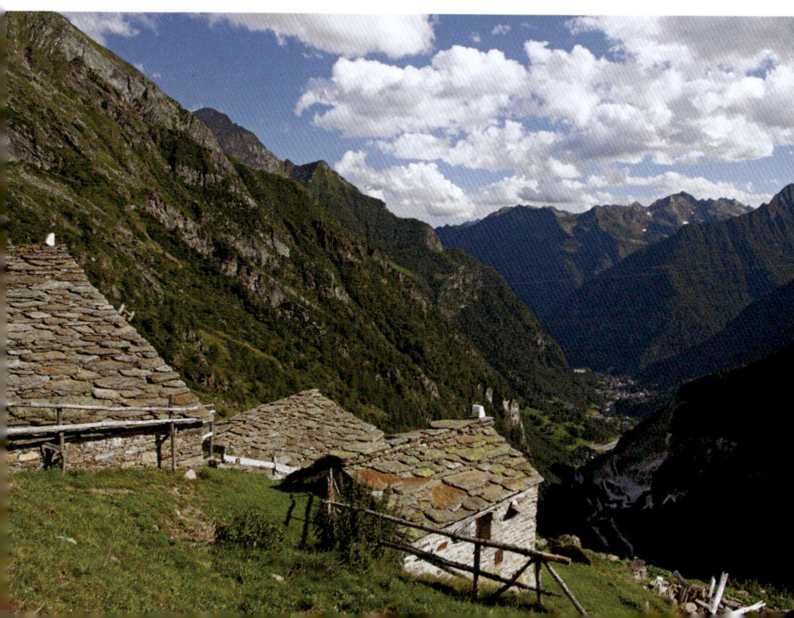

1 Zermatt – Rifugio Teodulo

5.30 Std.

↑1700 ↓0

Auf altbekannter Route hinauf zum Grenzkamm

Ein Start in Zermatt bringt es mit sich, dass wir augenblicklich von einer besonderen Aura gefangen genommen werden, die einerseits vom quirligen, international geachteten Bergsteigerort ausgeht, vor allem aber vom allgegenwärtigen Matterhorn. Dieses soll auf der ersten Etappe auch ausgiebig Blickfang sein, wenn wir uns zum unweit gelegenen Theodulpass aufmachen. Wer nach der Anreise schon am Vormittag in seine Wanderschuhe schlüpfen kann, sollte den kompletten Anstieg durchaus in Erwägung ziehen. Er ist nämlich sehr reizvoll. Ansonsten kann man sich wahlweise bis in verschiedene Höhenniveaus der Seilbahn bedienen und somit die Kräfte schonen. Am Schluss wartet in jedem Fall die Gletschertraverse, die freilich im Bereich des Skigebiets keinen nennenswerten Gefahren ausgesetzt ist. Erstaunlich, dass der Theodulpass im Mittelalter gletscherfrei gewesen sein und als Handelsübergang bereits Bedeutung besessen haben soll.

Auf dem Oberen Theodulgletscher.

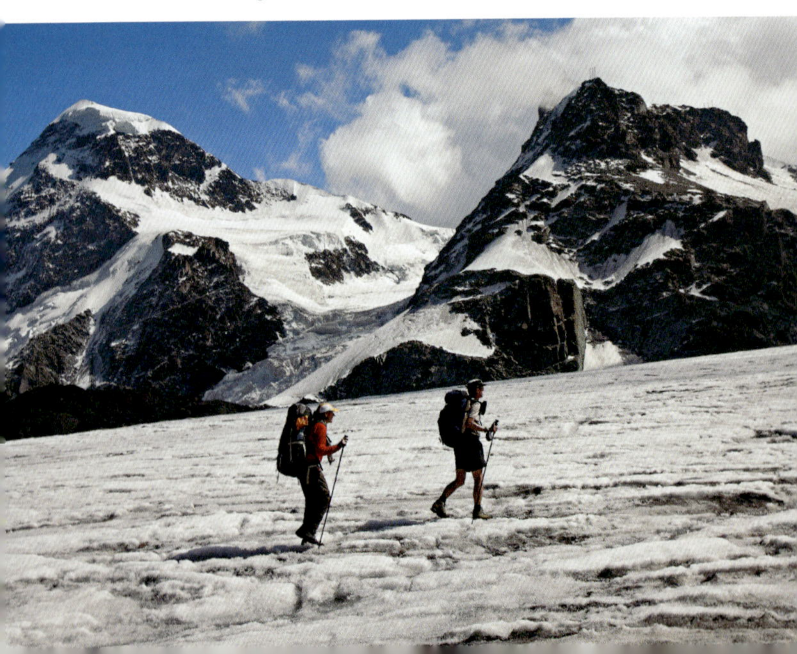

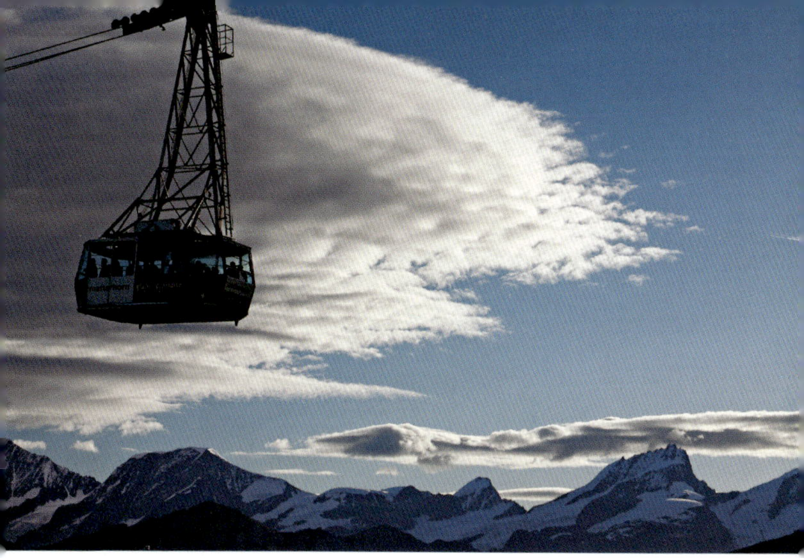

Den ersten Aufstieg kann man auch per Seilbahn abkürzen.

Ausgangspunkt: Zermatt, 1616 m, im hinteren Mattertal. Anreise am besten mit der BVZ-Bahn, ansonsten mit eigenem Fahrzeug bis Täsch, wo teure Großparkplätze zur Verfügung stehen (Zermatt selbst ist autofrei).
Endpunkt: Rifugio Teodulo, 3317 m, nahe dem gleichnamigen Pass.
Anforderungen: Ohne Seilbahnhilfe ein langer Aufstieg auf gutem Bergweg, zuletzt auf einer präparierten Gletscherpiste. Hier keine Spaltengefahr und damit keine Anseilpflicht, an warmen Sommernachmittagen aber unerquickliche sulzignasse Stellen wahrscheinlich. Gänzlich zu Fuß recht anstrengend; aufgrund des hohen Nächtigungsortes ist auch eine gewisse Akklimatisierung ratsam.
Einkehr/Unterkunft: Zahlreiche Möglichkeiten in Zermatt, Infos unter Tel. +41/(0)27/9668100. An der Strecke weiterhin Restaurants in Zum See, Furi und am Trockenen Steg. Gandegghütte, 3029 m, Tel. +41/(0)79/6078868. Rifugio Teodulo, 3317 m, CAI, Tel. +39/0166/949400.

Hinweis: Mithilfe der Seilbahn kann die Strecke in mehreren Abschnitten abgekürzt werden. Die Talstation befindet sich im südlichen Zermatter Ortsteil Winkelmatten, Zwischenstationen in Furi, Furgg und am Trockenen Steg. Die Bergstation Klein Matterhorn, 3883 m, kommt als Abstecher für »Schaulustige« in Betracht. Tel. +41/(0)27/9660105, www.matterhorn-paradise.ch.

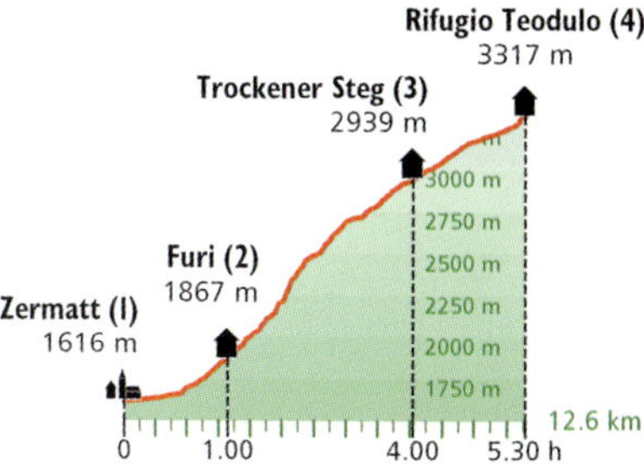

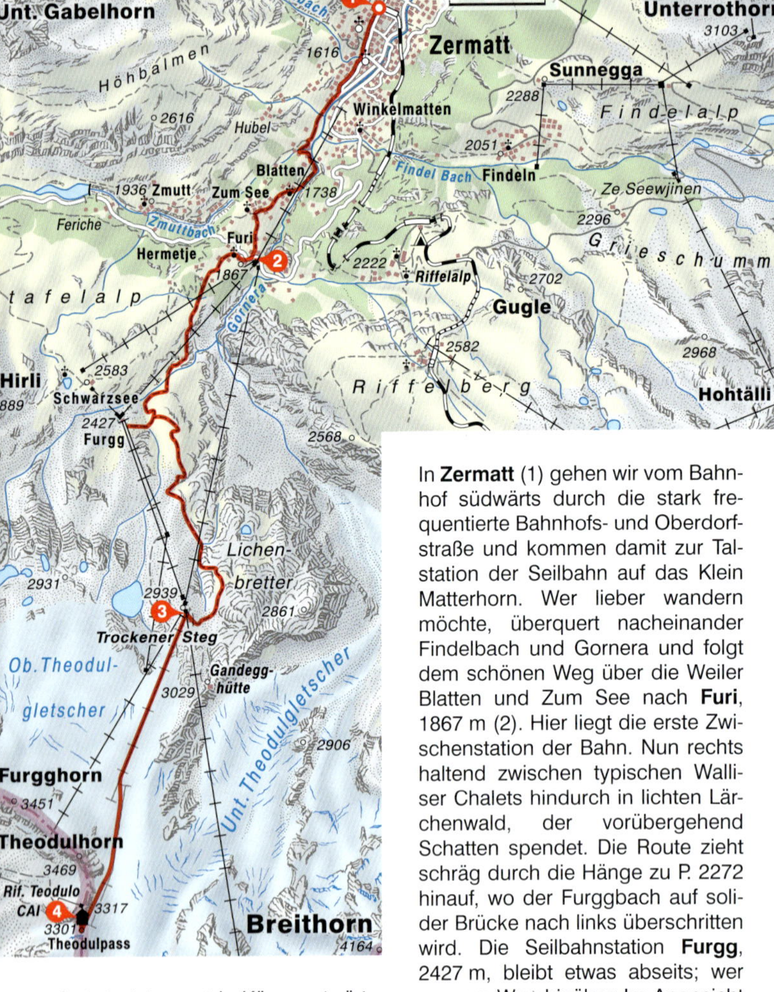

In **Zermatt** (1) gehen wir vom Bahnhof südwärts durch die stark frequentierte Bahnhofs- und Oberdorfstraße und kommen damit zur Talstation der Seilbahn auf das Klein Matterhorn. Wer lieber wandern möchte, überquert nacheinander Findelbach und Gornera und folgt dem schönen Weg über die Weiler Blatten und Zum See nach **Furi**, 1867 m (2). Hier liegt die erste Zwischenstation der Bahn. Nun rechts haltend zwischen typischen Walliser Chalets hindurch in lichten Lärchenwald, der vorübergehend Schatten spendet. Die Route zieht schräg durch die Hänge zu P. 2272 hinauf, wo der Furggbach auf solider Brücke nach links überschritten wird. Die Seilbahnstation **Furgg**, 2427 m, bleibt etwas abseits; wer dort startet, quert in Kürze ostwärts zu unserem Weg hinüber. Im Angesicht des Matterhorns geht es jetzt über freie Mattenhänge, die nach oben hin zunehmend schütterer und schließlich von den Schliffzonen der »Lichenbretter« abgelöst werden, Richtung **Trockener Steg**, 2939 m (3), hinauf. Dieser stattliche Seilbahnkomplex ist ein gegen den Gletscher vorgeschobener Posten des Massentourismus und für Eilige der vorteilhafteste Ausgangspunkt.

Wenige Gehminuten weiter südlich betreten wir den **Oberen Theodulgletscher** und orientieren uns hier an der von Pistenraupen gespurten, meterbreiten Trasse parallel zu einem Lift. Tückische Spalten sind kaum zu befürchten – es kann aber sein, dass zwischendurch eine Schmelzwasserrinne übersprungen werden muss und uns die aufgeweichte Piste einen Slalom um die Pfützen aufzwingt. Schließlich biegt man rechts in den **Theodulpass**, 3301 m, ab und erreicht wenige Schritte später das **Rifugio Teodulo** (4) auf einem geräumigen Absatz. Wir befinden uns hier schon ganz knapp auf italienischem Boden und beäugen das Matterhorn von der Südostseite.

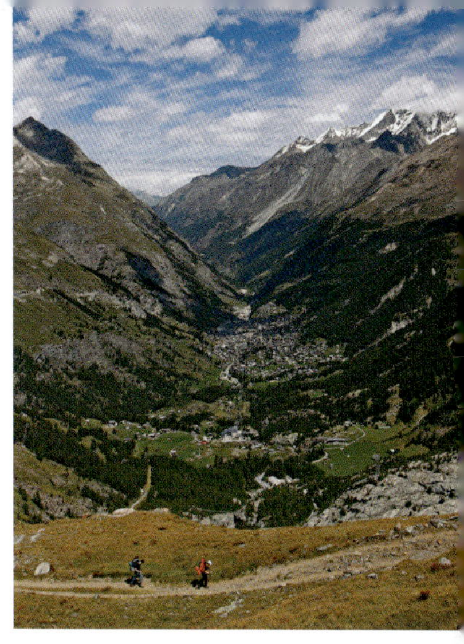

Rückblick ins Mattertal.

Das Rifugio Teodulo am höchsten Punkt der Tour.

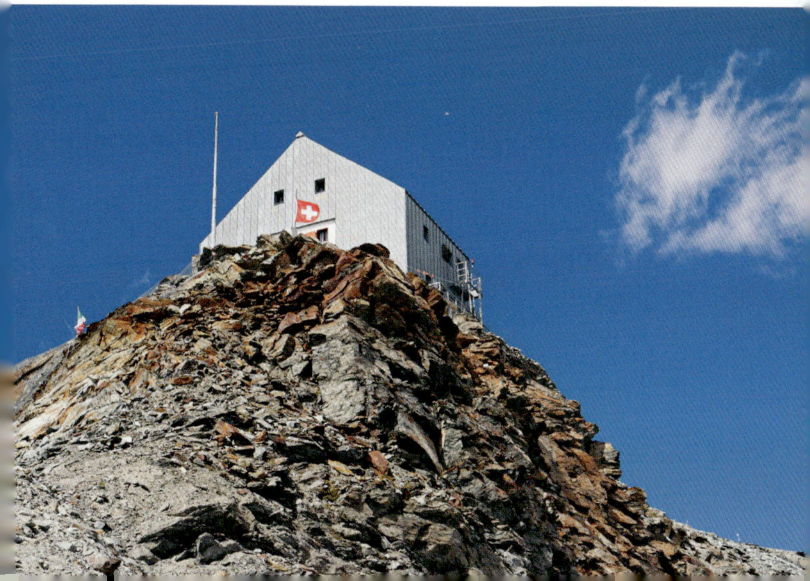

2 Rifugio Teodulo – Resy

5.00 Std.

↑300 ↓1550

Aus der Pistenarena von Breuil-Cervinia ins urwüchsige Val d'Ayas

Harte Gegensätze prägen unsere Tour Monte Rosa in einigen Bereichen. Der Bergkessel von Breuil bietet ob des völlig verunstalteten und verdrahteten Geländes leider einen bitteren Beigeschmack. Daran vermag selbst die Kulisse des Matterhorns nicht viel »schönen«. Auch das Wandern auf den planierten Schotterfluren macht kaum echte Freude, sodass wir mit Erreichen des Colle Superiore delle Cime Bianche froh sind, endlich wieder eine sympathischere Bergwelt zu betreten. Malerische Bergseen und Bäche sowie ein naturbelassenes Relief, das von den kargen Lagen nahe der Dreitausend-Meter-Marke ausgehend allmählich wieder freundlich-grüne Töne annimmt, können unser Gemüt versöhnen. Wir kommen nun in den Bereich des Val d'Ayas und steuern das idyllische Bergnest Resy an, wo zwei nette Rifugi müde Wanderer in ihre Obhut nehmen. Allzu sehr verausgabt dürften wir uns mit dieser unschwierigen Etappe freilich nicht haben.

Unterwegs am lieblichen Piano di Tzère.

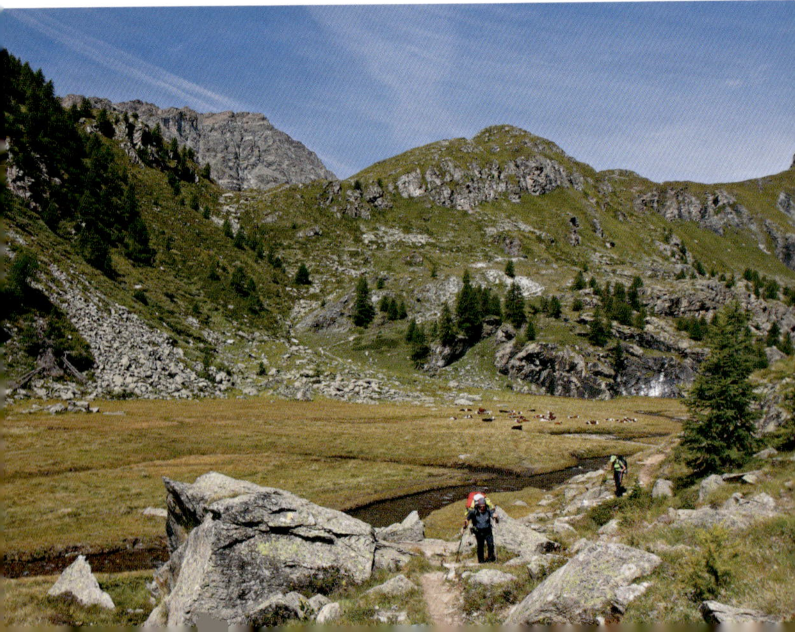

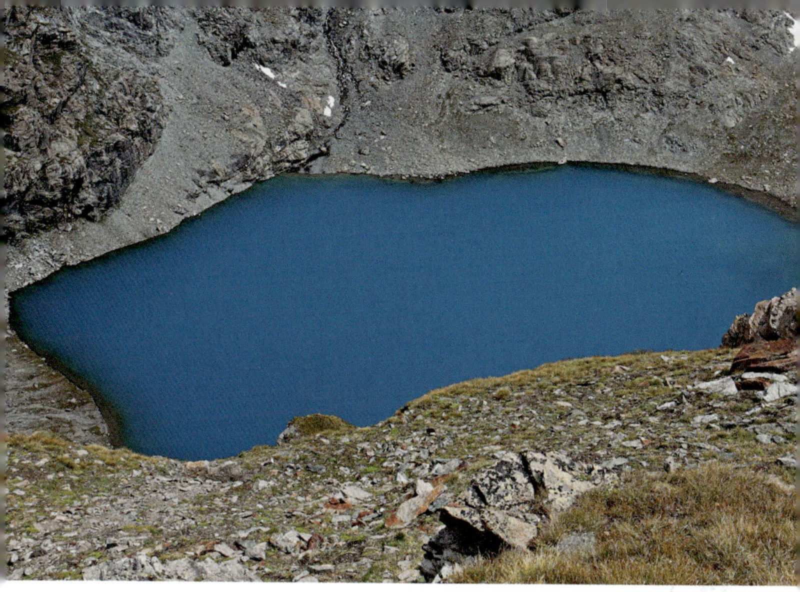

Das blaue Auge des Gran Lago.

Ausgangspunkt: Rifugio Teodulo, 3317 m.
Endpunkt: Resy, 2072 m, kleiner Bergweiler im Talschluss des Val d'Ayas mit zwei Unterkünften.
Anforderungen: Bis zum Colle Superiore delle Cime Bianche unattraktive planierte Schotterpisten, danach angenehme Bergwanderwege, nur selten steil angelegt und ohne jegliche Schwierigkeiten. Hauptsächlich Abstiegsstrecken, umgekehrt wäre die Etappe merklich anstrengender.
Einkehr/Unterkunft: Rifugio Teodulo, 3317 m, CAI, Tel. +39/0166/949400. Restaurant bei der Seilbahn am Lago Cime Bianche, 2831 m. In Resy: Rifugio Ferraro, 2072 m, Tel. +39/0125/307612 und Rifugio Guide Frachey, 2066 m, Tel. +39/0125/307468.
Hinweis: In manchen Beschreibungen der Tour Monte Rosa taucht der Abstieg über die Alpe Ventina und Fiery nach St-Jacques, 1689 m, auf, was aber suboptimal ist, weil man unnötig Höhe verliert und in Resy gute Übernachtungsmöglichkeit besteht.

Vom **Rifugio Teodulo** (1), dem höchsten Punkt der gesamten Tour Monte Rosa, müssen wir naturgemäß zuerst wieder ein Stück absteigen, und zwar auf der Jeeppiste, die gegen Breuil-Cervinia hinunterführt. Etwas unterhalb der Skiliftstation mit der **Cappella Bontadini**, 3043 m (2), bzw. der Bar 3000 zweigen wir links ab und durchmessen auf ebenfalls unsensibel trassierter Route das schuttreiche Moränengelände Richtung **Lago Cime Bianche**, 2808 m. Hier geht es an der Mittelstation der Testa-Grigia-Bahn vorbei. Reizlose Schotterfluren begleiten uns auch noch beim Gegenanstieg zum **Colle**

Superiore delle Cime Bianche, 2982 m (3), der mit einigen Schleifen gewonnen ist: Abschied von der Wüstenei von Breuil und hinein in ein ursprüngliches Hochtal!

Das erste Bergab zum **Gran Lago**, 2808 m, der einen tollen Farbakzent setzt, ist relativ steil, aber auf ordentlichem Pfad nicht anspruchsvoll. Wir überschreiten seinen Abfluss und wandern in mäßigem Gefälle südwärts

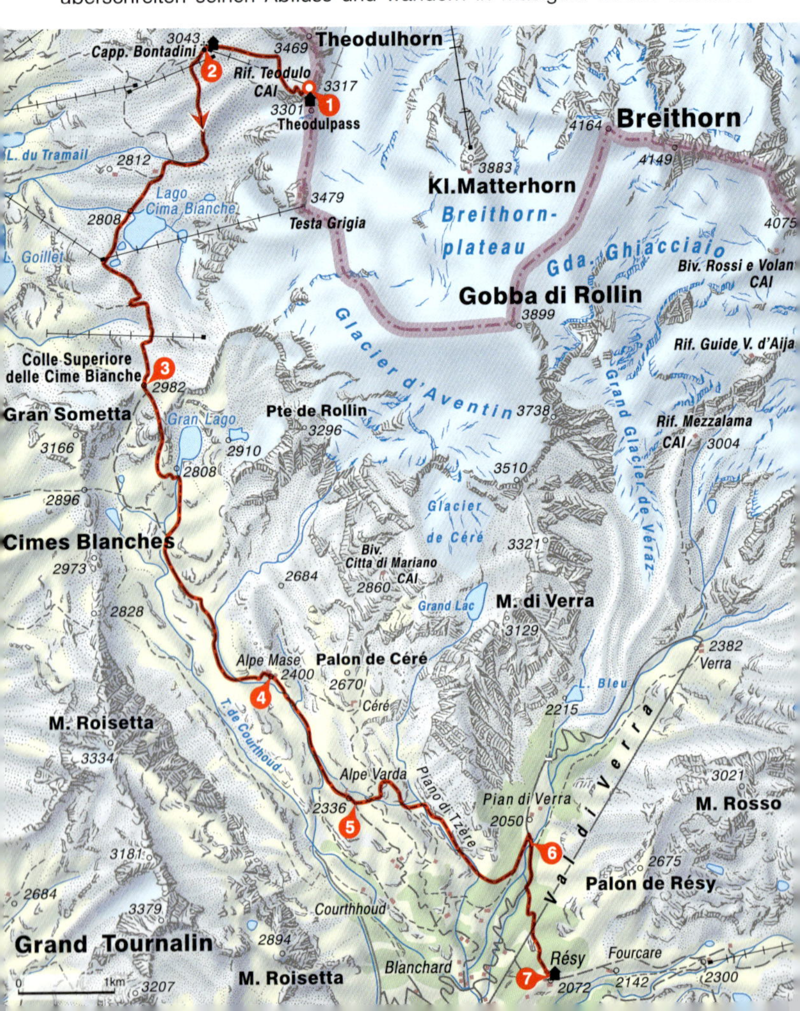

zum nächsten Hochboden hinunter, über zwei weitere Geländeschwellen dann zur verfallenen **Alpe Mase**, 2400 m (4), am Ansatz eines flachen, von lieblichen Wassern durchflossenen Wiesenhochtals. Gleichwohl trifft man hier noch auf Weidevieh. Unweit der **Alpe Varda** (5) verlassen wir den Hauptweg nach St-Jacques (San Giàcomo) im Val d'Ayas, überschreiten abermals den Bachlauf nach links und steigen mit einigen Windungen zum tiefer gelegenen **Piano di Tzère** ab – noch so ein wundervolles Kleinod. Über die Brücke auf die linke Seite und anschließend gegen die Steilstufe voran, an deren Rand unser Bergweg prima angelegt ist. Wir tauchen in ein Waldareal ein und queren um den Hang zum **Pian di Verra** (6). Achtung, dass man zuvor nicht zu tief absteigt! Am Beginn des großen Alpbodens über die Brücke und gegenüber ein Stück hinaus, bis links der Verbindungsweg nach **Resy** (7) abzweigt. Durch lichten Wald leicht aufsteigend erreichen wir unser Tagesziel mit Aussicht auf die Bergwelt des Val d'Ayas. Die Hütten hier vermitteln ein romantisches Flair.

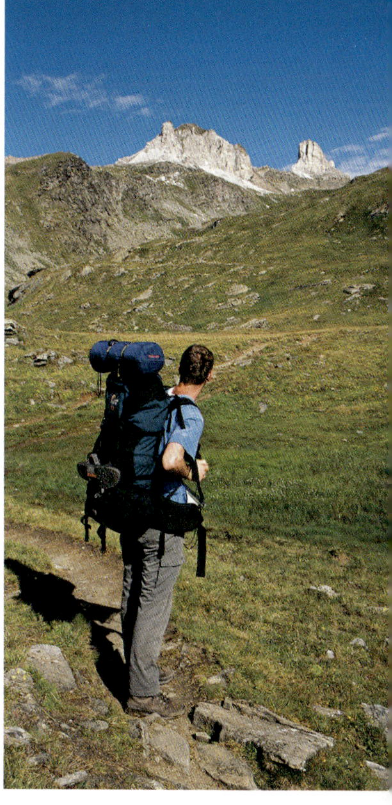

Die 2. Etappe führt über den Colle Superiore delle Cime Bianche.

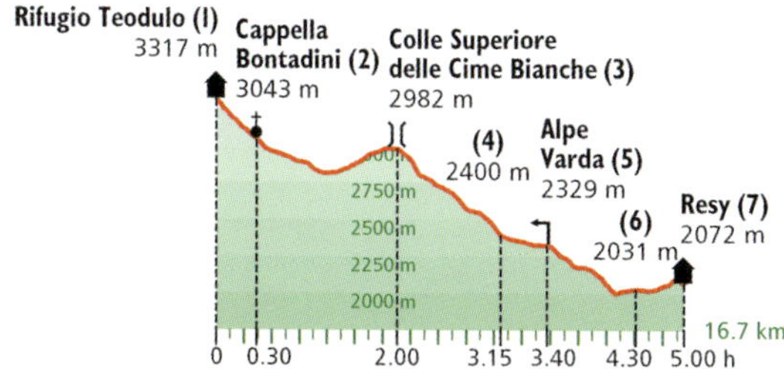

3 Resy – Gabiet

5.00 Std.

↑1130 ↓860

Wechselbad der Gefühle rund ums Val di Gressoney

Dass man auf der Südseite des Monte Rosa nicht gerade besonders rücksichtsvoll mit der Landschaft umgegangen ist, müssen wir als schmerzliche Erfahrung verbuchen. Dreh- und Angelpunkt des harten Tourismus im hinteren Val di Gressoney ist die Siedlung Stafal, ehemals wohl ein Maiensäß, heute ein Komplex von Hotels, Läden, Großparkplätzen und Seilbahnstationen. Diese greifen in beide Richtungen aus, sowohl hinauf zur Bettaforca als auch ins Alpgebiet von Gabiet (zuletzt im Umbau) mit Anschluss zum Passo dei Salati und zur Bergstation Indren auf über 3200 Metern. Absolut kurios, dass wir fast die gesamte dritte Etappe (recht kostspielig) mithilfe der Technik zurücklegen können. Wer also aus irgendwelchen Gründen einen Tag einsparen möchte, findet hier einen Ansatzpunkt. Wirklich viel verpasst man zugegebenermaßen nicht, wenn man die Wege nicht begeht.

Ausgangspunkt: Resy, 2072 m.
Endpunkt: Alpe Gabiet, ca. 2350 m, über dem Val di Gressoney.
Anforderungen: Leichte Bergwanderung mit zwischenzeitlichem Talabstieg, häufig auf breiten Jeeptrassen und Wirtschaftswegen verlaufend und damit ohne Schwierigkeiten.
Einkehr/Unterkunft: Rifugio Ferraro, 2072 m, Tel. +39/0125/307612. Rifugio Guide Frachey, 2066 m, Tel. +39/0125/307468. Albergo Sitten, ca. 2270 m, Tel. +39/0125/366300. In Stafal: Hotel Ellex, Tel. +39/0125/366637 und Hotel Nordend, Tel. +39/0125/366807. Im Bereich Gabiet: Rifugio Gabiet, 2357 m, Tel. +39/0125/366258; Rifugio del Lys, 2342 m, Tel. +39/0125/366057 und Albergo del Ponte, 2380 m, Tel. +39/0125/366180.
Tipps: 1. Von der Bettaforca lässt sich binnen 1.00 Std. die Punta Bettolina, 2996 m, besteigen. 2. Als Ausweichziel kann auch die nagelneue, gediegene Orestes Hütte, 2600 m (Tel. +39/0125/1925484) nördlich oberhalb von Gabiet angelaufen werden, falls man sich lieber etwas vom Liftgebiet entfernen möchte.
Variante: Bis auf die erste halbe Stunde lässt sich die ganze Strecke alternativ per Lift bzw. Seilbahn zurücklegen, natürlich auch in Teilen. Informationen unter Tel. +39/0125/303111. Je nach Planung wird man also schneller oder langsamer im Bereich der Alpe Gabiet angekommen sein und gegebenenfalls gleich die Fortsetzung über den Colle d'Olen erwägen.

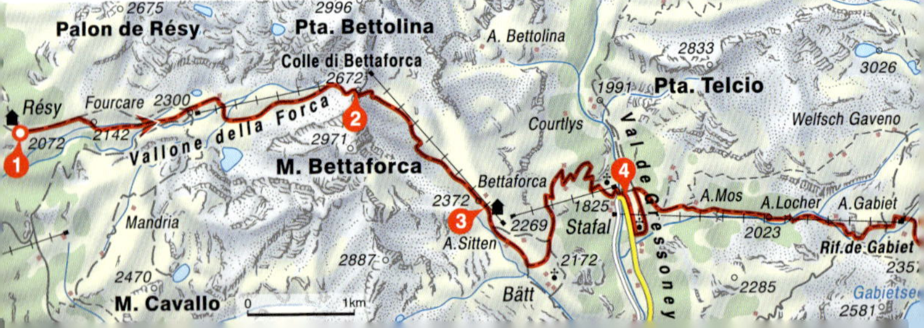

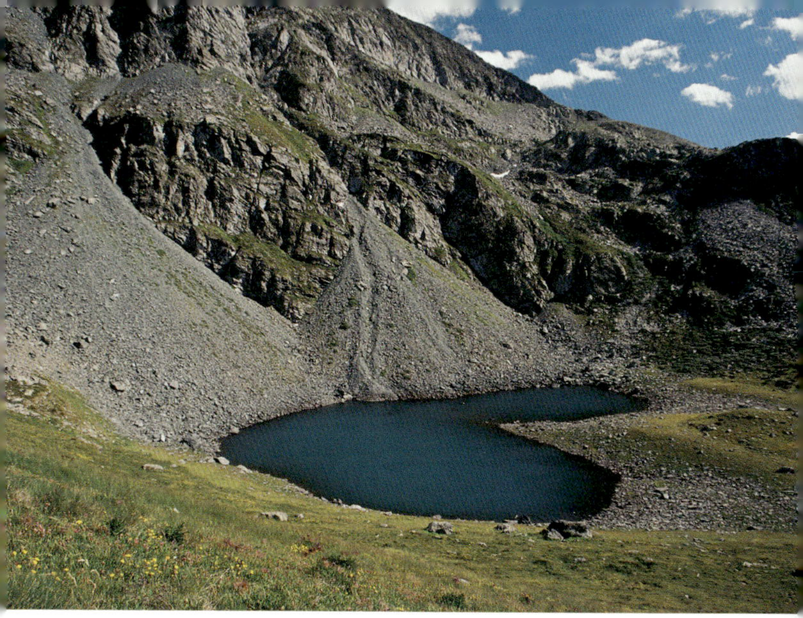

Kleiner Karsee unterhalb der Bettaforca.

Von **Resy** (1) mit Weg Nr. 9 leicht aufsteigend ostwärts ins Vallone della Forca, wo wir nach einiger Zeit auf einen Sessellift stoßen. Man kann ihn nutzen, um rasch hinauf zum **Colle di Bettaforca**, 2672 m (2), zu gelangen, andernfalls wandert man auf der linken Seite des Hochtals auf einem alten Steig oder rechter Hand über einen breiten Schotterweg dort hinauf. Drüben bietet sich erneut wahlweise der Abstieg über eine eintönige Piste oder den Sessellift an, ab der Mittelstation unweit des **Albergo Sitten** (3) dann die Seilbahn hinunter zum Umschlagplatz **Stafal**, 1825 m (4), in der Talsohle des inneren Val di Gressoney. Wer landschaftlich et-

Wegweiser in Resy.

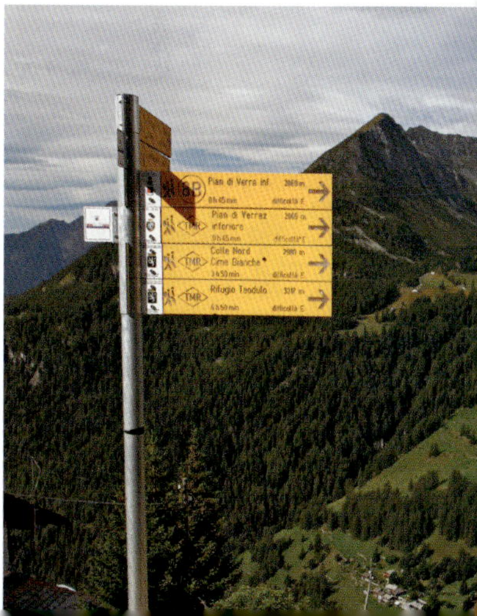

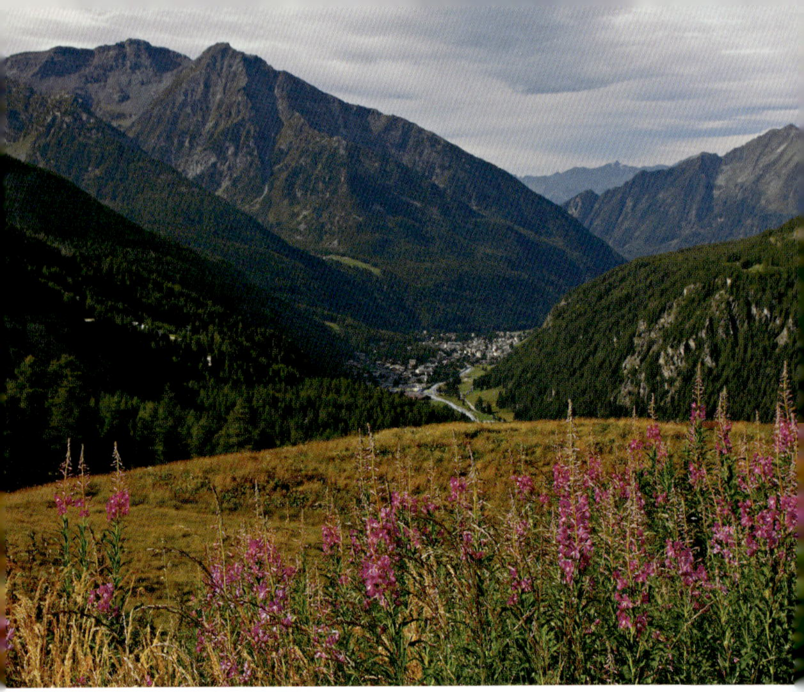

Am Beginn des 3. Tages blicken wir ins Val d'Ayas.

was Trost sucht, schaut am besten auf die Skyline des vergletscherten Hauptkamms im Hintergrund.

Von Stafal geht es entweder mit der jüngst erneuerten Seilbahn hinauf in den Bereich der **Alpe Gabiet** (5) mit den diversen Logiermöglichkeiten oder man wählt hierfür den traditionellen Weg Nr. 7A über die Alpe Mos, der sich zumindest etwas erträglicher gestaltet. Er verläuft zunächst links vom Bacheinschnitt und wechselt später die Seite.

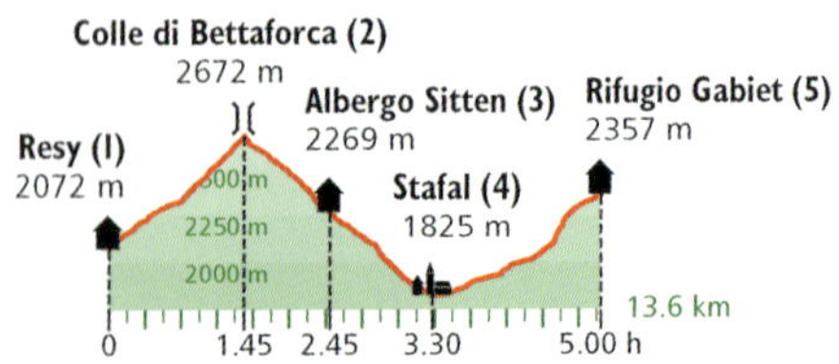

6.30 Std.

↑980 ↓1750

Gabiet – Rifugio Pastore

4

Auf Walserwegen ins Valsesia

Manch einer wird sich fragen, welchen Sinn es machen soll, ganze Tagesetappen in Seilbahngondeln zurückzulegen. Das ist mit der Skischaukel über den Passo dei Salati nämlich auch zwischen dem Val di Gressoney und Alagna möglich. Empfehlen kann man es in diesem Fall aber nicht, gibt es doch über weite Strecken durchaus reizvolle Routen hinüber ins innere Valsesia. Der offiziellen Tour Monte Rosa folgend wird hier zunächst jene via Colle d'Olen, Passo Foric und Valle d'Otru (Oltertal) beschrieben. Das Hochtal mit den traditionellen Walsersiedlungen ist dabei besonders charmant. Flurnamen deutschsprachigen Ursprungs sind Teil der Geschichte, so geht Alagna beispielsweise auf die Bezeichnung »Im Land« zurück. Übernachten sollte man vorzugsweise zuhinterst im Rifugio Pastore, das als umgebaute Alp zu den nettesten Unterkünften der TMR gehört. Eine pfiffige, erstaunlich wenig bekannte Alternative dorthin wird übrigens im nächsten Kapitel vorgestellt.

Das »Hinterland« des Monte Rosa zwischen Gressoney und Alagna.

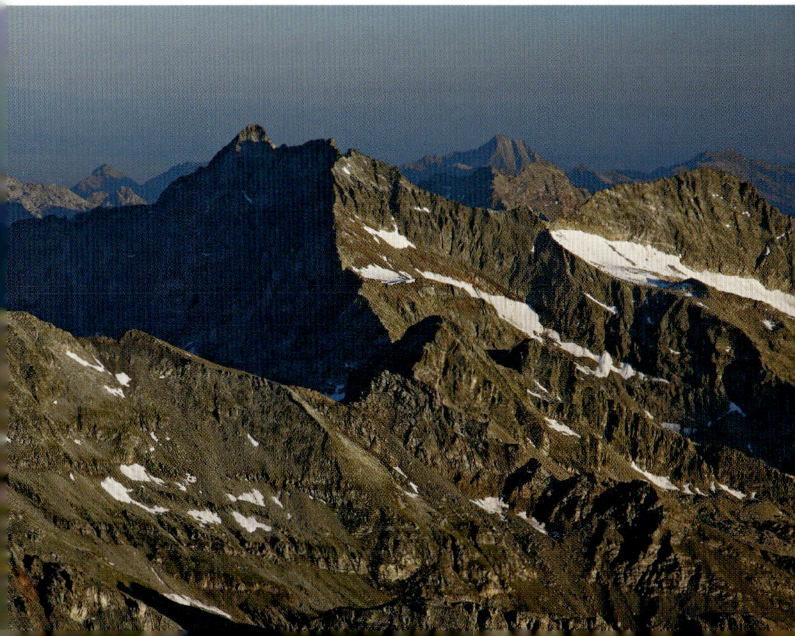

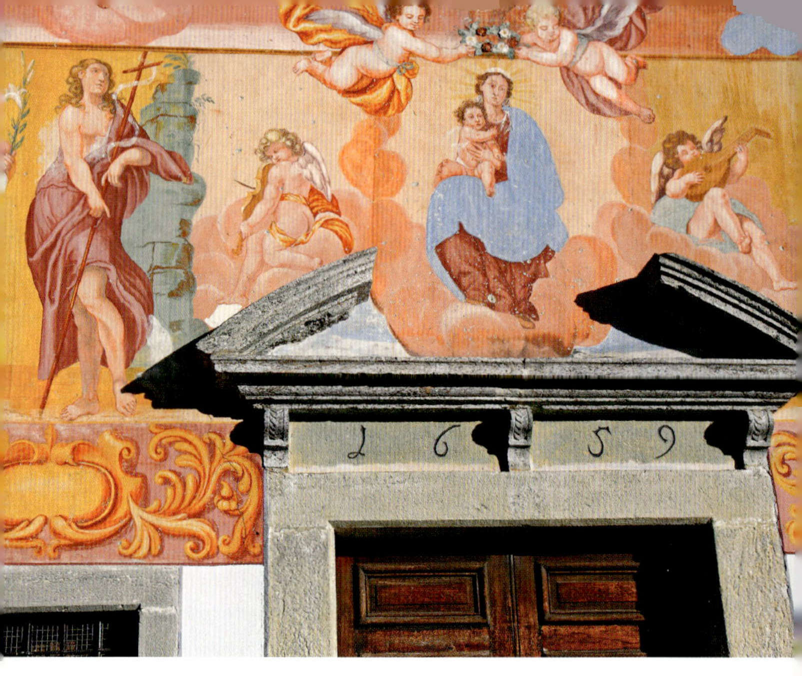

Oben: Kunstvolle walserische »Lüftlmalerei«, entdeckt in Follu.
Rechts: Szenerie auf der Westseite des Colle d'Olen.

Ausgangspunkt: Eine der Unterkünfte im Bereich der Alpe Gabiet, ca. 2350 m.
Endpunkt: Rifugio Pastore, 1575 m, hinter Alagna im Valsesia.
Anforderungen: Überall gute Bergwege, über den Passo Foric etwas schmaler und während der nordseitigen Traverse auch etwas ausgesetzt, sonst nach Walserart phasenweise großzügig ausgebaut. Der Gegenanstieg entlang der Straße Richtung Rifugio Pastore zieht sich etwas. Solide Ausdauer für die ganze Strecke wichtig.
Einkehr/Unterkunft: Gabiet siehe 3. Etappe. Rifugio Città di Vigevano, 2864 m, CAI, Tel. +39/0163/91105. Rifugio »Zur Senni«, 1664 m, Tel. +39/0163/922952. In Alagna mehrere Hotels, Infos unter Tel. +39/0163/922988. Rifugio Pastore, 1575 m, CAI, Tel. +39/0163/91220.
Varianten: 1. Man kann auch im Bereich der Skipiste zur Mittelstation Pianalunga, 2025 m, und weiter über einige Maiensäße und Weiler Richtung Alagna absteigen, ca. 3 Std. ab Rifugio Città di Vigevano. 2. Per Seilbahn stehen die Sektionen Gabiet – Passo dei Salati – Pianalunga – Alagna zur Verfügung, also wiederum fast die komplette Strecke. Auskünfte unter Tel. +39/0125/303111 (Gressoney) und +39/0163/922922 (Alagna). 3. Mit dem Bustransfer von Alagna bis Acqua Bianca lässt sich der finale Abschnitt zum Rifugio Pastore um 1 Std. verkürzen (empfehlenswert).
Hinweis: Das Rifugio Guglielmina am Colle d'Olen ist seit Dezember 2011 durch Brand zerstört.

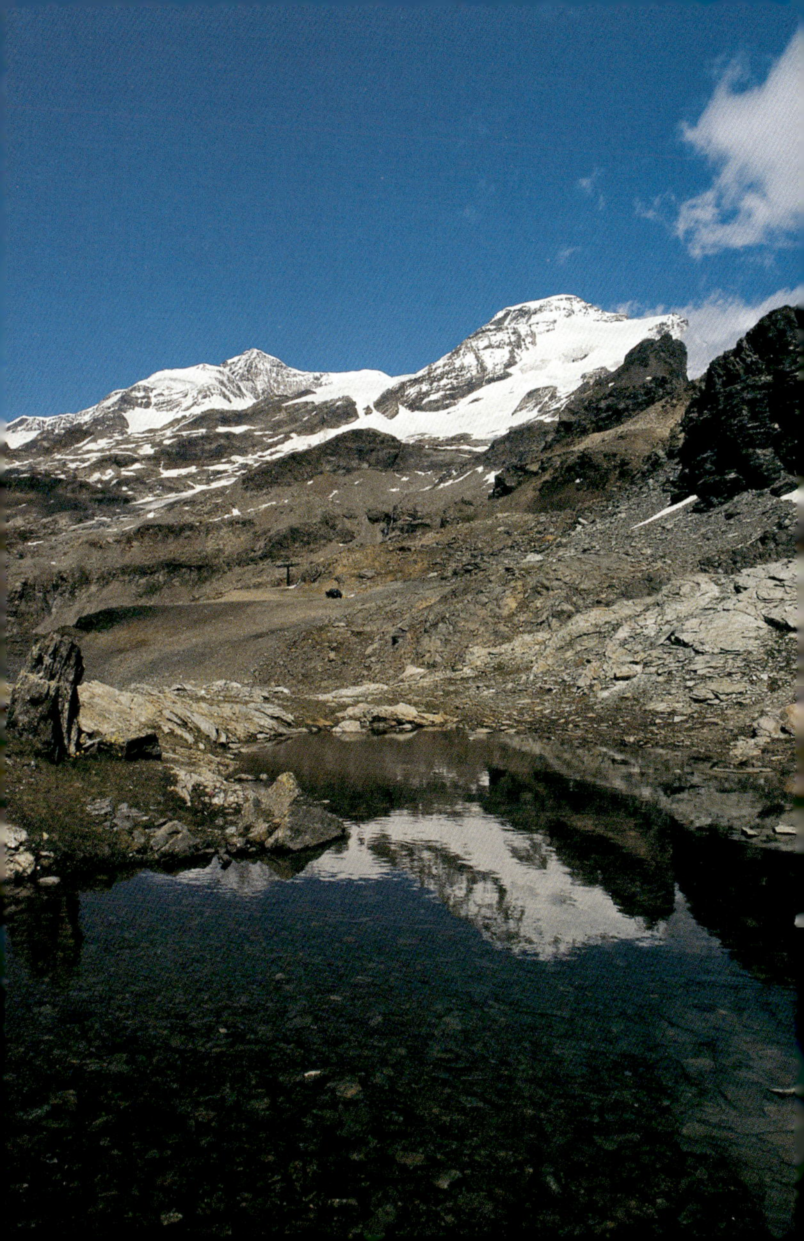

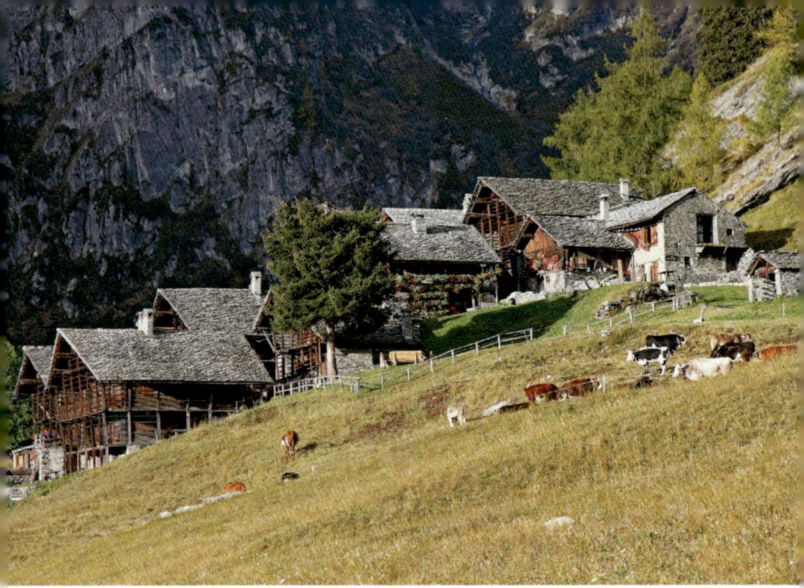

Die Walsersiedlung »Dorf« im Valle d'Otru (Oltertal).

Von **Gabiet** (1) schlagen wir den Saumweg Nr. 6 ein, der sich in vielen Windungen – zuletzt rechts haltend – zum **Colle d'Olen**, 2881 m (2), hinaufschraubt. Gleich jenseits empfangen uns dicht nebeneinander das **Rifugio Città di Vigevano**, 2864 m (3), sowie das kürzlich abgebrannte Rifugio Guglielmina. Wir folgen nun Weg Nr. 5 – bald einmal im Nahbereich einer Piste – im Zickzack abwärts. Nachdem der sagenumwobene **Sasso del Diavolo** (»Teufelsstein«) passiert ist, achten wir auf den Rechtsabzweig Rich-

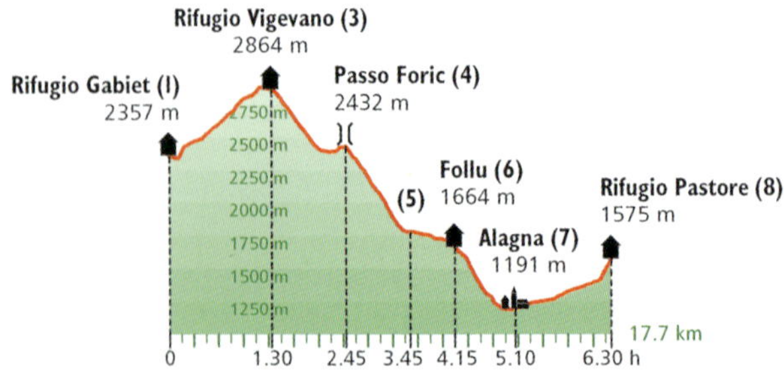

tung Passo Foric, die zwar weniger direkte, aber deutlich schönere Route Richtung Alagna. Eine nahezu horizontale Traverse führt anfangs durch gemäßigte Hanglagen, wird später jedoch auf einer Art Band über Abgründen einigermaßen ausgesetzt. Um eine Kante gelangen wir zum **Passo Foric**, 2432 m (4), wo jüngst ein etwas missverständlicher Wegweiser stand, und wechseln auf die Südseite des Seitenkamms.

Mit Nr. 3B geht es über Wiesenhänge tiefer, wobei einer felsdurchsetzten Steilstufe links ausgewichen wird. Durch den Geländetrichter steuern wir die Hütten von **Pianmisura**, 1782 m (5), an und wenden uns auf einem gepflegten Walserweg (Nr. 3) ostwärts. Dieser verbindet die Weiler am Südhang über dem **Valle d'Otro** und bringt uns in kurzen Abständen via Scarpia, 1726 m, und Dorf, 1698 m, nach **Follu**, 1664 m (6). Zwischen malerischen Behausungen lädt das Rifugio »Zur Senni« zur Einkehr. Nur ungern verlassen wir den herrlichen Wiesenbalkon von Follu, um in den Wald einzutauchen und auf kehrenreichem Weg ins Haupttal nach **Alagna**, 1191 m (7), abzusteigen.

Dort setzt sich die TMR taleinwärts fort. Man folgt der Straße an der Lokalität **Wold** (Ende des öffentlichen Verkehrs) vorbei bis **Sant'Antonio**, 1391 m, wo kurz vor der Brücke Weg Nr. 6 zum **Rifugio Pastore** (8) abzweigt. Ab Piazzale del Municipio in Alagna fahren auch Pendelbusse bis zum Endpunkt Acqua Bianca, von wo es mit Blick auf die Wasserfälle in 20 Min. zum Zielpunkt auf der Alpe Pile geht.

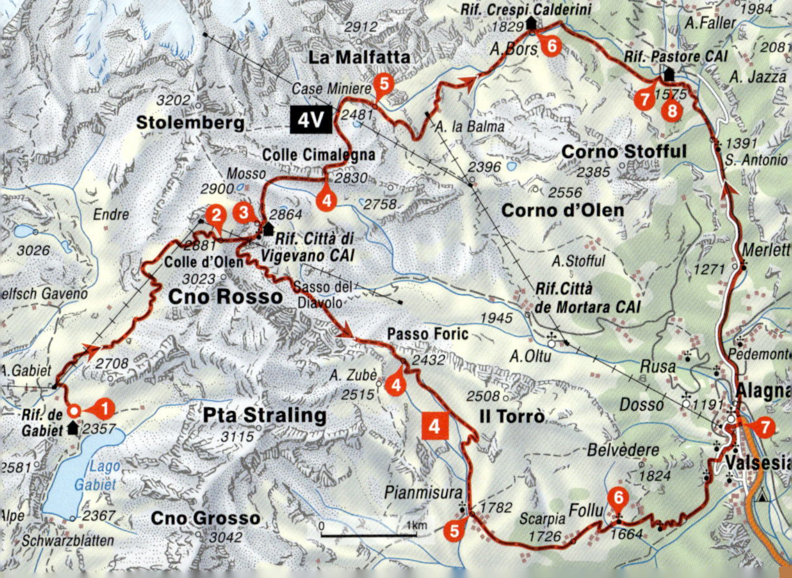

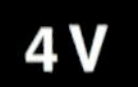

4 V Gabiet – Rifugio Pastore

4.30 Std.

↑570 ↓1340

Eine Abkürzung für Geübte

Warum die Tour Monte Rosa einen etwas umständlichen Schlenker über Alagna macht, erschließt sich nicht auf Anhieb. Möglicherweise sollten beim Entwurf sämtliche Anrainertäler unmittelbar berührt werden, vielleicht stufte man die topografisch »logische« Wegführung über den Colle Cimalegna (in manchen Karten Passo del Diavolo genannt) auch als zu heikel ein. In der Tat braucht es im mürben Nordhang etwas Geschick und Standfestigkeit, doch das nämliche Stück ist relativ bald geschafft. Dafür gestaltet sich der Abstieg durch die einsamen abgestuften Bergkessel, zuletzt vorbei an der urtümlichen Alpe Bors, einfach bezaubernd. Womöglich trifft man sogar auf einige Steinböcke. Kurzum: Eine bereinigte Route, die für versierte Bergwanderer absolut empfehlenswert erscheint!

In der Nähe unseres Weges stürzt ein Wasserfall zu Tal.

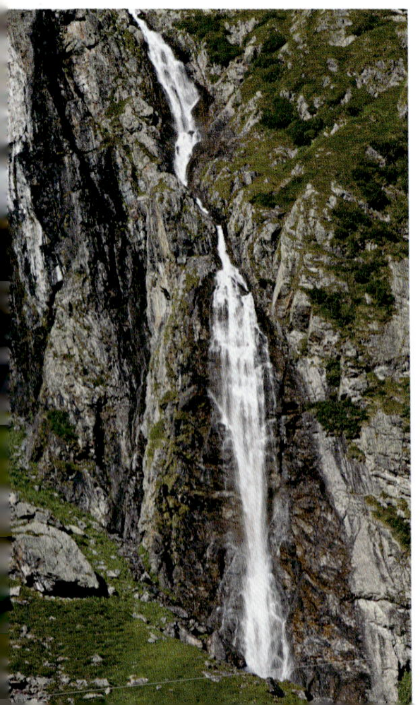

Ausgangspunkt: Eine der Unterkünfte im Bereich der Alpe Gabiet, ca. 2350 m.
Endpunkt: Rifugio Pastore, 1575 m.
Anforderungen: Ausreichend markierte Bergwege, teils aber nur spärlich ausgetreten und besonders auf der Nordseite des Colle Cimalegna Steilabstieg durch unwegsamen Blockschutt und Felsschrofen. Hier ausgeprägte Trittsicherheit und sogar etwas Händeunterstützung (I. Grad) nötig; der Rest der Etappe ist deutlich leichter. Kürzer als die offizielle Hauptroute der TMR.
Einkehr/Unterkunft: Gabiet siehe 3. Etappe. Rifugio Città di Vigevano, 2864 m, CAI, Tel. +39/0163/91105. Rifugio Crespi-Calderini, 1829 m, CAI, nur im Juli/August einfach bewartet. Rifugio Pastore, 1575 m, CAI, Tel. +39/0163/91220.
Hinweis: Das Rifugio Guglielmina (neben dem Rifugio Vigevano) fiel kürzlich einem Brand zum Opfer.
Karte: S. 43.

Ab **Gabiet** (1) wählen wir zunächst den gleichen Weg wie die offizielle TMR und überschreiten von Westen her den **Colle d'Olen**, 2881 m (2). Beim **Rifugio Città di Vigevano** (3) weichen wir dann jedoch nach links

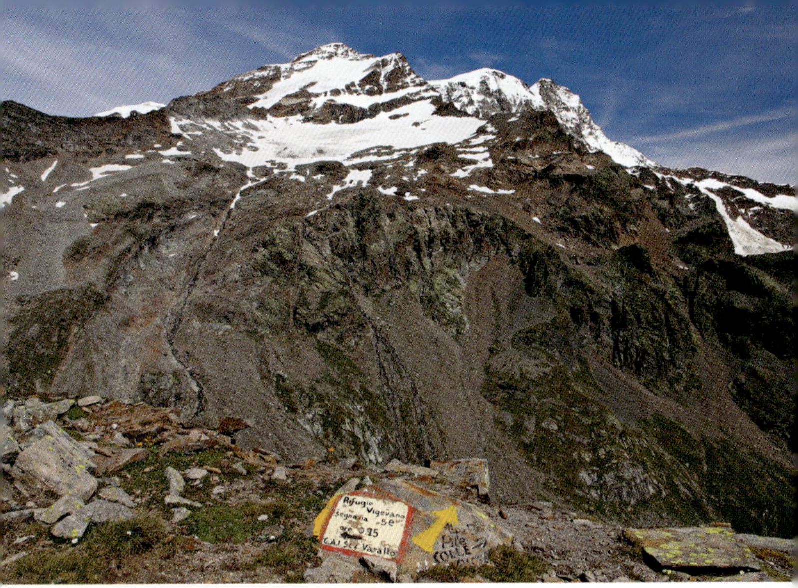

Vom Colle Cimalegna haben wir die Vincentpyramide (4215 m) im Blick.

ab und nähern uns über etwas welliges und auch von einer Skipiste durchzogenes Ödgelände (Flurbezeichnung »Cimalegna«) einem schwach ausgeprägten Bergkamm, der auf der anderen Seite freilich ziemlich schroff abfällt. Man folgt der Bezeichnung 5E bis zu jener Stelle – je nach Karte als **Colle Cimalegna** oder **Passo del Diavolo**, 2830 m (4), bezeichnet –, wo uns ein Hinweis am Felsblock mit Nr. 10B in den steilen Nordhang lotst.

Nach den ersten Kehren zwischen Blöcken windet sich die Route durch steiles, ausgesetztes Geschröf, sodass wir Vorsicht walten lassen müssen. Anschließend auf passabler Spur ein Stück weit markant nach rechts, ehe ein

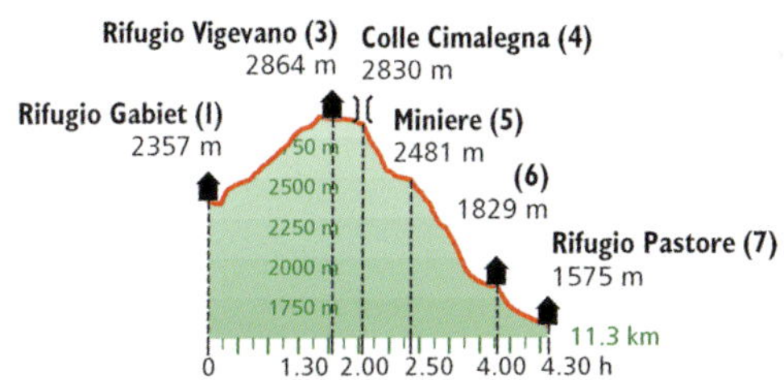

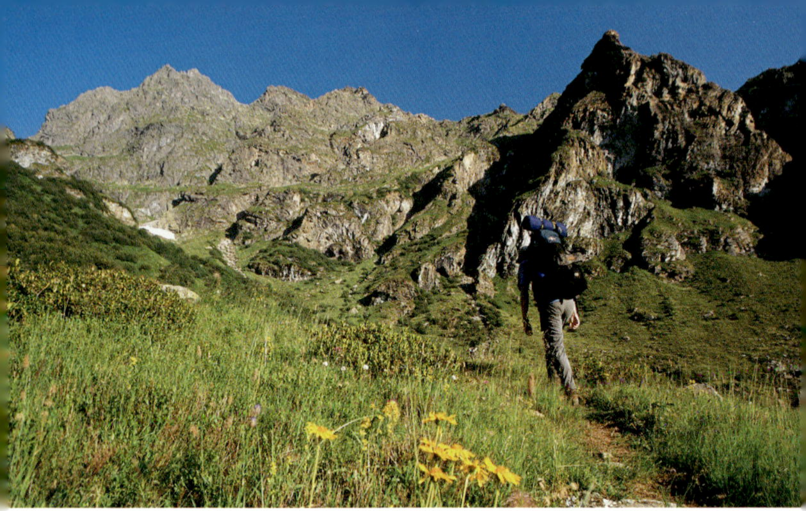

Die Variante des 4. Tages führt durch einsame Gefilde.

blockreicher Hang bis zum Auslauf auf die Wiesenböden unterhalb bei teils verschüttetem Pfad wieder etwas unangenehmer zu begehen ist. Im flachen Bereich vollführt man einen Bogen um einen Buckel herum und passiert – mittlerweile mit Nr. 10C – die verfallenen Gebäude von **Miniere**, 2481 m (5). Über die nächste Hangpartie mit der Cascata delle Pisse (Wasserfall) nebenan gelangen wir nach **La Balme**, 2207 m, halten uns bei einer verwaisten Liftstation links (also nicht rechts zur Bocchetta delle Pisse) und genießen von einem Absatz hoch über dem unteren Boden einen tollen Ausblick. Dorthin geht es nun über einen steilen, erlenbewachsenen Abhang. Auf dem ausgedehnten, von kleineren Bächen durchzogenen Wiesenplan angekommen, zunächst ziemlich an den rechten Rand und am Ende hinüber zu der aus zahlreichen Steinhütten bestehenden **Alpe Bors**, 1829 m (6), die noch bestoßen wird und auch das **Rifugio Crespi-Calderini** integriert. Auf der linken Seite des Torrente Bors verlieren wir weiter an Höhe, ehe auf einen größeren Weg einmündend talauswärts das heimelige **Rifugio Pastore** (7) auf der Alpe Pile angesteuert wird.

Steinböcke sind rund um den Monte Rosa heimisch.

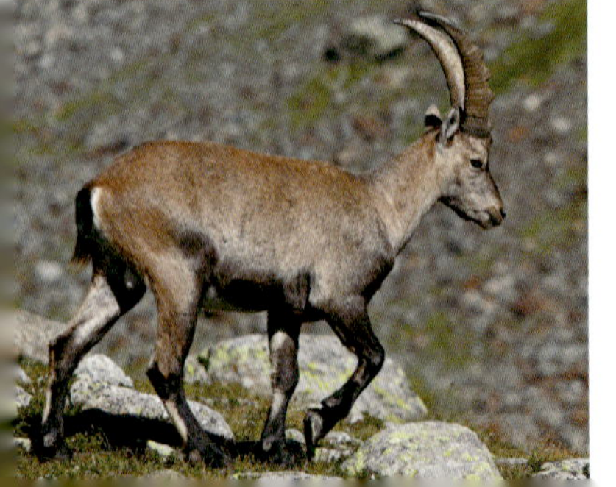

7.45 Std.
↑1230 ↓1500

Rifugio Pastore – Macugnaga

5

Über den Türlipass in den Bannkreis der höchsten Alpenwand

Eine der längsten Etappen der Tour Monte Rosa verbindet die alten Walsergemeinden Alagna und Macugnaga über den Colle del Turlo (ehedem Türlipass geheißen). Es ist ein typischer Weg für diese Gegend, eine dem meist rauen Gelände vorzüglich abgetrotzte Route, die großartige Ein- und Ausblicke vermittelt. Obgleich die Walser den Ursprung legten, geht das jetzige Trassenbild auf die Aktivitäten des Militärs, dem offenbar kein Aufwand zu hoch war, zurück. Bleiben wir noch ein bisschen bei der Historie, so ist vor allem auch das Val Quarazza interessant: Hier wurde nämlich in früheren Zeiten Gold zutage gefördert. Der Zielort Macugnaga präsentiert sich heute als lebendiger Touristenort mit einer der eindrucksvollsten Kulissen, die man sich vorstellen kann. Die Ostwand des Monte Rosa – ein wahres Monstrum aus Fels und Eis – beherrscht den Talschluss und lockt viele Feriengäste ins Val Anzasca. Doch das Flair hat darunter weit weniger gelitten als anderswo, und ein Rest der althergebrachten Walserkultur ist auch noch erhalten geblieben.

Vom Colle del Turlo steigen wir ins Valle Quarazza ab.

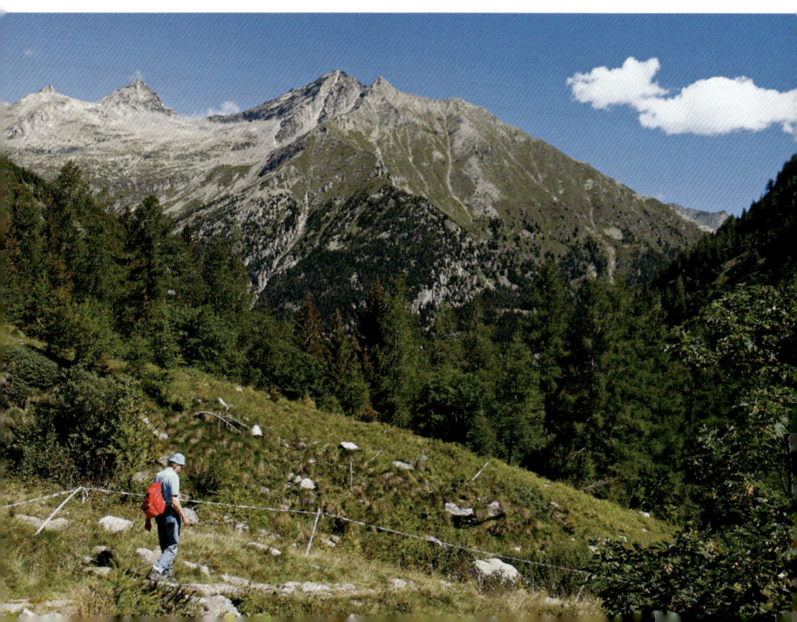

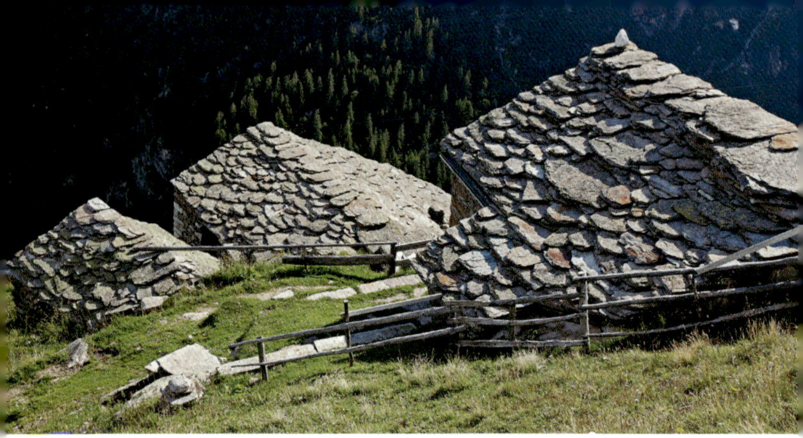

Typische Alphütten über dem Valsesia.

Ausgangspunkt: Rifugio Pastore, 1575 m. **Endpunkt:** Macugnaga, 1307 m, im inneren Val Anzasca.
Anforderungen: In vielen Windungen und Serpentinen betont flach angelegter ehemaliger Militärweg über einen stattlichen Pass, wandertechnisch ohne Schwierigkeiten (oft gepflastert), aber aufgrund der langen Strecke und beachtlichen Höhendifferenzen konditionell recht fordernd. Ein Stück im Val Quarazza ist etwas verwachsen.
Einkehr/Unterkunft: Rifugio Pastore, 1575 m, CAI, Tel. +39/0163/91220. Bivacco Lanti, ca. 2100 m, nur Notunterschlupf. Zwei Restaurants in Quarazza, 1309 m. Zahlreiche Hotels und Gasthäuser in Macugnaga, Infos unter Tel. +39/0324/65119.
Tipps: 1. Wer früh aufbricht und relativ stramm durchmarschiert, kann von Macugnaga am Nachmittag noch mit der Seilbahn zum Rifugio Oberto, 2796 m, am Monte-Moro-Pass gelangen (siehe nächster Abschnitt). Damit verlagert sich die Übernachtung gen Berg, sodass wir das Schauspiel der »Erleuchtung« des Monte Rosa am anderen Morgen von einem besonderen Logenplatz bewundern können. 2. Lohnend wäre indessen auch, zuvor einen Zusatztag im Talschluss von Macugnaga einzulegen, z. B. mit einer Stichtour zum Rifugio Zamboni-Zappa unterhalb der riesigen Ostwand.

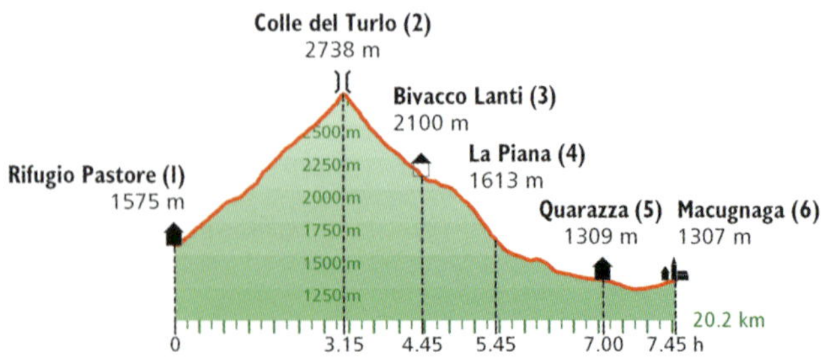

Gleich hinter dem **Rifugio Pastore** (1) wechseln wir die Bachseite über eine massive Brücke, passieren die **Alpe Blatte**, 1603 m, und steigen auf breitem Weg (Nr. 7A) in Schleifen bergwärts. Später deutlich nach rechts umbiegend und im Schräganstieg wiederholt an Steinhütten vorbei, die zu den Alpen **Mitteltheil** und **Faller**, 1984 m, gehören. Der aufwendig angelegte Passweg zieht mit ein paar Schleifen weiter mäßig steil in die Höhe, lässt die verfallene Alpe Grafenboden und den Lago del Turlo rechts auf Hangabsätzen liegen und dringt derweil in eine steinigere Umgebung vor. Immer wieder schweifen die Blicke zurück ins obere Valsesia. Nach einer letzten markanten Kurve erreichen wir den **Colle del Turlo**, 2738 m (2), und gewahren eine Tafel, die an ein Treffen aller Walsergemeinden um den Monte Rosa im Jahr 1970 erinnert.

Auch auf der Nordseite setzt sich eine großzügig mit Steinplatten gepflasterte Trasse fort. Bald geht es dabei durch eine karge Hangmulde bergab, ehe sich ein ausgiebiger Serpentinenkurs anschließt. So gerne man mit schwerem Rucksack steile Abstiege auch meidet – diese

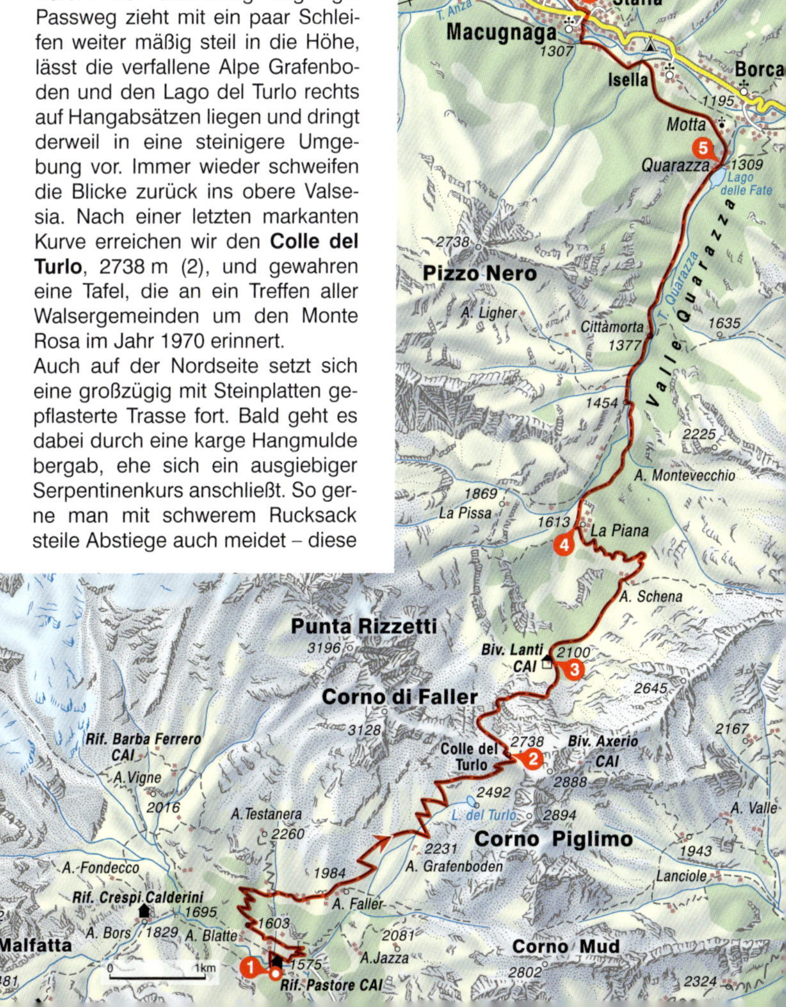

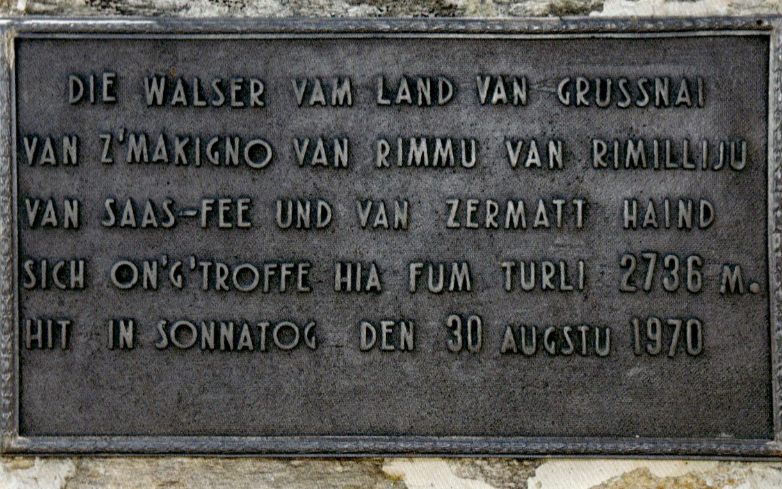

Oben: Erinnerungstafel am Türlipass.
Rechts: Im idyllischen Valle Quarazza.

Schleifen dünken uns ein wenig zu ausufernd, denn sie verlängern die Gehstrecke beinahe über Gebühr. Auf ungefähr 2100 m (die zuweilen angegebenen Koten 2150 oder 2125 dürften etwas zu hoch sein) kommen wir am spartanischen, wenig einladenden **Bivacco Lanti** (3) vorbei – allenfalls ein behelfsmäßiger Unterschlupf im Falle von akutem Schlechtwetter. Von dort zieht unser Weg auf der rechten Seite hinüber zu den Hütten von **Schena**, 1987 m, und anschließend in vielen Serpentinen an der erlenbewachsenen Hanglehne hinunter zur Alpe **La Piana**, 1613 m (4).
Allmählich tauchen wir nun in die Talsohle des inneren **Val Quarazza** ab, wo es noch weit hinaus geht. Vor allem das nächste Stück ist recht verschlungen. Bei P. 1454 wird dann der Torrente Quarazza nach links überschritten, bevor wir die einstige Goldgräbersiedlung »**Cittàmorta**«, 1377 m, passieren. Welche Geheimnisse sie wohl birgt, bei diesem gruseligen Namen? Nun auf breiterem Weg bald schon eben talauswärts zu einem weiten Talboden und zum Weiler **Quarazza**, 1309 m (5), in der Nähe des aufgestauten Lago delle Fate: ein beliebtes Ausflugsziel. Links haltend geht es auf dem Wirtschaftsweg via Motta und knapp oberhalb von Isella vorbei Richtung **Macugnaga-Staffa** (6), wo wir nach Kreuzen des Torente Anza im Ortskern einlaufen. Auch die Talstation der Seilbahn zum Monte-Moro-Pass befindet sich in der Nähe.

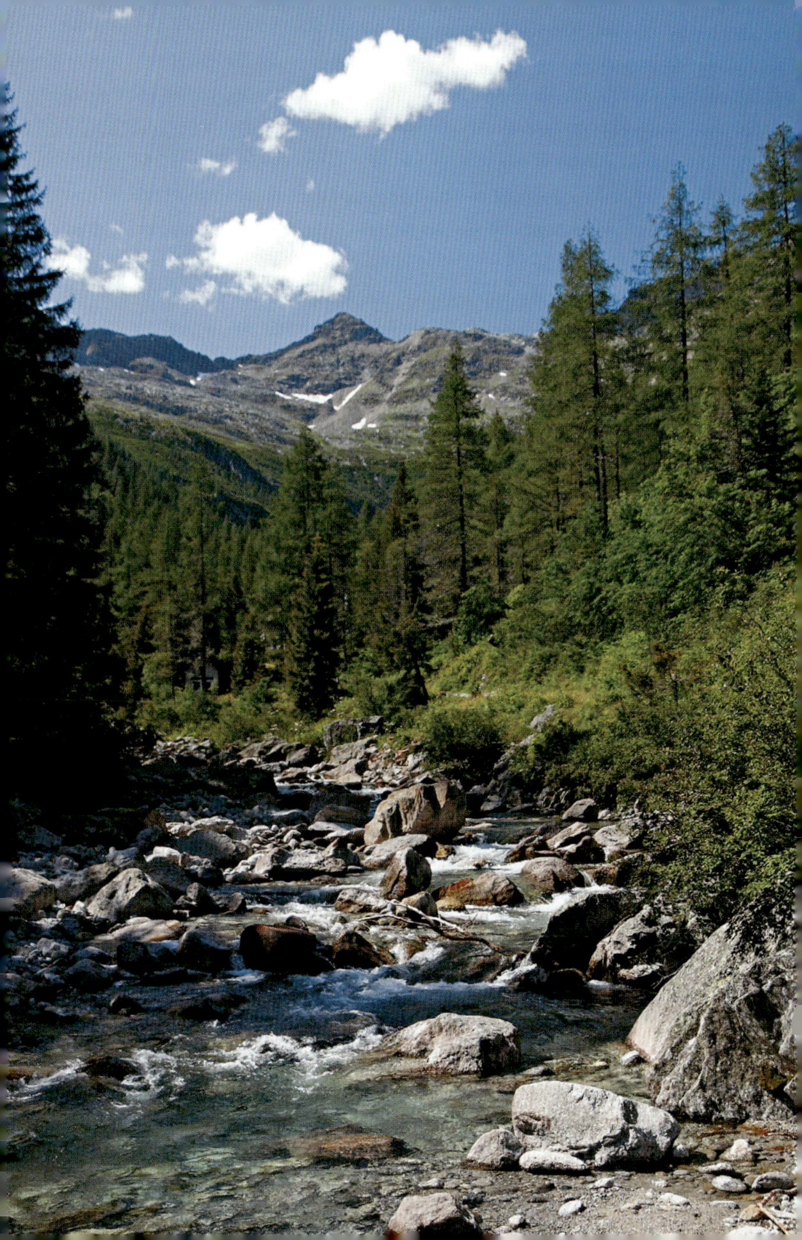

6 Macugnaga – Saas-Fee

6.30 Std.
↑1570 ↓680

Über den berühmten Monte-Moro-Pass zurück in die Schweiz

Mit der höchsten Wand der Alpen im Blick geht es heute hinauf zum Monte-Moro-Pass, entweder in Minutenschnelle per Seilbahn oder wie weiland die Säumer mit reiner Muskelkraft in satten vier Stunden oder mehr. Die Verlockung, 1500 Höhenmeter gleichsam schwerelos zu überwinden, ist zweifelsohne groß, doch das Erlebnis sicher nicht dasselbe. Wenn ich schon in einem komfortablen Gasthof in Macugnaga neue Kräfte getankt habe und das Wetter mir einen klaren, frischen Morgen präsentiert, würde ich den Weg auch gehen und das Panorama mit Muße einfangen wollen. Man kann freilich auch die Idee verfolgen, sich bereits am Vortag oben im Rifugio Oberto einzuquartieren. Bleibt nur die Hoffnung, dass sich der weiße Riese nicht in Wolken hüllt …

Jenseits der goldfarbenen Statue am Monte-Moro-Pass betreten wir dann wieder eidgenössischen Boden und steuern den Mattmark-Stausee respektive das Saastal an. Diese Etappe gehört zu den klassischen Übergängen am Walliser Hauptkamm und steht natürlich auch in der Tradition der Walser, die seit dem 13. Jahrhundert hier unterwegs waren. Der eisgepanzerte Monte Rosa schaut seit jeher ungerührt zu.

Rast bei der Madonna am Monte-Moro-Pass.

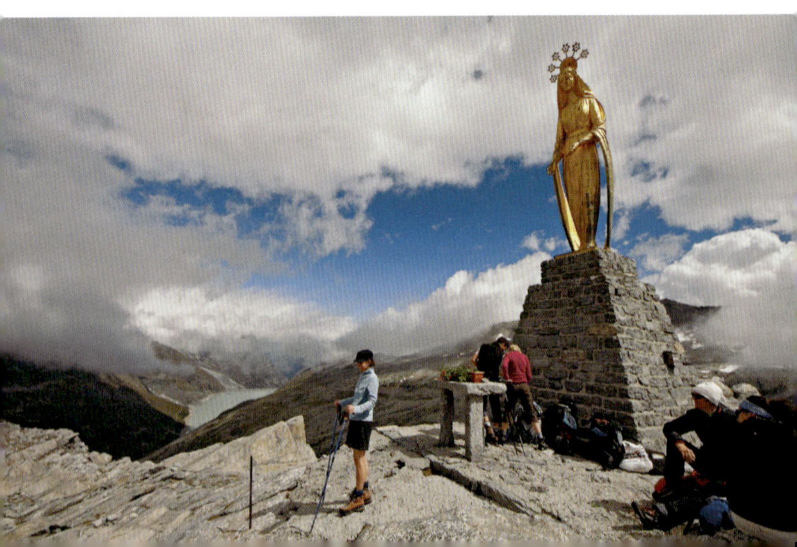

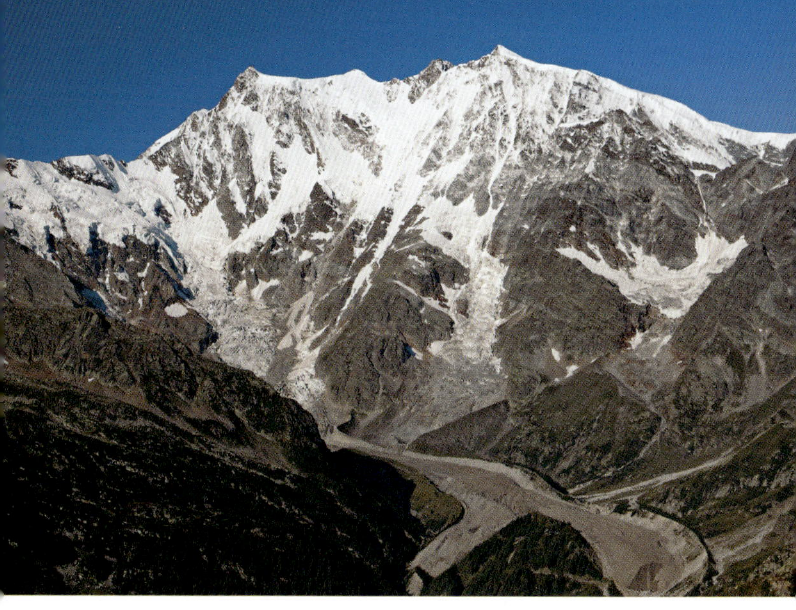

Die Monte-Rosa-Ostwand ist der absolute Blickfang bei Macugnaga.

Ausgangspunkt: Macugnaga-Staffa, 1307 m.

Endpunkt: Saas-Almagell, 1670 m, Saas-Grund, 1559 m, oder Saas-Fee, 1803 m, alle im Saastal. Die Wanderetappe endet eigentlich schon am Stausee Mattmark, 2197 m, von dort wird üblicherweise und mit Vorteil der Bus ins Saastal eingesetzt. Zu Fuß wären es 1.30 Std. Mehraufwand bis Saas-Almagell plus 1 Std. leichte Gegensteigung bis Saas-Fee.

Anforderungen: Insgesamt ordentliche Bergwege auf beiden Seiten, jeweils in den oberen Bereichen verlegte Platten und Blöcke. Direkt bei der Statue am Pass gesicherte Stellen auf glattgeschliffenen Felsen, vor allem nordseitig je nach jahreszeitlichen Verhältnissen eventuell einige Schneefelder. Am Stausee entlang ein breiter Fahrweg. Mit etwas Trittsicherheit gut beherrschbarer Übergang, je nach Einsatz der Seilbahn ziemlich anstrengend oder moderat mit fast reinem Abstieg. Der ebenfalls optionale Weitermarsch ins Saastal zieht sich.

Einkehr/Unterkunft: In Macugnaga: touristische Informationen unter Tel. +39/0324/65119. Rifugio Oberto (Rifugio Città di Malnate), 2796 m, CAI, Tel. +39/0324/65544. Restaurant Mattmark, 2197 m. In Saas-Fee (bzw. Nachbarorte): touristische Informationen unter Tel. +41/(0)27/9581858.

Tipps: 1. Bis knapp unter den Monte-Moro-Pass kommt man auch einfach per Seilbahn, Tel. +39/0324/65050. 2. Abstecher zum Monte Moro, 2985 m, auf felsigen Routen entweder über den schärferen Ostgrat oder auf einem Band zuerst südlich unter dem Gipfel hindurch und dann von hinten über einen Blockschuttrücken hinauf; ab Hütte bzw. Seilbahn hin und zurück reichlich 1 Std.

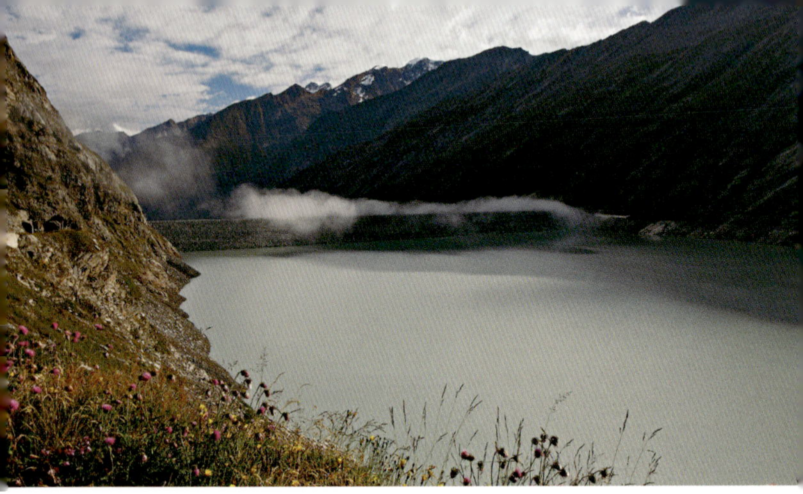

Beim Übergang ins Saastal empfängt uns der Mattmark-Stausee.

Man bricht in den hinteren Bereich von **Macugnaga-Staffa** (1) auf und wendet sich vor der Ausmündung eines Grabens bergwärts. Mit reizvollen Rückblicken auf den Ort wird durch bewaldetes Gelände zuerst zur **Alpe Bill**, 1700 m (2), angestiegen. Hier befindet sich eine Zwischenstation der Seilbahn zum Rifugio Oberto. Etwas höher holen wir deutlich nach rechts aus und kommen damit allmählich über die Waldgrenze hinaus. Der undeutliche Abzweig zur Alpe Sonobierg bleibt aber unbeachtet. Stattdessen jetzt wieder mehr nach links unter die Linie der Seilbahn, vorübergehend auch ein Stück westlich hinaus und meist durch mittelsteile Hanglagen stetig bergauf. Die Matten machen allmählich schuttreichem Untergrund Platz. Dabei bleibt die Trasse aber ordentlich angelegt, nach oben hin sind öfters Platten zusammengefügt. So gewinnt man zuletzt durch eine karge Hangmulde von

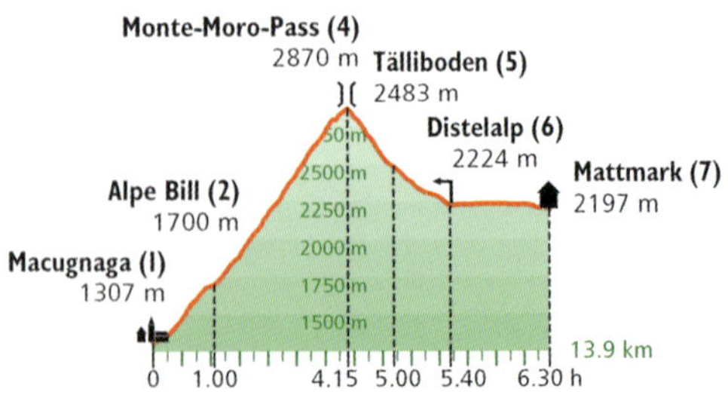

rechts her das **Rifugio Oberto**, 2796 m (3), in manchen Karten auch als Rifugio Città di Malnate eingetragen. Nur wenige Meter höher entlässt die Seilbahn ihre Gäste. Und auch zum **Monte-Moro-Pass** ist es nun nicht mehr weit. Am besten folgen wir dem mit Ketten entschärften Felsensteig hinauf zur auffälligen Madonnenstatue, 2870 m (4), und mogeln uns anschließend nach rechts durch glatt geschliffene Felshöcker zum eigentlichen Passübergang, 2853 m. Auf schweizerischer Seite geht es über einzelne Schneefelder, Schottermulden und schräg einfallendes Schliffgestein abwärts, dabei in der Nordflanke des Monte Moro allmählich links haltend. Abermals prägt sich wieder ein Plattenweg aus, der uns ohne besondere Schwierigkeiten zum **Tälliboden**, 2483 m (5), hinunterleitet. Bei der Gabelung bleiben wir am Hauptweg, überschreiten bei P. 2327 den Bachlauf nach rechts und wandern über Innere Bodmen gegen das Südende des Stausees Mattmark unweit der früheren **Distelalp**, 2224 m (6), hinab. Nun wartet noch die Seetraverse auf der linken oder rechten Seite. Viel nimmt es sich nicht – gewöhnlich geht man westseitig herum, möchte man jedoch später den Abstieg ins Saastal fortsetzen, wäre es rechts sogar etwas günstiger. Beim Restaurant **Mattmark** (7) vor der Staumauer sammelt uns schließlich das gelbe Postauto auf und bringt uns wahlweise bis Saas-Almagell, Saas-Grund oder mit Umsteigen gleich nach Saas-Fee.

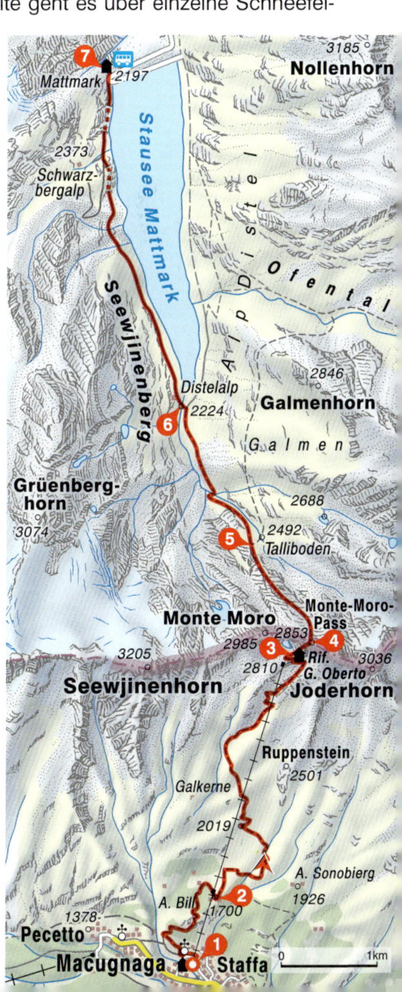

Der Fußweg führt meist etwas abseits der Straße parallel dazu über Eia Alp und Zer Meiggeru nach Saas-Almagell. Dort kann man einen Waldweg nach Saas-Fee einschlagen. Diese Aktion lohnt aber nur für Puristen oder falls man sich bei allfälliger Seilbahnfahrt noch längst nicht verausgabt hat.

7 Saas-Fee – Grächen

7.30 Std.
↑900 ↓1080

Auf dem Grächener Höhenweg hoch über dem Saastal

Wenn man am Morgen das »Gletscherdorf« Saas-Fee verlässt, ahnt man vielleicht noch nicht, welche Spannung dieser Tag bieten wird. Der Höhenweg zur Hannigalp ob Grächen gehört sicherlich zum Besten, was unsere Trekkingtouren in den Walliser Alpen zu bieten haben. Denn in dieser Art stellt man sich das Ideal eines Panoramaweges vor: Der Weissmieskamm gegenüber liegt stundenlang wie auf dem Präsentierteller, dazu kommen die Blicke ins abgrundtiefe Saastal, das im hinteren Bereich breitere, liebliche Böden mit charmanten Dörfern, gegen Norden aber ein beinahe schluchtartiges Relief zeigt. Der Verlauf des 1954 eingeweihten Grächener Höhenwegs fängt beschaulich im lichten Lärchenwald an und steigert sich später zu atemberaubenden Traversen gut 1000 Meter über der Talsohle. Wir bewegen uns hier quer durch die urwüchsige, teils zerklüftete Ostflanke der Balfringruppe und sind stets gespannt, wie es hinter der nächsten Biegung weitergeht. Keine Frage, der »Grächener« ist ein echter Knüller!

Das stark vergletscherte Weissmies auf der anderen Seite des Saastals.

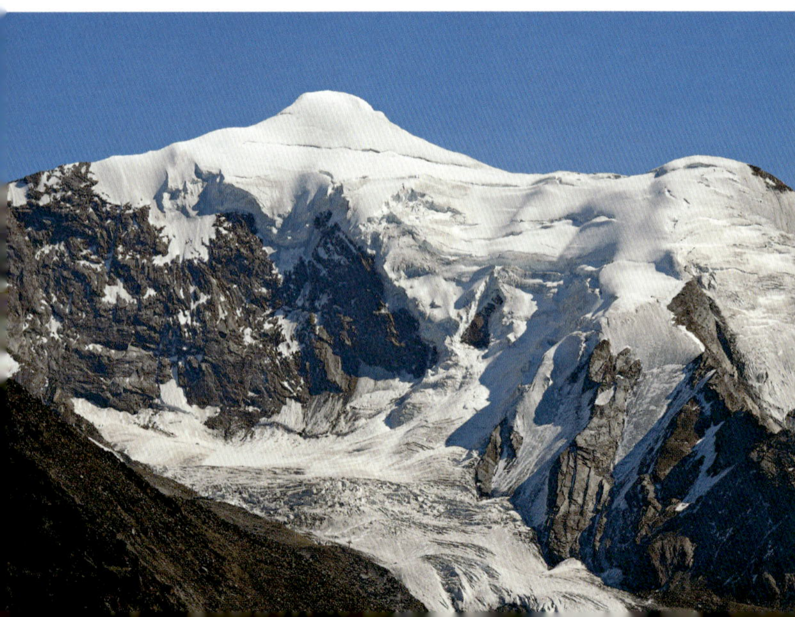

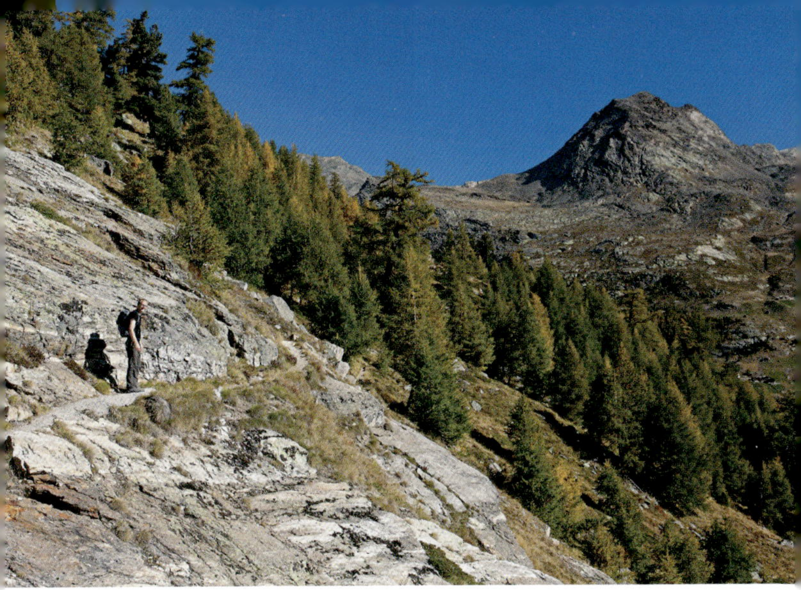

Der Grächener Höhenweg schneidet malerische Bergflanken.

Ausgangspunkt: Saas-Fee, 1803 m.
Endpunkt: Grächen, 1619 m, auf einer Hangterrasse über dem vorderen Mattertal.
Anforderungen: Im südlichen Teil noch gewöhnlicher Bergwanderweg entlang der Waldgrenze, Richtung Norden jedoch zunehmend spektakulärer Höhensteig mit teilweise ausgesetzten Passagen auf Bändern und Hangterrassen. Insgesamt gut ausgebaut, stellenweise gesichert, für Trittsichere normalerweise nicht übermäßig schwierig, aber in wildem Steilgelände von Vermurungen bedroht und nur bei halbwegs gutem Wetter ratsam. Ausdauer ebenfalls wichtig.
Einkehr/Unterkunft: Saas-Fee: touristische Infos unter Tel. +41/(0)27/9581858. Grächen: touristische Infos unter Tel. +41/(0)27/9556060.
Hinweis: Man kann zuletzt von der Hannigalp mit der erneuerten Seilbahn nach Grächen hinabschweben, Tel. +41/(0)27/9556010.

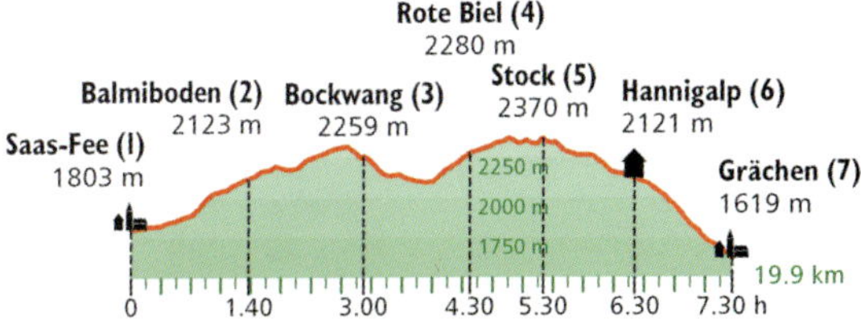

In **Saas-Fee** (1) begeben wir uns in den Ortsteil Wildi, wo der eigentliche Grächener Höhenweg beginnt. Mehrheitlich durch Wald führt der erste Abschnitt zum **Senggboden** und weiter zum **Balmiboden**. Bei P. 2123 (2) zweigt eine Route via Gibidum zur (Saaser) Hannigalp ab: nicht verwechseln! Wir bleiben freilich am Hauptweg und treten in diesem Bereich auch allmählich aus dem würzigen Lärchenwald heraus, passieren bald darauf die Problemstelle am Biderbach, die mittels Untertunnelung gebändigt wurde, und queren weiter durch den Hang Richtung **Stafelälpji**. Danach geht es leicht ansteigend in eine urwüchsig bewachsene Felslandschaft am **Lammugrabe**. Bei der Traverse der folgenden Felsfluh treten erstmals ausgesetzte Bänder auf (Drahtseile), bevor man hinüber zum nächsten Geländevorsprung in leichtem Schrägabstieg eine Blockhalde überschreitet. Von **Bockwang**, 2259 m (3), immer quer durch steil abfallendes Gelände, verlieren wir noch etwas an Höhe und biegen dann in die Eintalung des Schweibbachs ein, der auf ca. 2100 m gekreuzt wird. Auf der anderen Seite wieder schräg ansteigend zur Schulter **Rote Biel**, 2280 m (4), die zu den besten Aussichtskanzeln am Grächener Höhenweg gehört. In der Folge wird der Wegverlauf in der zerschlissenen Ostflanke des Distelhorns knifflig und abwechslungsreich – Traversen auf schmalen Bändern, Querungen von Rin-

Gegen Ende des Höhenwegs kommt das Bietschhorn ins Blickfeld.

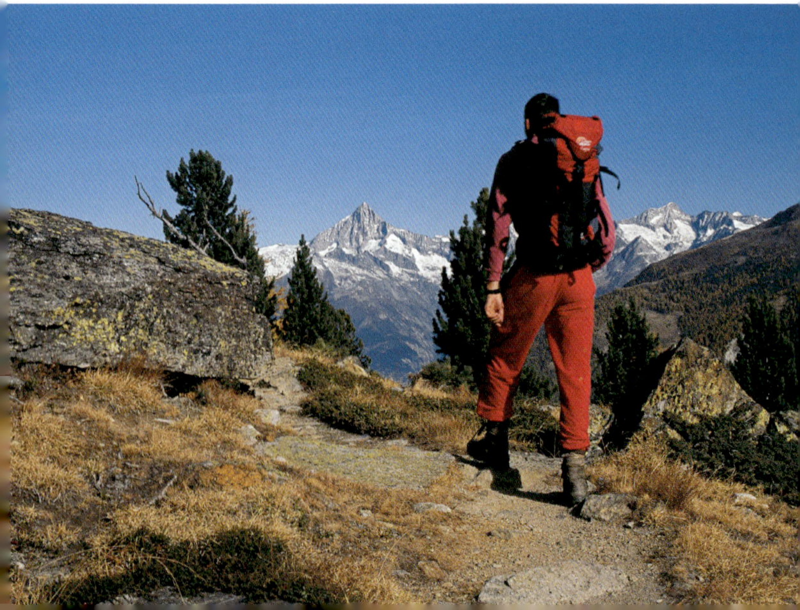

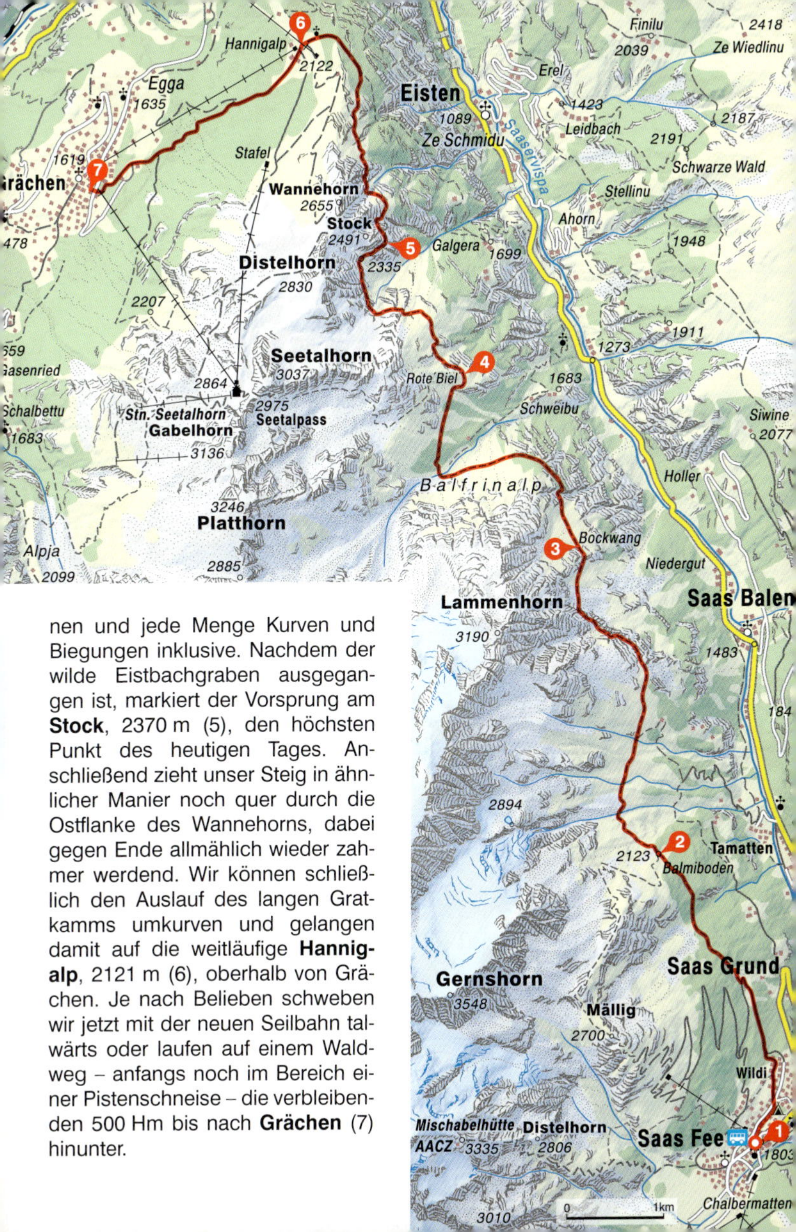

nen und jede Menge Kurven und Biegungen inklusive. Nachdem der wilde Eistbachgraben ausgegangen ist, markiert der Vorsprung am **Stock**, 2370 m (5), den höchsten Punkt des heutigen Tages. Anschließend zieht unser Steig in ähnlicher Manier noch quer durch die Ostflanke des Wannehorns, dabei gegen Ende allmählich wieder zahmer werdend. Wir können schließlich den Auslauf des langen Gratkamms umkurven und gelangen damit auf die weitläufige **Hannigalp**, 2121 m (6), oberhalb von Grächen. Je nach Belieben schweben wir jetzt mit der neuen Seilbahn talwärts oder laufen auf einem Waldweg – anfangs noch im Bereich einer Pistenschneise – die verbleibenden 500 Hm bis nach **Grächen** (7) hinunter.

8 Grächen – Europahütte

6.30 Std.

↑1200 ↓550

Der Europaweg als Krönung

Nachdem wir auf den Passübergängen zwischen Zermatt, den südlichen Monte-Rosa-Tälern und Saas-Fee so manches Wechselbad der Gefühle durchlebt haben, schwelgen wir am nördlichen Bogen einfach nur in fantastischen Ausblicken. Dazu leistete am 7. Tag schon der Grächener Höhenweg seinen Beitrag, was durch den anschließenden, zweitägigen Europaweg auf der Seite des Mattertals eine Vollendung findet. Diese Route ist wohl der packendste Abschluss, den man sich für die Tour Monte Rosa wünschen kann. Hauptblickfang ist zunächst das überwältigende Weisshorn, in einer Skyline, die sich von Norden über Barrhörner, Brunegghorn und Bishorn immer höher aufschwingt und nach Süden hin mit Zinalrothorn und Obergabelhorn weitere majestätische Viertausender aufwirft.

Der nördliche Abschnitt zwischen Grächen und der eigens als Stützpunkt errichteten Europahütte ist recht fordernd, gilt es doch zuerst, einen 1000-Meter-Zustieg zu bewältigen, ehe sich der eigentliche Höhensteig durch wildes Alpinterrain windet. Steil und zerklüftet schießen die Flanken geradewegs ins Mattertal hinab, manches Blockfeld erweist sich als echter Hindernisparcours. Bevor 1997 der Europaweg mit großem Aufwand angelegt wurde, ver-

Himmelhoch über dem Mattertal: der Europaweg.

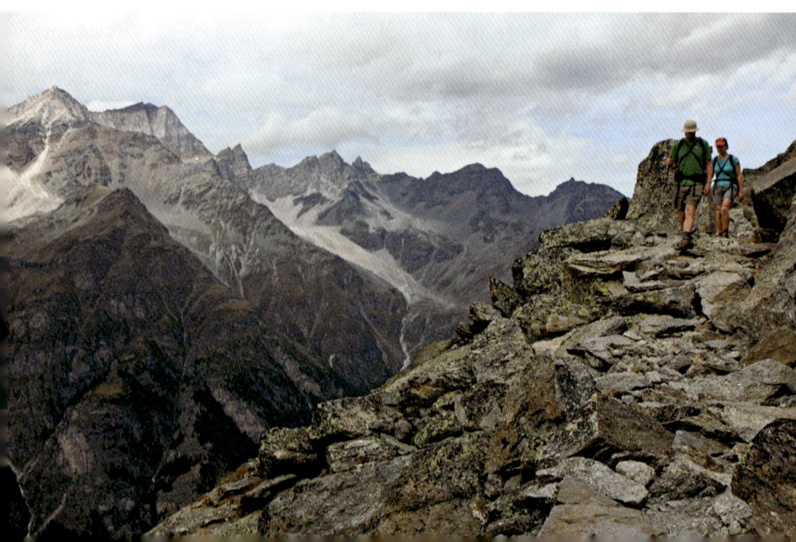

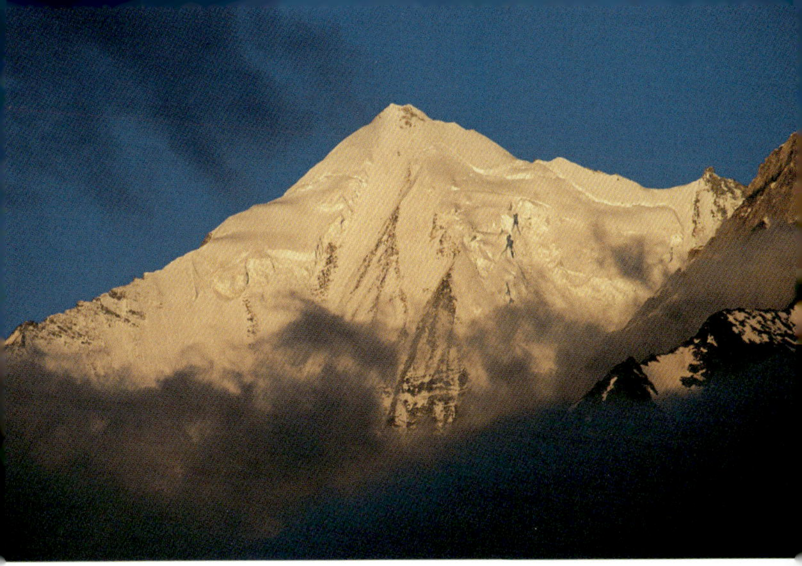

Vorhang auf für das makellose Weisshorn!

liefen sich nur wenige Bergfexe in diese Gefilde. Doch die Route wurde auf einen Schlag populär und ließ sich nicht zuletzt ideal in die Tour Monte Rosa integrieren!

Ausgangspunkt: Grächen, 1619 m.
Endpunkt: Europahütte, 2265 m, oberhalb von Randa an der östlichen Flanke des Mattertals.
Anforderungen: Nach recht langem Aufstieg über einen normalen Bergwanderweg wird es oberhalb der Bernhard-Statue alpiner und rauer. Die Höhenroute quert steile Hanglagen und dabei immer wieder beschwerliches, teils chaotisches und auch etwas heikles Blockgelände. Stellenweise Steinschlaggefahr. Trittsicherheit, Geländegängigkeit und gute Ausdauer wichtig.
Einkehr/Unterkunft: Grächen: touristische Infos unter Tel. +41/(0)27/9556060. Europahütte, 2265 m, Tel. +41/(0)27/9678247.

Die Hauswurz blüht am Wegesrand.

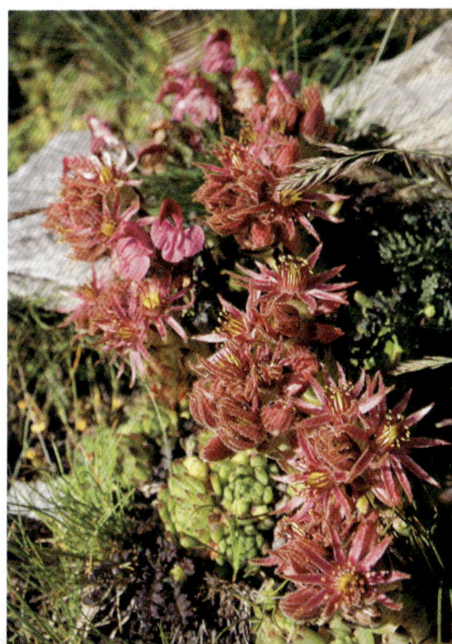

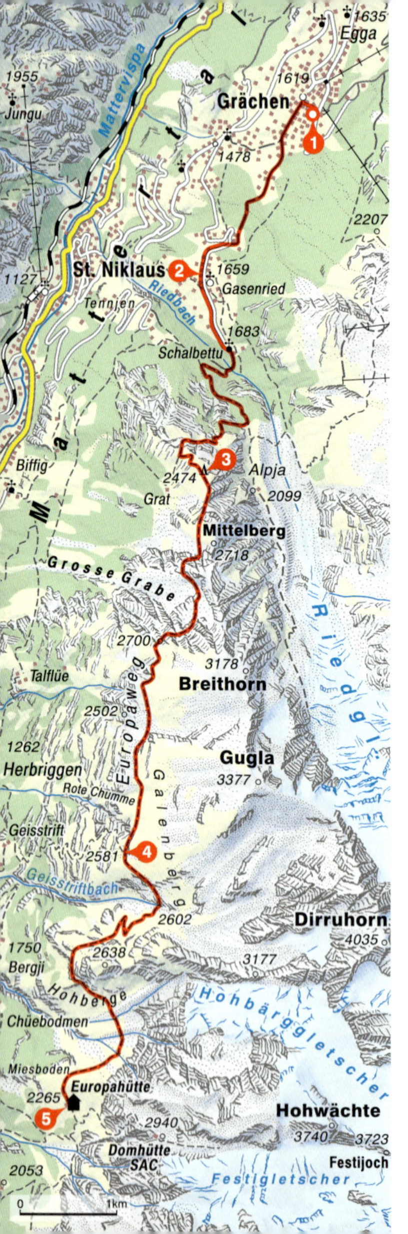

Von **Grächen** (1) aus geht es zunächst auf angenehmen Spazierwegen in den südlichen Nachbarort **Gasenried**, 1659 m (2), und weiter entlang der Straße zur Kapelle **Schalbettu**, 1683 m. Gleich hinter der Brücke über den Riedbach zweigen wir links ab und folgen der Route hinauf zum sogenannten **Grat**, die sich bald einmal von jener zur Bordierhütte trennt. Durch Strauchwerk gelangt man auf einen freien Bergrücken und dreht links gegen die Kanzel mit der **Statue des Heiligen Bernhard**, 2474 m (3), ein, die schließlich vom rückseitigen Wiesenplateau her gewonnen wird. Nach fast drei Stunden Aufstieg werden wir uns hier eine längere Rast mit tollem Panorama über das vordere Mattertal gönnen. Anschließend steigen wir in südlicher Richtung noch etwas an, lassen eine weitere Verbindung zur Bordierhütte links abziehen und gelangen am Mittelberg vorbei in die chaotische Trümmerlandschaft des **Grosse Grabe**. Dort wird es unwegsam und beschwerlich, doch lassen dicht gesetzte Farbzeichen zumindest in puncto Orientierung keine Zweifel aufkommen. Nach dem Schräganstieg durch den Kessel wird auf einem Band gegenüber mit rund 2700 m die größte Höhe am gesamten Europaweg erreicht. Über mehrere kleinere Runsen hinweg queren wir weiter in Grundrichtung Süd und haben uns dabei wiederholt mit unsolidem Terrain auseinanderzusetzen (man achte gut auf die Routenführung in den Blockhalden); zwischendurch ist die Trasse

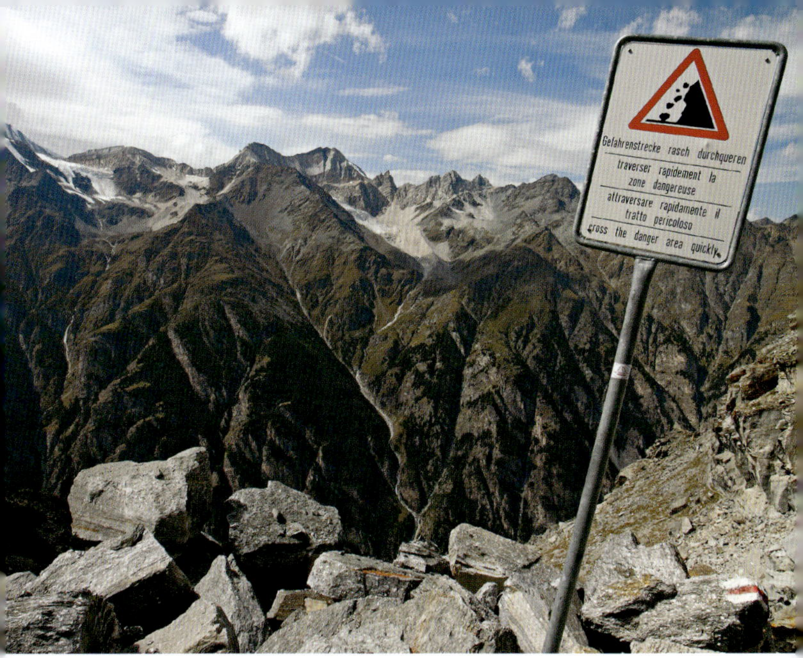

In den unwegsamen Blockfeldern herrscht zuweilen Steinschlaggefahr.

aber auch mal lockeren Fußes zu begehen. Nach Passieren der Roten Chumme zweigt am **Galenberg**, 2581 m (4), ein möglicher Talabstieg ab. Wir queren indes weiter in den Kessel des Geisstrifftbachs, verlieren in einem Blockfeld langsam an Höhe und gehen den Bogen um den nächsten Hangrücken aus. Ganz ähnlich verfährt man mit der Einbuchtung von **Hohberge**, wo der Birchbach auf einer Hängebrücke überschritten wird. Kurz darauf wandern wir über den **Miesboden** und treffen zwischen lichten Lärchenbeständen bei der gut geführten **Europahütte** (5) ein.

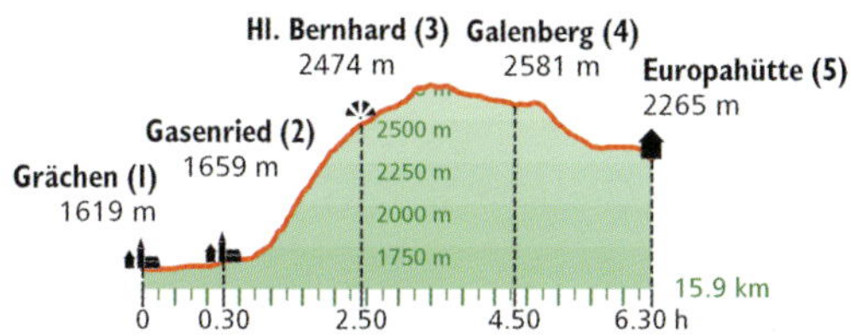

9 Europahütte – Zermatt

6.00 Std.

↑750 ↓720

Schlussakkord im Bann des Matterhorns

In den Jahren 2011 und 2012 war der Europaweg kurz hinter der Europahütte leider gesperrt, was einen beträchtlichen Umweg mit rund 600 Meter Höhenverlust nach sich zog. Dieses durch die instabile Permafrost-Schutthalde des Grabengufers verursachte Problem lässt sich demnächst hoffentlich wieder in Griff kriegen, damit der Europaweg das bleibt, was ihn eigentlich auszeichnet: eine erstklassige zweitägige Aussichtsstrecke in luftiger Höhe, schlicht ein mustergültiger Panoramaweg. Bis zur Täschalp steht noch die eine oder andere gefinkelte Passage bevor, zum Beispiel in der wilden Kintole, danach wird die Route bedeutend zahmer. Doch einen Höhepunkt hebt sich die TMR bis zum Schluss auf: Vor acht Tagen sind wir unter seiner dominierenden Gestalt aufgebrochen, jetzt taucht das Matterhorn wieder vor unseren Augen auf. Mythos und steinerne Realität verschwimmen hier, und jedes Klischee, jede plumpe Werbung ist vergessen, wenn das »Horu« am Ende eines langen, erlebnisreichen Trekkings in unverwechselbarer Weise posiert. Einfach ergreifend …

Hübsche Kapelle auf der Täschalp, dahinter das Weisshorn.

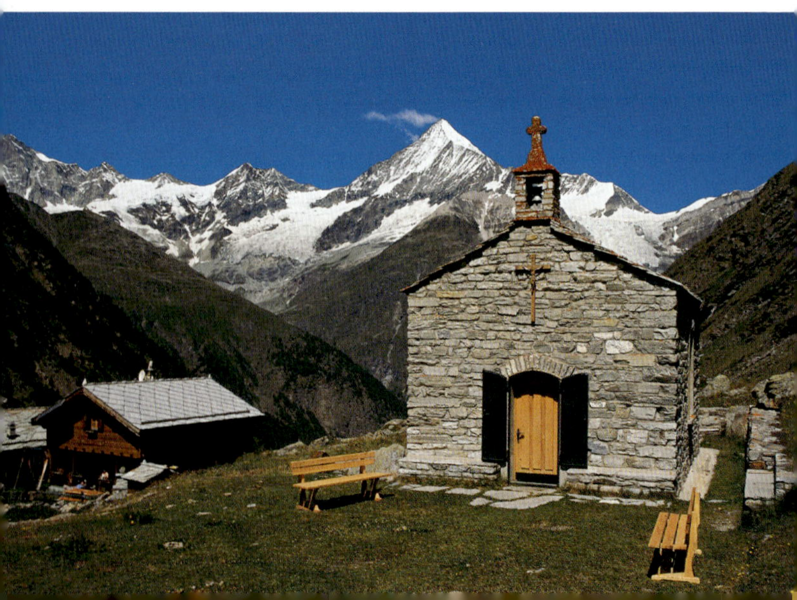

Ausgangspunkt: Europahütte, 2265 m.
Endpunkt: Bergstation Sunnegga, 2288 m; von dort mit der unterirdischen Standseilbahn (Infos unter Tel. +41/(0)27/9660105) nach Zermatt, 1616 m.
Anforderungen: Im Allgemeinen gut ausgebaute Höhenroute, an ausgesetzten Stellen, die vor allem im nördlichen Teil vorkommen, mit Seilgeländer abgesichert. Phasenweise etwas ruppigeres Terrain, mitunter Querung von Steinschlagbereichen. Am Grabengufer ist eine lange Hängebrücke installiert (siehe Hinweis). Ab Täschalp leichtere Wanderwege. Trittsicherheit wichtig, konditionell für Berggewohnte normal.
Einkehr/Unterkunft: Europahütte, 2265 m, Tel. +41/(0)27/9678247. Täschalp, 2193 m, Tel. +41/(0)27/9672301. Restaurants Tufteren, 2215 m, und Sunnegga, 2288 m.
Hinweis: Der Europaweg war wegen Beschädigung der Hängebrücke am Grabengufer in diesem Bereich zuletzt gesperrt. Die Umleitung ist vor Ort beschildert; sie führt zunächst mit dem Hüttenweg am bewaldeten Lärchberg weit gegen Randa hinunter, quert später die Dorfbachreise auf die südliche Seite und steigt über P. 1790 m und P. 1973 wieder an. Mit einem Mehraufwand von immerhin ca. 2 Std. gelangt man zurück auf den Europaweg.
Varianten: 1. Von der Täschalp über den großartigen Aussichtspunkt Ober Sattla, 2693 m, Richtung Tufteren. Zeitbedarf ähnlich, aber rund 400 zusätzliche Höhenmeter. 2. Von Tufteren binnen 1 Std. Direktabstieg über Tiefenmatten nach Zermatt.

Blick aus der Wildikin-Schlucht aufs Weisshorn.

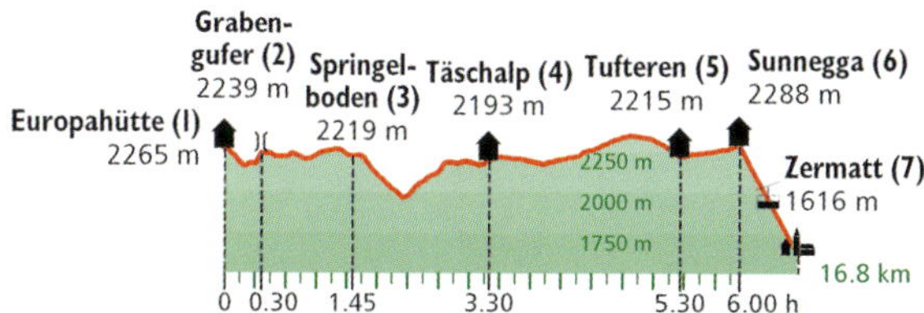

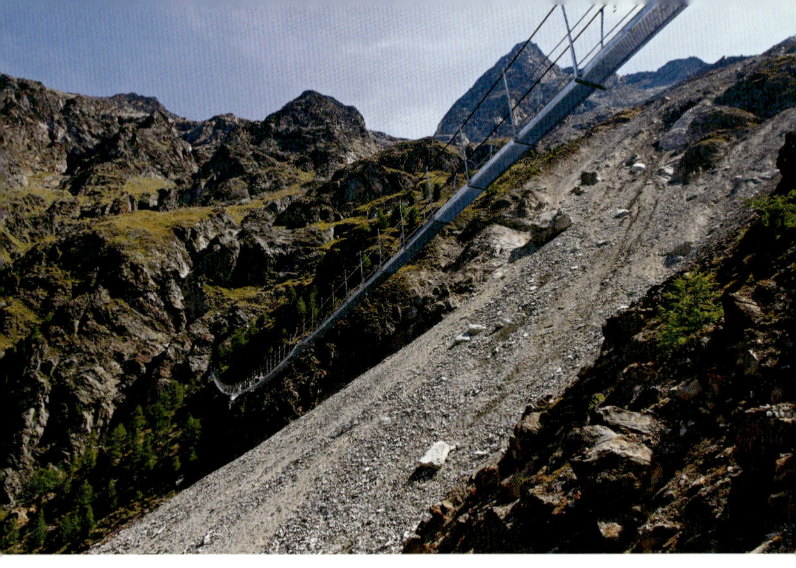

Die neue Hängebrücke am Grabengufer wurde schon nach kurzer Zeit beschädigt.

Von der **Europahütte** (1) passieren wir als Erstes den Abzweig zur Domhütte, dann gabeln sich der Abstiegsweg nach Randa (momentane Umleitung) und die Fortsetzung des ursprünglichen Europaweges. Auf diesem mittels Bändertraverse unter einem Wasserfall hindurch und mit einigen Kehren zur Hängebrücke (2), die das extrem steinschlägige **Grabengufer** überspannt. Drüben geht es weiter durch den **Grüengarten**, quer durch ein Blockfeld und nach einer kurzen gesicherten Passage zu jener Kreuzung, wo die Umleitung von unten wieder einmündet und ein anderer Weg zur Kinhütte aufwärtszieht. Wir schwenken indes um das nächste Eck in den tiefen Einschnitt von **Wildikin**, begehen hier recht luftige Bänder, durchqueren zwischendurch einen Felstunnel und kreuzen kurz darauf den aus der **Kintole** schießenden Gletscherbach. Im Nordhang geht man auf abgesicherter Trasse den Bogen komplett aus und kommt beim **Springelboden**, 2219 m (3), am nächsten Abzweig talwärts vorbei. Anschließend lassen wir die Blocklandschaft an der Twäre hinter uns, durchmessen deutlich absteigend eine Hangmulde und verlieren entlang einer massiven Hangstabilisierung mit mehreren kleinen Tunnels weiter an Höhe.

Erst beim **Täschgufer**, 1980 m, setzen wir wieder zum Gegenanstieg an, und zwar links gegen das Hochtal der Täschalp einbiegend. Zwischendurch wird noch ein Tobel gekreuzt, ehe der Flankensteig auf die Zufahrtsstraße knapp unterhalb des idyllischen Alpdorfes trifft. Auf der **Täschalp**, 2193 m

(4), lädt auch ein Berggasthaus zur Rast.

Über die Bachbrücke etwas weiter hinten setzt sich der Europaweg fort. Er zieht in lichtem Wald fast höhengleich um den vorspringenden Rücken von Unter Sattla und schneidet dann leicht ansteigend auf weiter Front die aussichtsreichen Hanglagen über dem Mattertal – ein kurzes Stück gleichlaufend mit einem breiteren Wirtschaftsweg. Markant ist noch die Biegung bei P. 2340, ehe man sich in leichtem Gefälle der hübschen Alpsiedlung **Tufteren**, 2215 m (5), nähert und dabei längst vom dominanten Matterhorn gefesselt wird. Am Schluss steht es uns frei, den Europaweg nahezu eben Richtung **Sunnegga** (6) zu vollenden, um von dort mit der unterirdischen Standseilbahn talwärts zu fahren oder ab Tufteren gleich zu Fuß Richtung **Zermatt** (7) abzusteigen.

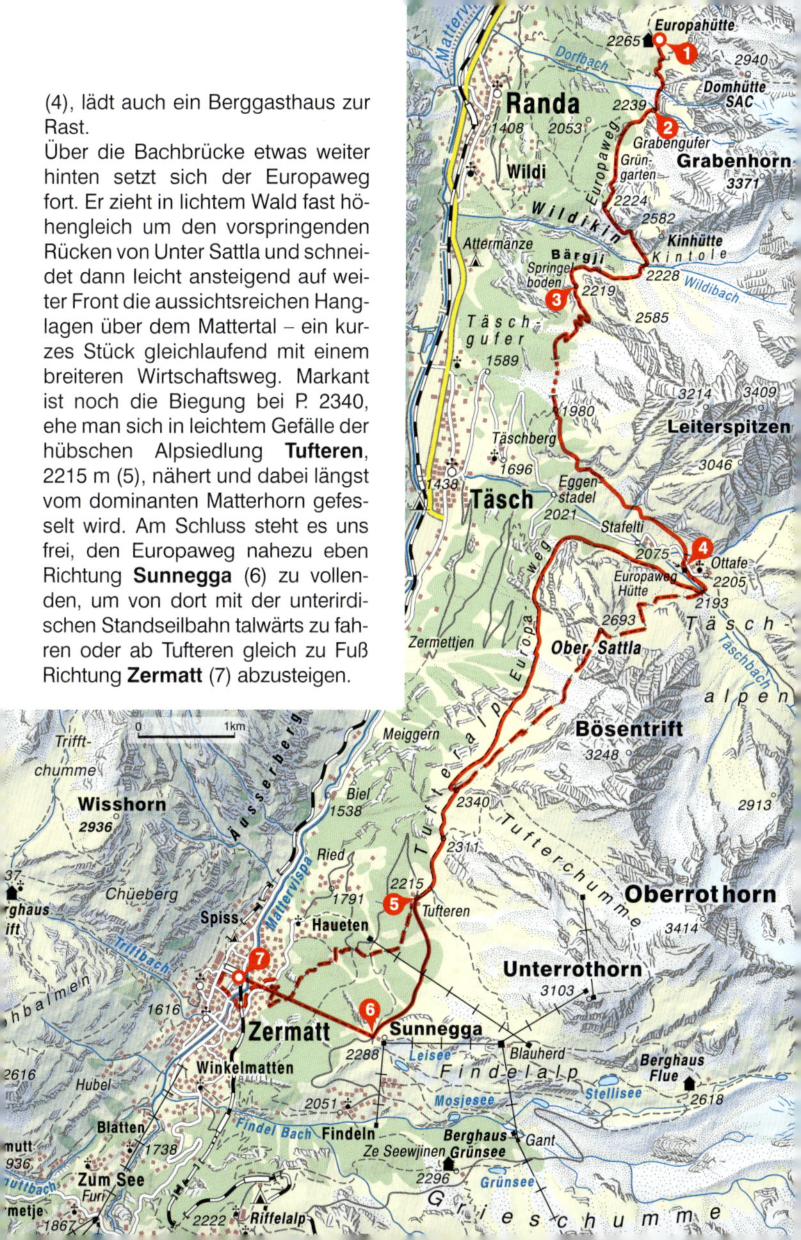

Tour Matterhorn

Rund um den berühmtesten Berg der Alpen

Dieser Trek ist ein etwas jüngeres Kind jener grundlegenden Idee, Rundwanderungen um große Alpenmassive oder berühmte Berge zu absolvieren. Eine Tour du Mont Blanc oder eine Tour Monte Rosa hatten schon eine gewisse Tradition entwickelt, als fast zwangsläufig nach diesen Vorbildern auch einem Matterhorn solche Ehre zuteil wurde. Vor rund zehn Jahren hat man also eine Route ausgeklügelt, die wiederum in ausschweifender Manier die umliegenden Täler auf schweizerischer und italienischer Seite berührt und dabei über stattliche Pässe von einem Tal zum anderen springt. Dabei wurde durchwegs auf bestehende Infrastruktur, teilweise uralte Pfade, zurückgegriffen. Die Tour Matterhorn – respektive Tour du Cervin oder Tour del Cervino, wie sie bei den französisch- und italienischsprachigen Bergfreunden heißt – ist zunächst einmal ein geistiges Konstrukt, dem letztlich Leben eingehaucht wird durch all jene, die diesem Routenplan konkret folgen. Durch die Wechselwirkung von Veröffentlichungen und wachsendem Zuspruch bekommt solch ein Entwurf dann auch offiziellen Charakter.
Das Matterhorn steht als absolutes Aushängeschild also namentlich Pate, obgleich es sich nicht im Zentrum befindet und weithin sogar außer Sichtweite gerät. Dies nur zur Vermeidung falscher Vorstellungen. Man sollte ohnehin nicht zu sehr am Renommee des »Horu« kleben, sondern sich einfach

Das Matterhorn in weltberühmter Pose.

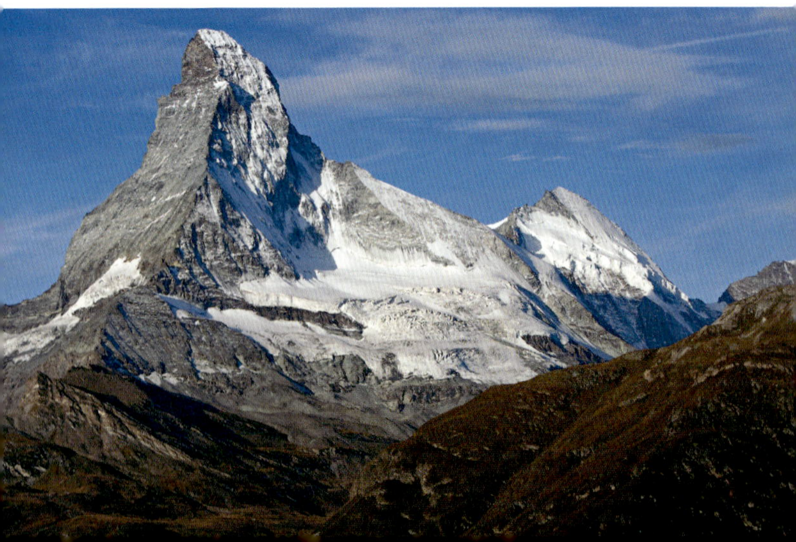

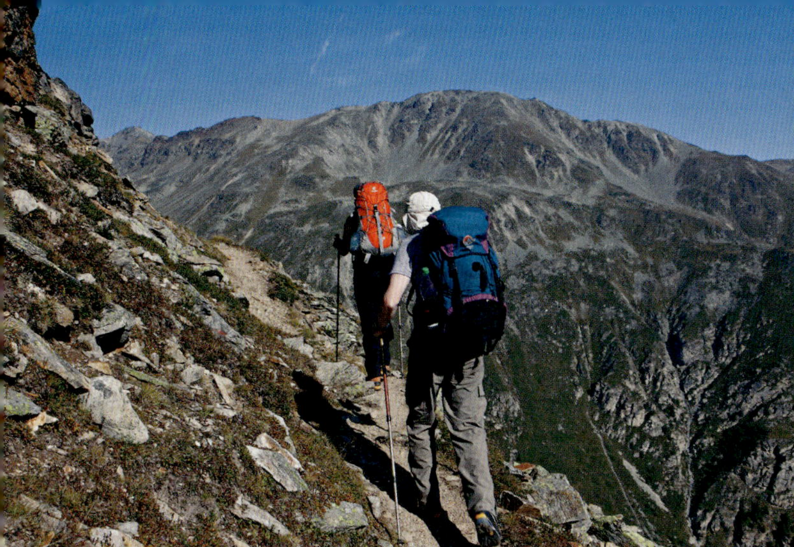

Die 1. Etappe führt über den Augstbordpass.

auf die unterschiedlichsten Facetten der Berglandschaft zwischen Wallis und Aosta einlassen. Natürlich stehen optisch hauptsächlich die ganz großen Gipfel im Fokus, außer dem Matterhorn auch ein Weisshorn, eine Dent Blanche oder die Gipfelphalanx der Mischabel. Die Viertausenderriege krönt die Walliser Alpen zweifelsohne, was uns die zahlreichen »Underdogs« mit einer Drei vorne aber keineswegs übersehen lässt. Am Fuße des Mont Collon beispielsweise oder zwischen den verborgenen Spitzen des inneren Valpelline sind wir nicht minder in Bann gezogen. Als Weitwanderer durchmessen wir zudem nicht nur großräumige Naturlandschaften, sondern werden auch mit dem kulturellen Wesen der Region vertraut. Jedes Tal präsentiert seine Eigenheiten, schließlich berühren wir drei verschiedene Sprachräume. Als typisches »Hüttentrekking« kann man die Tour Matterhorn allerdings nur bedingt bezeichnen. Dafür fehlt eine weitgehend durchgängige Höhenroute, und die Unterkünfte liegen eben nicht nur am Berg, sondern häufiger mal in den Talorten. Diesbezüglich bleibt freilich einiger Spielraum zur individuellen Gestaltung. Je nach Vorliebe können wir uns fast ausschließlich in komfortablen Hotels einquartieren oder unsere Etappen bewusst so legen, dass möglichst viele Berghütten dabei sind. Der Autor möchte nicht verschweigen, dass ihm Letzteres mehr zusagt, zumal es stärker am einfachen Naturerlebnis orientiert ist und man bekanntermaßen die schönsten Stimmungen im Gebirge nicht selten frühmorgens und spätabends einfängt. Begegnun-

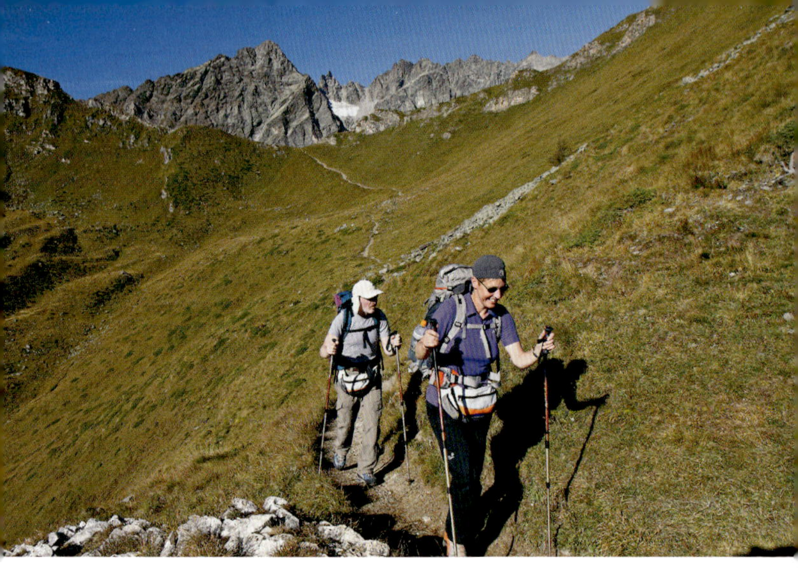

Auch auf italienischer Seite durchqueren wir sehr reizvolle Berggefilde.

gen mit Tieren, etwa den stolzen Steinböcken, werden so auch wesentlich wahrscheinlicher. Dieser Idee wird auch bei der Etappeneinteilung auf den folgenden Seiten Rechnung getragen. Mehrmals übernachten wir demnach an hoch gelegenen Standorten.

Der fast 170 Kilometer lange Rundkurs kann prinzipiell an vielen verschiedenen Punkten aufgenommen werden. Für die meisten kommt wie bei der Tour Monte Rosa eher die Schweizer Seite in Betracht und hier am besten das Mattertal. In diesem Fall starten wir allerdings vorzugsweise in St. Niklaus und können zur Schonung der körperlichen Ressourcen gleich einmal mit einem Seilbähnli zur Alp Jungu loslegen. Wenn man gegen den Uhrzeigersinn marschiert (was in Summe ein paar mehr Vorteile besitzt), bieten die ersten drei der insgesamt zehn oder elf Marschtage typische Passwanderungen bis knapp unterhalb der Dreitausender-Marke. Das ist natürlich schon aller Ehren wert, in den klimatisch begünstigten Walliser Alpen aber noch längst nicht aufsehenerregend und für einigermaßen Marschtüchtige und Berggewohnte normalerweise kein Problem. Augstbordpass, Meidpass, Col de Sorebois und Col de Torrent lauten die wichtigen Meilensteine, die uns nacheinander das halb vergessene Turtmanntal, das Val d'Anniviers (früher auch Eifischtal genannt) mit dem imposanten Talschluss von Zinal, das sekundäre Val de Moiry mit seinem Stausee sowie das Val d'Hérens (oder Eringertal) mit der Verlängerung nach Arolla kennenlernen lassen.

Von Arolla aus dringen wir am fünften Tag in ernstere Gefilde vor. Um über den Hauptkamm nach Italien zu gelangen, muss nämlich der nordseitig vergletscherte Col Collon überschritten werden – und obwohl das bei guten Bedingungen keine Hexerei darstellt, dürfte die Materie Eis in spürbarer Abgeschiedenheit manch einem doch als Wagnis erscheinen. Aufgrund dieser Etappe und der folgenden über den sehr mühsamen, gleichsam »steinreichen« Col de Valcournera darf die Tour Matterhorn alles in allem als eine Spur anspruchsvoller eingestuft werden als die Tour Monte Rosa, ohne allerdings wirklich schwierig zu sein. In puncto Ursprünglichkeit gibt es auch auf italienischer Seite wenig zu bemängeln, abgesehen vom unvermeidlichen Breuil-Cervinia, das am Fuße des Matterhorns recht steril daherkommt und Richtung Theodulpass ein wenig anheimelndes Skigebiet präsentiert.
Solcherlei gibt es natürlich auch auf Zermatter Seite, doch entschädigt hier der alpine Rahmen in unnachahmlicher Weise. Und Richtung Europaweg ausgeschert, ist das massenaffine Intermezzo ohnehin bald ad acta gelegt. Der traumhafte Höhenweg zwischen Zermatt und Grächen soll wie bei der Tour Monte Rosa – allerdings in umgekehrter Richtung – den würdigen Abschluss bilden. Wobei ich nun noch schwanke, ob nicht als Alternative dem ebenso begeisternden Topali-Weisshorn-Höhenweg auf der gegenüberliegenden Seite des Mattertals Aufmerksamkeit geschenkt werden sollte. Verdient hätte er es allemal!

Die Alphütten von Louché bei Arolla.

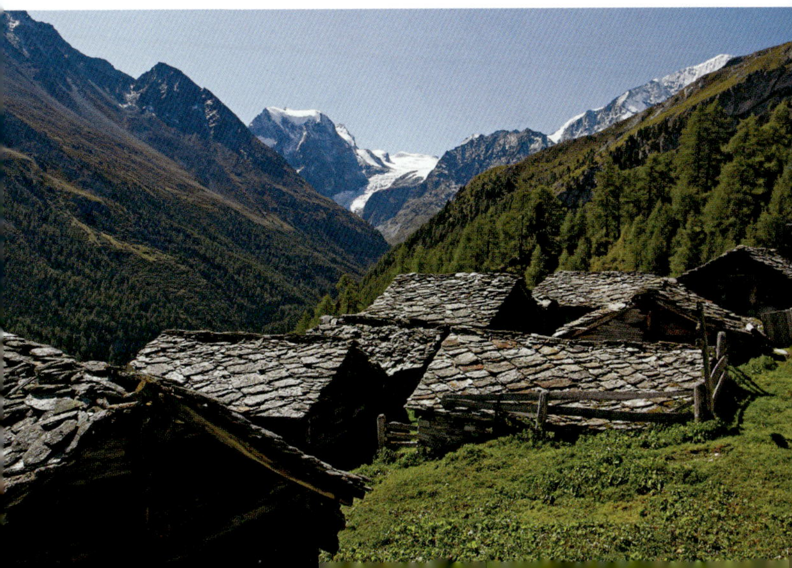

1 St. Niklaus – Gruben-Meiden

5.15 Std.
↑910 ↓1070

Vom Mattertal ins Turtmanntal

Schon der Auftakt bei der herrlich gelegenen Alp Jungu könnte verheißungsvoller nicht sein. Spontan kommt Wanderlust auf! Vorerst halten wir freilich noch Abstand zu den berühmten Szenerien rund um das Matterhorn und widmen uns einem Übergang, der ins stille, abgeschiedene Turtmanntal führt. Nach der Überschreitung des Augstbordpasses wird in der Sommersiedlung Gruben-Meiden das erste komfortable Quartier bezogen. Wer mag, kann mit einem Abstecher zum Schwarzhorn sogar schon die Dreitausender-Marke »knacken«.

Ein guter Bergweg führt hinauf zum Augstbordpass.

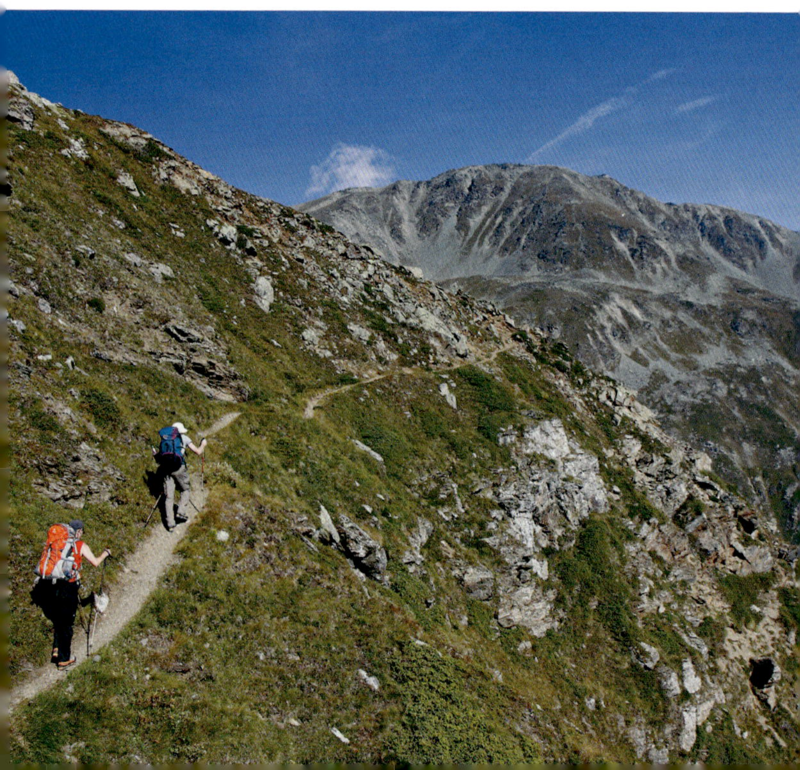

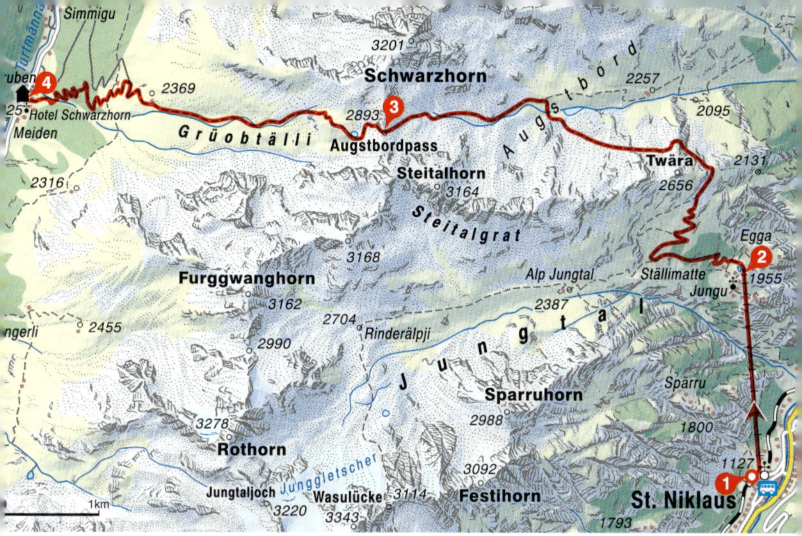

Ausgangspunkt: Jungenbahn in St. Niklaus, 1127 m, Tel. +41/(0)27/9562280. Wer zu Fuß bis zur Bergstation Jungu, 1988 m, aufsteigt, muss mit 2.30 Std. zusätzlich rechnen. Anreise nach St. Niklaus über Visp und Stalden, vorteilhaft auch mit der Bahn.

Endpunkt: Hotel Schwarzhorn, 1825 m, im Weiler Gruben-Meiden (Turtmanntal).

Anforderungen: Allgemein sehr gute Bergwege ohne schwierige Stellen, ab und zu ist ein wenig Blockgestein zu überqueren. Relativ hoher Passübergang. Konditionell durchschnittliches Tagespensum.

Einkehr/Unterkunft: Jungerstübli, 1955 m, Tel. +41/(0)27/9562101 oder +41/(0)76/5402528, z.Z. keine Nächtigungsmöglichkeit. Hotel Schwarzhorn, 1825 m, Tel. +41/(0)27/9321414.

Tipp: Für einen Abstecher zum Schwarzhorn, 3201 m, orientieren wir uns vom Augstbordpass am Südgrat, wo Steigspuren aufwärts führen. Zuweilen müssen auch die Hände etwas Unterstützung leisten. Der einstündige Aufstieg wird mit einem erweiterten Panorama belohnt; die Gesamtgehzeit der Etappe erhöht sich auf 7.00 Std.

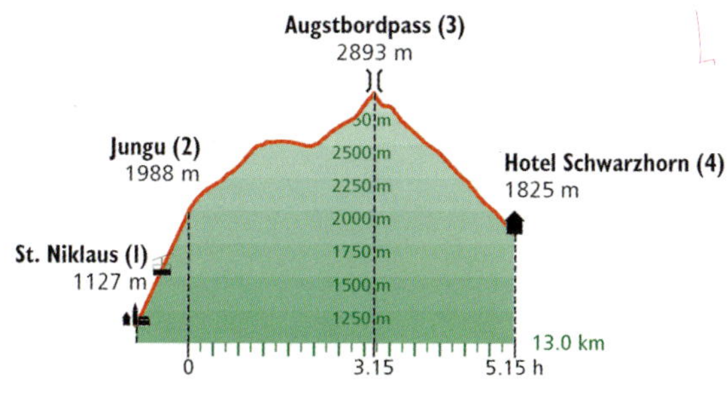

Der schweißtreibende, voll in der Morgensonne liegende Anstieg von **St. Niklaus** (1) zur Alp **Jungu** (2) wird gewöhnlich mithilfe der kleinen Gondelbahn auf ein kurzes, luftiges Vergnügen reduziert. So starten wir bereits auf einer wundervollen Geländeterrasse hoch über dem Mattertal und nehmen die gegenüberliegende Mischabelgruppe in Augenschein. An einem idyllischen Weiher vorbei taucht man ein Weilchen in lichten Lärchenwald ein und gelangt knapp oberhalb der Waldgrenze zu einer Gabelung. Nun nicht weiter Richtung Jungtal, sondern scharf rechts und mit einer Schleife weiterhin in recht angenehmer Steigung um den Ausläufer des Steitalgrats herum. Jenseits geht es über einige Blockfelder in den weiten **Augstbordkessel**, wo wir allmählich mehr auf die rechte Seite hinüberziehen. Nach dieser Flachpassage folgt der Anstieg durch den Karschluss (»Inners Tälli«) bis hinauf zum **Augstbordpass**, 2893 m (3).
Westseitig ist der Weg ebenso gut gefügt. Er leitet nur mäßig steil ins Grüobtälli hinab, passiert nach einigen Blockfeldern ein kleines Seeauge und nimmt bis zur Trogschulter einen recht geraden Verlauf. Danach setzen Kehren ein, die uns durch bewaldetes Terrain, zuletzt noch über einen Bachgraben hinunter ins Turtmanntal leiten. Im Alpdorf **Gruben-Meiden** empfängt uns das einfache und doch stilvolle **Hotel Schwarzhorn** (4) mit seinem gemütlichen Gastgarten.

Rechts: Die Alpsiedlung Jungu ist ein Kleinod hoch über dem Mattertal.
Unten: Beim Abstieg ins Turtmanntal.

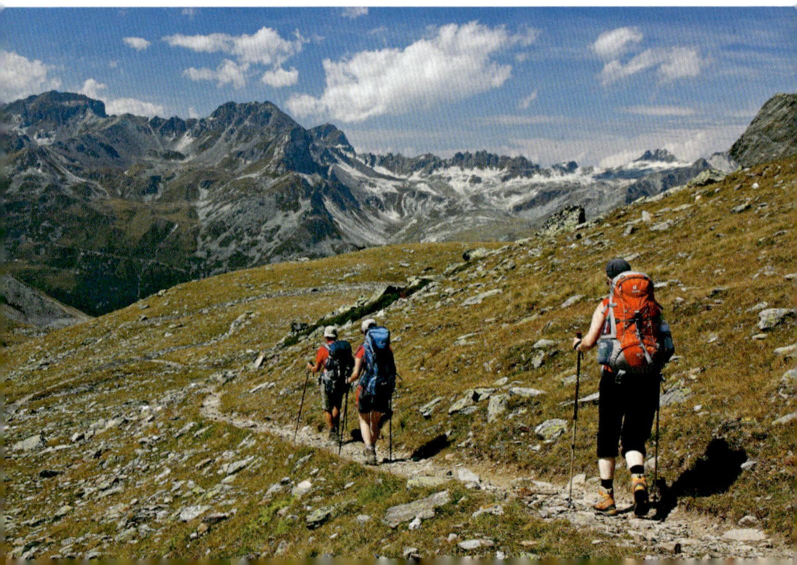

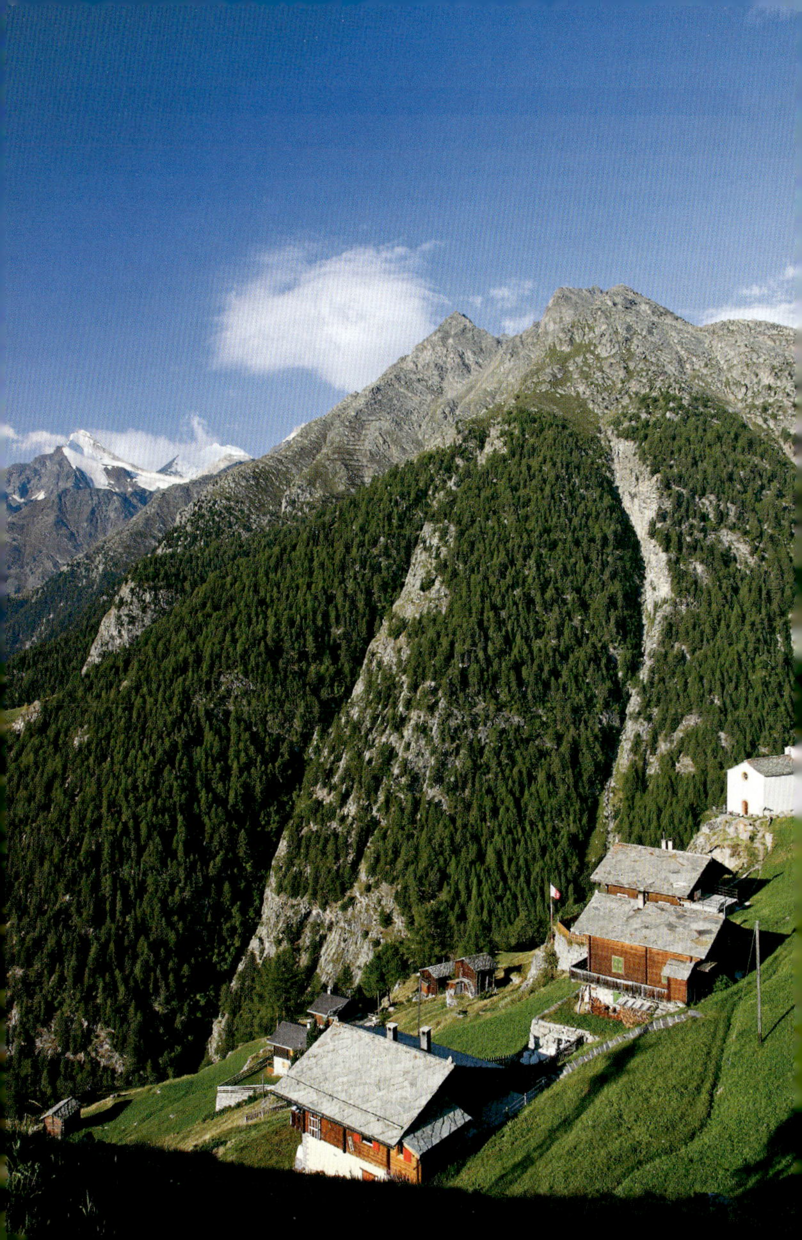

2 Gruben-Meiden – Zinal

7.30 Std.

↑1200 ↓1350

Über den Meidpass ins Val d'Anniviers

Die zweite Etappe bringt den Wechsel vom deutsch- ins französischsprachige Wallis. Zuerst steht dabei ähnlich wie am Vortag ein typischer Passübergang, wie er schon vor langer Zeit von einheimischen Hirten und Säumern genutzt wurde, auf dem Programm. Doch anstatt drüben schnurstracks ins Val d'Anniviers abzusteigen, schließt sich für uns noch eine kilometerlange Hangtraverse an: ein Panoramaweg par excellence! Über dem Talschluss leuchtet die »Grande Couronne«, die Gletscherkrone von Zinal, mit ihren bis über 4000 Meter hohen Gipfeln. Freilich geizt bereits der Aufstieg zum Meidpass im Angesicht des gleichnamigen Horns sowie am Ufer des stattlichen Sees nicht mit optischen Reizen.

Ausgangspunkt: Hotel Schwarzhorn, 1825 m, in Gruben-Meiden.
Endpunkt: Zinal, 1675 m, im innersten Val d'Anniviers.
Anforderungen: Durchwegs gut ausgebaute Bergwege, nur hier und da etwas steiniger. Recht lange Etappe, die aber bei Bedarf aufgeteilt werden kann. Der zweite Teil verläuft über weite Strecken fast hangparallel.
Einkehr/Unterkunft: Hotel Schwarzhorn, 1825 m, Tel. +41/(0)27/9321414. Hôtel Weisshorn, 2337 m, Tel. +41/(0)27/4751106. Zinal: touristische Infos unter Tel. +41/(0)27/4751370.
Variante: Man geht anfangs im Turtmanntal noch etwas einwärts und biegt bei Blüomatt rechts ab. Ziemlich genau 1000 Hm stehen nun über die Alp Chalte Berg, 2498 m, und das Blüomatttälli bis zur Forcletta (Furggilti), 2874 m, bevor. Drüben abwärts zur Alpage Nava (Tsahélet), 2523 m, und etwas tiefer auf die Hauptroute stoßend. Zeitbedarf und Anforderungen sind etwa gleich.
Tipp: Wer nicht im Talort übernachten möchte und es bis zur letzten Bergfahrt der Seilbahn um 16 Uhr schafft, kann sich in der teilbewarteten Cabane de Sorebois, 2430 m, einquartieren; Tel. +41/(0)27/4751378. Man wird wahlweise mit einem Verpflegungskorb aus dem nahen Seilbahnrestaurant versorgt oder kann sich selbst um alles kümmern (Kochmöglichkeit vorhanden). Vom Erlebniswert her sehr empfehlenswert!

Über dem Val d'Anniviers erwartet uns ein fantastischer Panoramaweg.

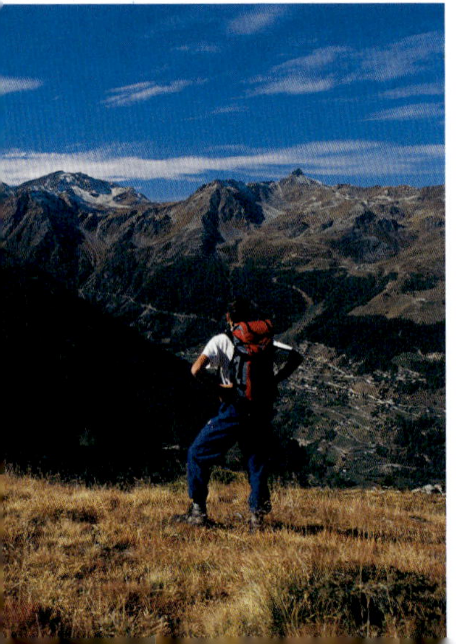

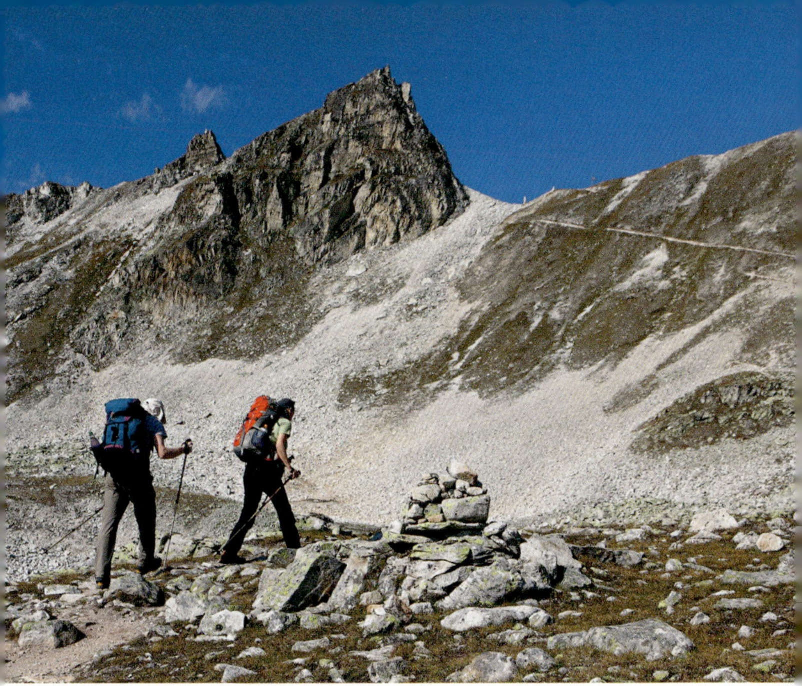

Das letzte Stück hinauf zum Meidpass.

Vom **Hotel Schwarzhorn** (1) starten wir südwärts ins Turtmanntal, überschreiten noch in Gruben-Meiden den Bach und steigen am bewaldeten Gegenhang an. Oberhalb von etwa 2100 m lichtet sich das Gelände. Die schmucken Alpweiler von **Meide** werden passiert, zuerst der Mittlere Stafel, 2266 m (2), und anschließend der Obere Stafel, 2338 m (3), in dessen Nähe sommers auch einige »Tipis« stehen. Wir setzen den Aufstieg ins zunehmend

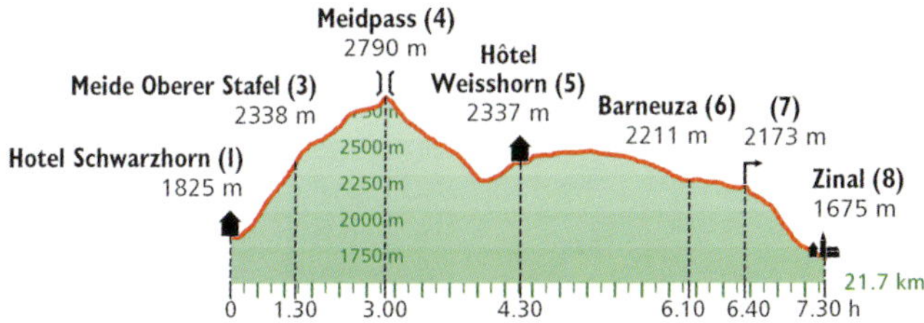

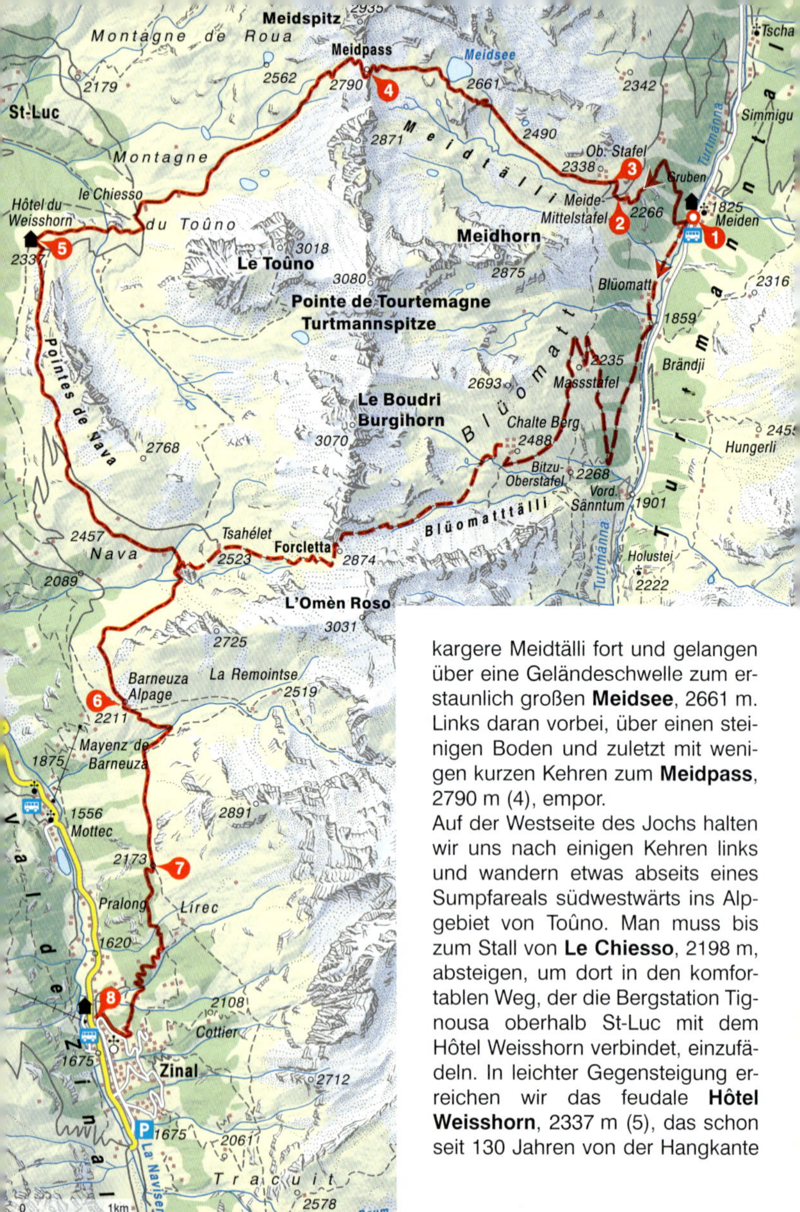

kargere Meidtälli fort und gelangen über eine Geländeschwelle zum erstaunlich großen **Meidsee**, 2661 m. Links daran vorbei, über einen steinigen Boden und zuletzt mit wenigen kurzen Kehren zum **Meidpass**, 2790 m (4), empor.

Auf der Westseite des Jochs halten wir uns nach einigen Kehren links und wandern etwas abseits eines Sumpfareals südwestwärts ins Alpgebiet von Toûno. Man muss bis zum Stall von **Le Chiesso**, 2198 m, absteigen, um dort in den komfortablen Weg, der die Bergstation Tignousa oberhalb St-Luc mit dem Hôtel Weisshorn verbindet, einzufädeln. In leichter Gegensteigung erreichen wir das feudale **Hôtel Weisshorn**, 2337 m (5), das schon seit 130 Jahren von der Hangkante

ins Val d'Anniviers hinabschaut und einen möglichen, jedoch vergleichsweise kostenintensiven Zwischenstützpunkt offeriert.
Der Höhenweg setzt sich indes südwärts fort, und zwar anfangs noch etwas ansteigend. Eine reizvolle Trasse schneidet ansonsten nahezu horizontal die Hänge und vollführt dabei nach einer Weile den Bogen durch den Geländekessel von **Nava**. Von oben mündet derweil die Variante über die Forcletta ein. Wir gelangen um den nächsten Hang nach **Barneuza**, 2211 m (6), kreuzen hinter den Alphütten einen weiteren Bachgraben und halten noch eine Zeit lang die Höhe, ehe vor Lirec bei P. 2173 (7) allmählich der Abstieg nach **Zinal** (»Z«-Markierung) eingeleitet wird. Nach letzten Querungen im Bereich der Waldgrenze führen steilere Kehren bis in den Talort (8) hinunter.

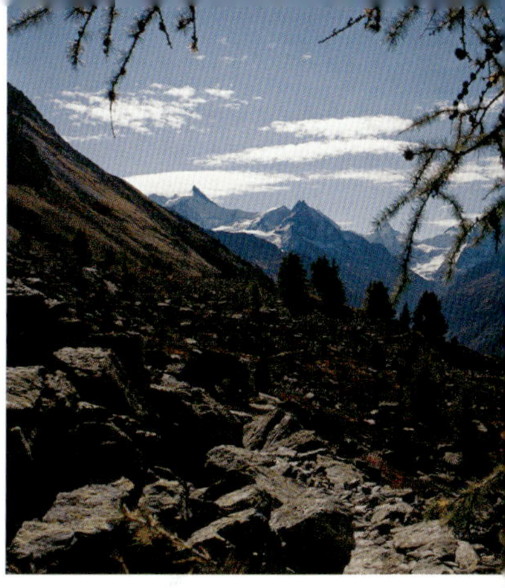

Der Höhenweg bei Barneuza.

Idylle auf der Hochalp Meide.

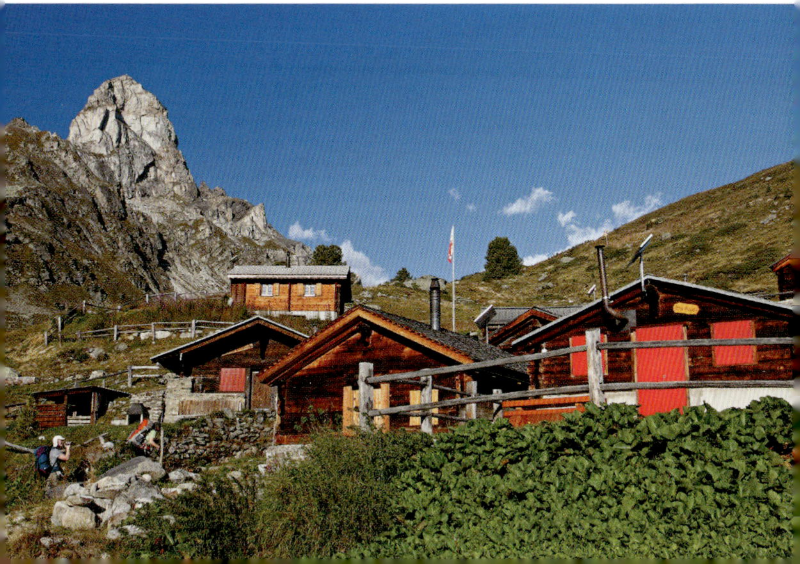

3 Zinal – Les Haudères

7.45 Std.

↑1090 ↓2070

In der Heimat der kampflustigen Eringerkühe

Zwischen dem Val de Zinal und dem Val d'Hérens liegen gleich zwei Pässe auf diesem Abschnitt, zumal sich zwischendrin das Val de Moiry in seinem inneren Bereich relativ zügig »überspringen« lässt. Der Tag wird freilich schon unter Mithilfe der Sorebois-Seilbahn voll ausgeschöpft und für angeschlagene Kniegelenke insbesondere im langen Schlussabstieg möglicherweise zum Härtetest. Notfalls ließe sich hier wieder ein Zwischenstützpunkt nutzen.

Der Beginn der Etappe steht noch im Zeichen der großartigen Bergkulisse von Zinal, allerdings auch unter den Begleiterscheinungen eines Skigebiets, das bis gegen den Corne de Sorebois hinaufreicht. Eine andere Erschließung prägt das Val de Moiry, ist das stark vergletscherte Wallis doch ein Hort der Wasserkraft und etlicher großer Stauseen. Jenseits des herben, zuweilen windumtosten Col de Torrent wird die Szenerie dann sukzessive immer lieblicher, ohne die stets vorhandene alpine Umrahmung vermissen zu lassen. Wir bewegen uns heute im Übrigen durch das Reich der berühmtesten Walliser Rinderrasse, der stämmig-untersetzten Eringerkühe, die ihre Kräfte zuweilen sogar in hochoffiziellen Wettkämpfen messen. Unser Respekt kommt von ganz allein, selbst wenn sie nur friedlich die Sommerweide abgrasen …

Morgenstimmung auf Sorebois, vis-à-vis von Zinalrothorn, Besso und Obergabelhorn.

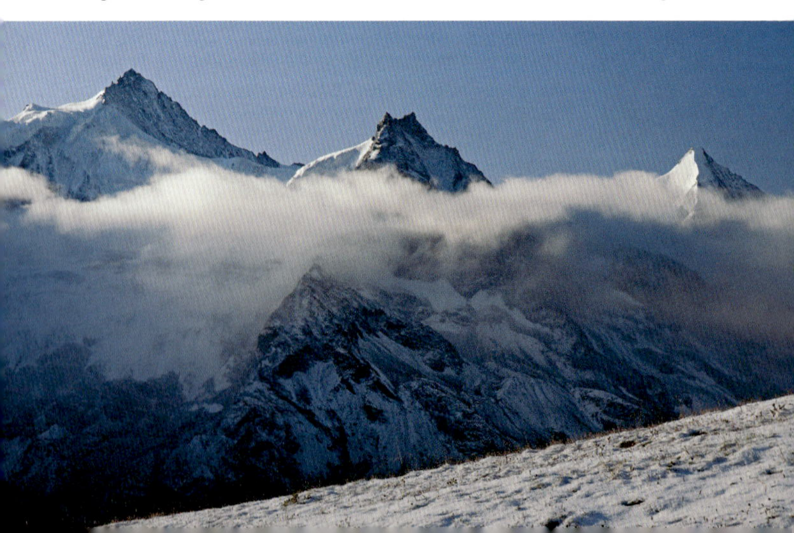

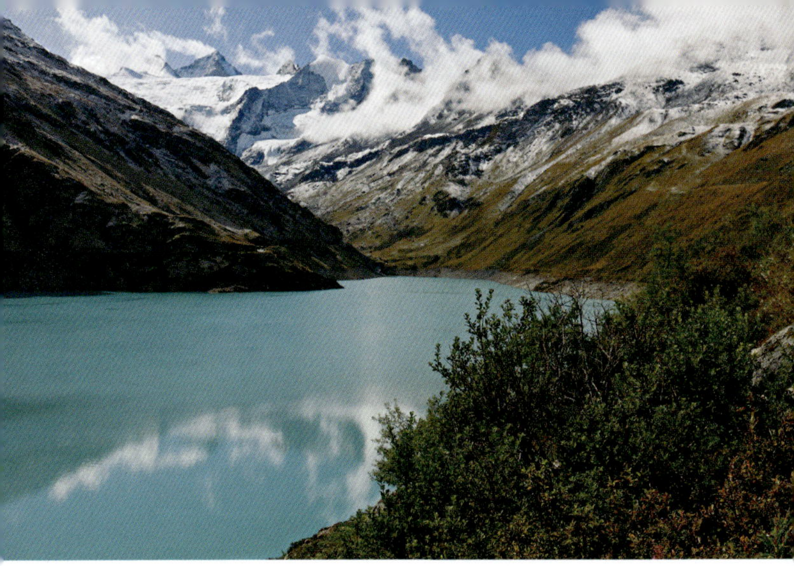

Türkisfarben bettet sich der Lac de Moiry in die Landschaft.

Ausgangspunkt: Zinal, 1675 m, bzw. die Bergstation der Sorebois-Seilbahn, 2438 m, mit der Cabane nebenan.

Endpunkt: Les Haudères, 1452 m, Ortschaft im Val d'Hérens.

Anforderungen: Ordentliche Bergwege über zwei recht hohe Pässe, selbst in erdigem oder schuttigem Gelände gut gefügt und ohne besondere Schwierigkeiten. Streckenweise auch breitere Wirtschaftswege. Wichtig ist eine solide Ausdauer.

Einkehr/Unterkunft: Cabane de Sorebois, 2430 m, Tel. +41/(0)27/4751378. Gîte d'Étape Lac de Moiry, 2307 m, Tel. +41/(0)27/4751548. Villa, La Sage bzw. Les Haudères: touristische Informationen unter Tel. +41/(0)27/2834000. Relativ günstig übernachtet man im Hôtel Edelweiss in Les Haudères, Tel. +41/(0)27/2831107.

Hinweis: Betriebszeiten der Sorebois-Seilbahn 8–16 Uhr (Juli/August täglich, sonst Mo/Di Ruhetage), Tel. +41/(0)27/4751288. Ein Aufstieg zu Fuß würde rund 2.00 Std. extra beanspruchen und darf als relativ eintönig gelten.

Tipp: Vom Col de Torrent führen Steigspuren in erdigem Grus und Blockschutt am und neben dem Südostgrat ohne größere Hindernisse bis auf den aussichtsreichen Gipfel des Sasseneire, 3254 m, ca. 1 Std.

Nach einer empfehlenswerten Seilbahnfahrt, die man von **Zinal** (1) aus wie erwähnt eventuell auch schon am Vortag absolvieren kann, stehen ab **Sorebois** (2) bis zum ersten Pass nur 400 Hm bevor. Wir folgen dem breiten Sandsträßchen durchs Skigebiet, dabei rechts ausholend bis knapp unter den Gipfel des **Corne de Sorebois**, 2896 m, den man rasch »mitnehmen« kann. Der Berg erhebt sich ziemlich genau in der Achse des Val d'Anniviers. Den eigentlichen Übergang ins Val de Moiry markiert der nahe **Col de Sore-**

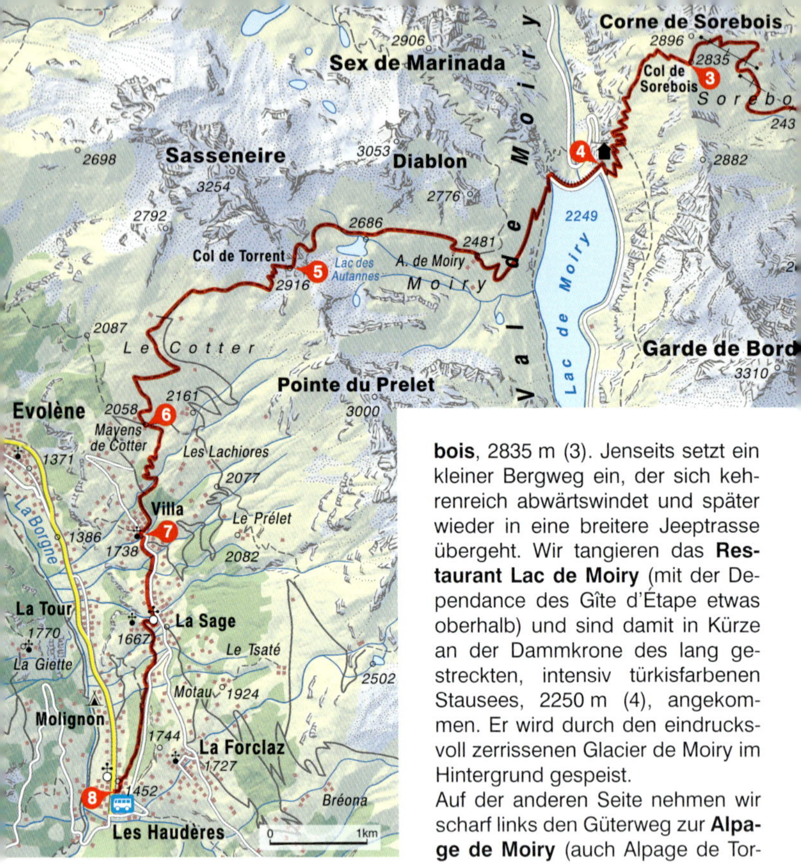

bois, 2835 m (3). Jenseits setzt ein kleiner Bergweg ein, der sich kehrenreich abwärtswindet und später wieder in eine breitere Jeeptrasse übergeht. Wir tangieren das **Restaurant Lac de Moiry** (mit der Dependance des Gîte d'Étape etwas oberhalb) und sind damit in Kürze an der Dammkrone des lang gestreckten, intensiv türkisfarbenen Stausees, 2250 m (4), angekommen. Er wird durch den eindrucksvoll zerrissenen Glacier de Moiry im Hintergrund gespeist.
Auf der anderen Seite nehmen wir scharf links den Güterweg zur **Alpage de Moiry** (auch Alpage de Tor-

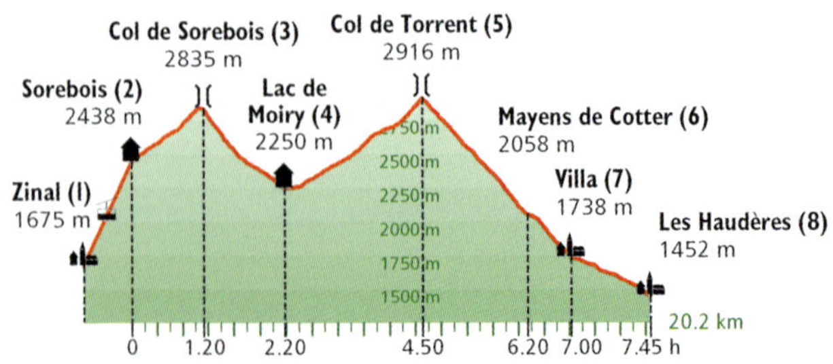

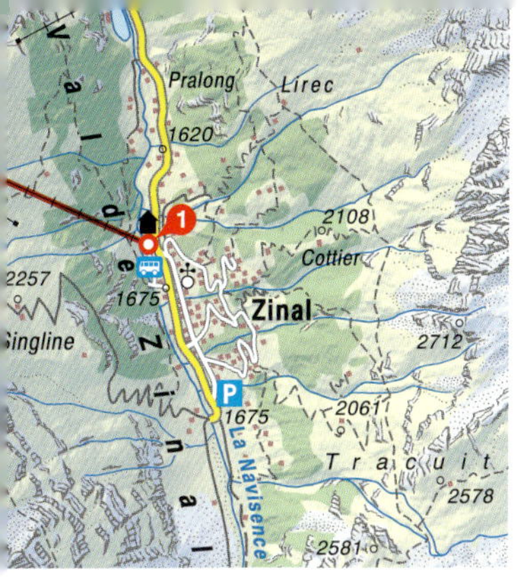

rent), 2481 m, auf. Dort weiter auf einen normalen Steig, der in mäßiger Steigung – am **Lac des Autannes**, 2686 m, vorbei sogar betont flach – westwärts bergauf zieht. Erst gegen den **Col de Torrent**, 2916 m (5), steilt das Gelände deutlich auf und wird karger; nach einigen Kurven und Schleifen erreichen wir den höchsten Punkt des dritten Tages.

Auf der Seite des Val d'Hérens wartet nun ein langwieriger Abstieg über Alplagen und Maiensäße. Der erdige Bergweg geleitet uns schon bald wieder zurück in Hochweidengelände. Nach einer schwach ausgeprägten Rückenstruktur mit einigen Felsblöcken links eindrehend und über die **Mayens de Cotter**, 2058 m (6), bergab. Es stehen die weit ausholenden Serpentinen des breiten Wirtschaftsweges und ein abkürzender Pfad zur Verfügung. Talwärts geht es durch üppige Wiesen an weiteren Gebäuden vorbei, ehe wir im obersten Dorf **Villa**, 1738 m (7), einlaufen. Nun je nach Etappenziel auf der Straße weiter nach La Sage und später etwas abseits davon bis in die Talsohle nach **Les Haudères** (8).

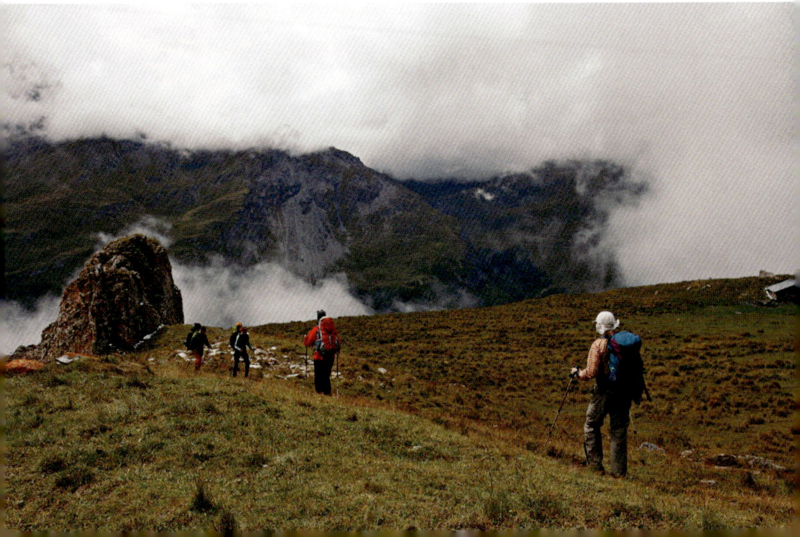

Beim Abstieg vom Col de Torrent ins Val d'Hérens.

4 Les Haudères – Arolla

5.45 Std.

↑1200 ↓650

Herrliche Höhenwanderung in den Talschluss

Diese Etappe wird von vielen Trekkern leider ausgelassen, weil die Verführung eines motorisierten Transfers nach Arolla, dem obersten Dorf im Bereich des Val d'Hérens, besteht. Das sollte aber eigentlich nur unter besonderen Umständen erfolgen, beispielsweise wenn am nächsten Tag ein Wettereinbruch droht und dadurch der Wechsel über den Hauptkamm nach Italien unter keinem guten Stern stünde. Ansonsten wäre der Tag Zeitgewinn aber womöglich ein verlorener, bietet die Wanderung nach Arolla doch jede Menge Erlebniswert und entspricht damit genau unserer Passion, derentwegen wir ja unterwegs sind. Dies gilt freilich weniger für die Talroute durchs schluchtartig verengte Val d'Arolla als vielmehr für den aussichtsreichen Höhenweg am Sonnenhang. Hier lässt sich an vielen liebreizenden Fleckchen beschauliche Rast einlegen, allen voran am zauberhaften Lac Bleu. Zuvor wird uns derzeit übrigens ein Umweg von 300 zusätzlichen Höhenmetern aufgezwungen, der dem Verfasser fast wie ein behördlicher Schildbürgerstreich anmutet: Ob man bei Schönwetter auf der ursprünglichen Traverse des Torrent de la Maresse tatsächlich erheblichen Gefahren ausgesetzt ist, sei mal dahingestellt …

Walliser Bilderbuchlandschaft beim Aufstieg über die Mayens de Coûter.

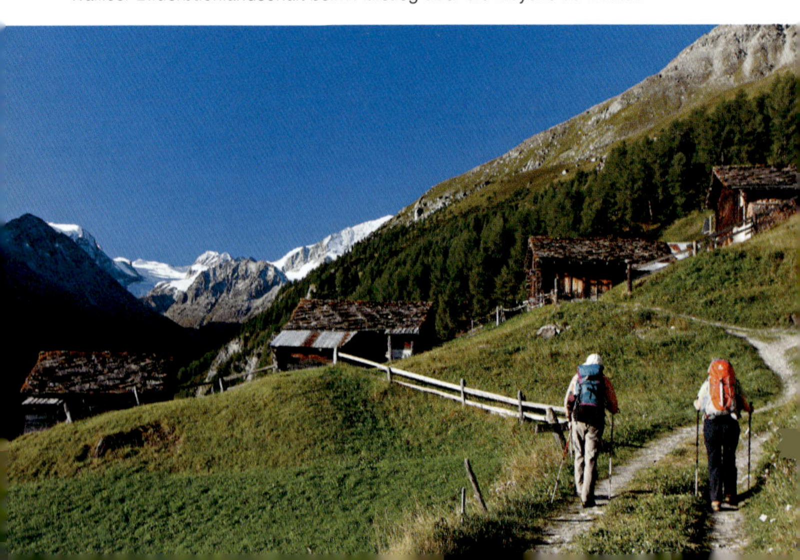

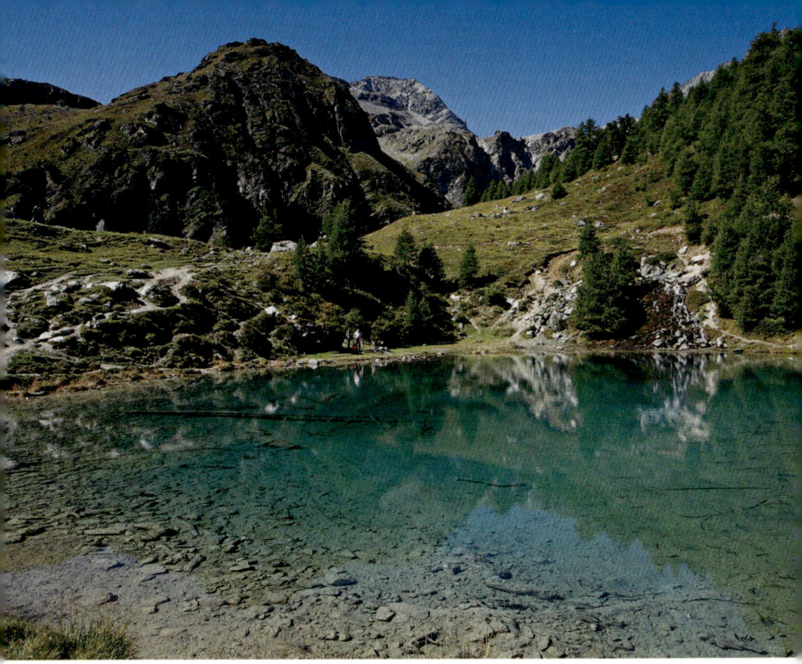

Beim Lac Bleu werden wir eine Rast nicht versäumen.

Ausgangspunkt: Les Haudères, 1452 m.
Endpunkt: Arolla, 2006 m, im hinteren Val d'Hérens (= Val d'Arolla).
Anforderungen: Meist leichte Bergwanderwege zwischen Wald und Alpgelände, phasenweise etwas verschlungen und besonders zwischen Lac Bleu und Arolla auch elementare Trittsicherheit vorteilhaft. Normales Tagespensum.
Einkehr/Unterkunft: Les Haudères: siehe 3. Etappe. In Arolla mehrere Hotels, Informationen unter Tel. +41/(0)27/2833028.
Varianten: 1. Die Strecke kann auch in 3 Std. auf dem Talwanderweg oder gegebenenfalls bequem mit dem Postauto zurückgelegt werden, was den Erlebniswert aber mindert. 2. Sollte hinter den Mayens de la Coûta die ursprüngliche horizontale Route wieder offen bzw. auf eigene Gefahr gangbar sein, reduziert sich die Gehzeit um ca. 1 Std.

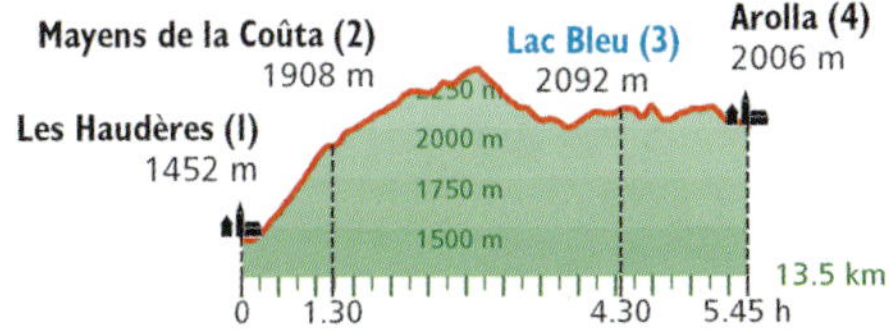

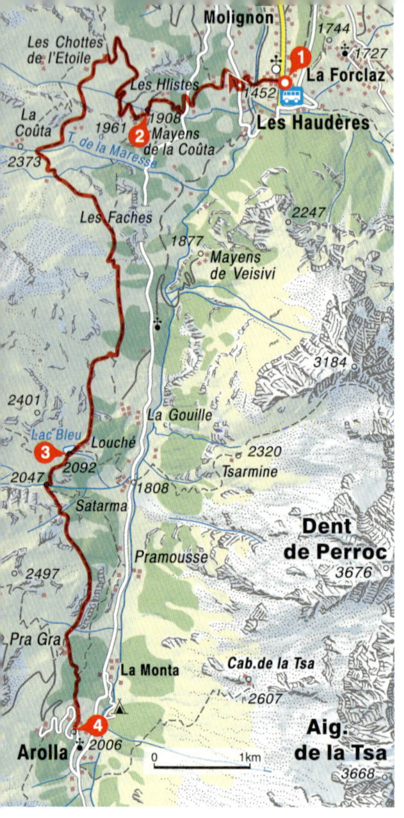

In **Les Haudères** (1) geht es zunächst zum Fluss La Borgne hinunter, der bei P. 1421 überschritten wird. Anschließend durch Wald und über Lichtungen teils kräftig bergauf, dabei zweimal die Straße nach Arolla kreuzend. Wir kommen in das offene Areal der verstreuten **Mayens de la Coûta** (2), wo bei den oberen Maiensäßen (P. 1961) die horizontale Weiterführung gen Süden als »Passage interdit« und demzufolge eine Umleitung ausgewiesen ist. Diese nötigt uns über die weit ausschweifenden, flach angelegten Schleifen eines Wirtschaftsweges einen nicht unbeträchtlichen Mehraufwand auf. Wir passieren ein großes Alpgebäude auf ca. 2200 m und gehen in den Mattenhängen zwischen La Cretta und La Coûta zwei Tobel aus. Der südliche, vom Torrent de la Maresse gebildete Graben soll für die Wegsperrung unterhalb verantwortlich sein. So erreichen wir dahinter eine maximale Höhe von ca. 2300 m, ehe sich die Umleitung wieder absenkt und etwa bei **Les Faches** in den Originalweg

Blumenschmuck in Arolla.

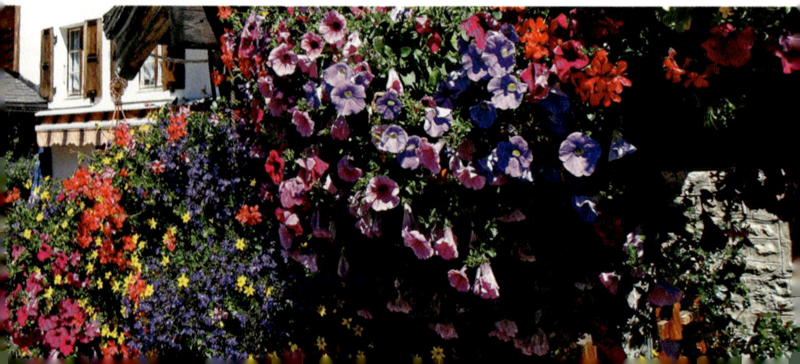

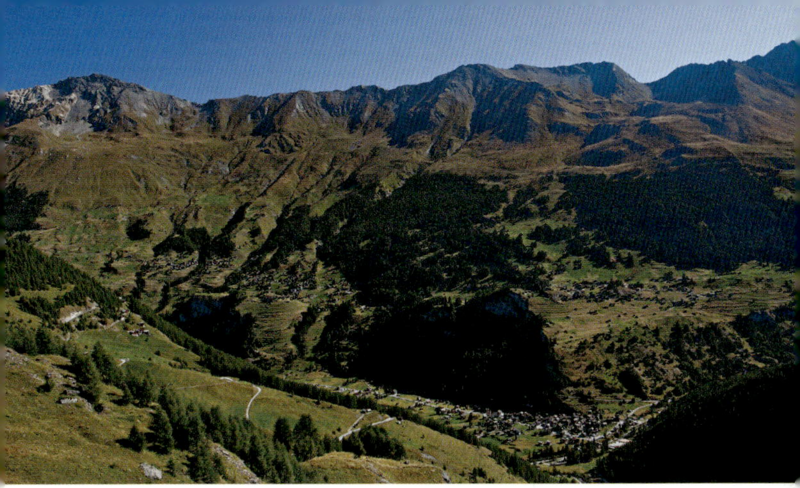

Panoramablick über das Val d'Hérens mit der Flanke des Col de Torrent.

einmündet. Im weiteren Verlauf wandern wir mehr oder weniger hangparallel und im Detail ein wenig verschlungen entlang der Waldgrenze – stets Kurs Süd. Oberhalb von La Gouille, einem Weiler in der Talsohle, hält man sich rechts aufwärts und steuert über **Louché** den **Lac Bleu**, 2092 m (3), an. Der idyllische Bergsee ist ein beliebtes Ausflugsziel. Anschließend kurz abwärts zur nächsten Bachbrücke (P. 2047) und zu einer Gabelung, wo wir uns durchaus die viel ansprechendere und sinnvollere Variante »difficile« zutrauen dürfen. Man bleibt damit in der steilen, licht bewaldeten Berglehne, wandert in fortwährendem Auf und Ab über Stock und Stein und passiert das Alpgebiet von Pra Gra knapp unterhalb. Schließlich in leichtem Gefälle auf einer Straße bis ins Zentrum von **Arolla** (4).

Romantisch schlängelt sich unser Pfad durch die Hänge.

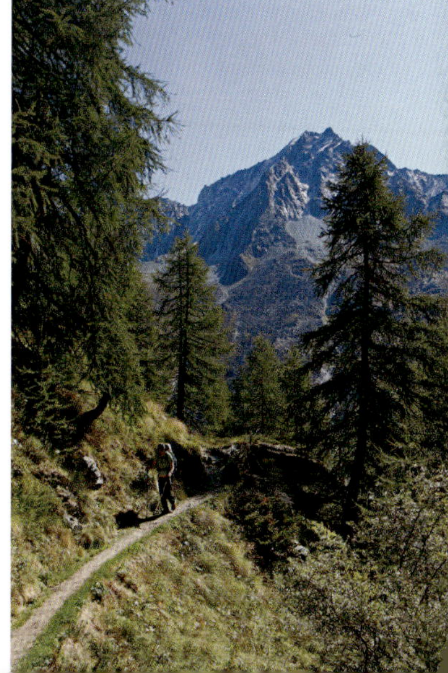

5 Arolla – Rifugio Nacamuli

5.30 Std.
↑1170 ↓350

Über den Gletscher nach Italien

Standen bisher hohe Zweitausender-Pässe und Höhenwege in gewöhnlicher Manier auf dem Plan, so wird am fünften Tag der Matterhorn-Runde erstmals bergsteigerischer Anspruch verlangt. Immerhin gilt es den Walliser Hauptkamm auf die italienische Südseite zu überschreiten, wofür auf breiter Front kein eisfreier Übergang zur Verfügung steht. Anlass zu übertriebenen Sorgen bereitet das trotzdem nicht: Der Col Collon ist kein wirklich schwieriger Gletscherpass. Die oft kolportierte »Anseilpflicht« sei im Übrigen kritisch hinterfragt. Denn das Eis erweist sich im Bereich der Route als wenig spaltengefährlich und ist im Sommer meistens auch ausgeapert. Was würde uns dieser Ballast – an dem man tagelang schwer zu schleppen hätte – also nutzen? Viel entscheidender ist hier die Orientierungsaufgabe, verlassen wir doch im Gletschertrog die gewohnten Wegtrassen und begeben uns in ursprüngliches Alpinterrain. Auf eine zuverlässige Stangenmarkierung darf nicht vertraut werden, weshalb der Übergang bei schlechtem Wetter unbedingt gemieden werden sollte.

Landschaftlich bietet sich uns indessen ein Glanzpunkt des gesamten Trekkings. Denn hier nehmen wir die erhabenen Gletscherszenerien nicht nur aus respektvoller Entfernung in Augenschein, sondern tauchen unmittelbar darin ein. Zu Anfang beherrscht der wuchtige Mont Collon als Wächter von Arolla das Bild. Mit Annäherung an den Haut Glacier d'Arolla steigt die Spannung – wir werden überrascht sein, welch abgeschiedene Geländekammern, die vom Tal aus kaum zu erahnen sind, sich noch offenbaren. Dazu zählt auch der Szenenwechsel beim Übertritt nach Italien, wo weniger Eis, aber wahrhaft stotziger Fels die Umgebung prägt.

Ausgangspunkt: Arolla, 2006 m.
Endpunkt: Rifugio Nacamuli, 2830 m, gelegen in der oberen Comba d'Oren über dem innersten Valpelline.

Anforderungen: Hochalpiner, vergletscherter Übergang, für den gute äußere Bedingungen, vor allem ausreichende Sicht, nötig sind. Anfangs noch normaler Berg-

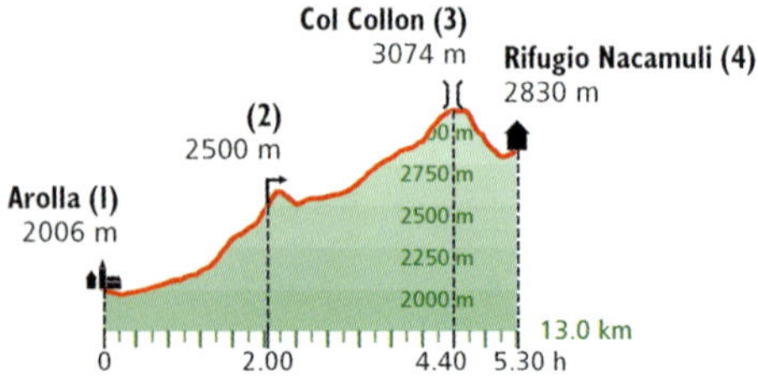

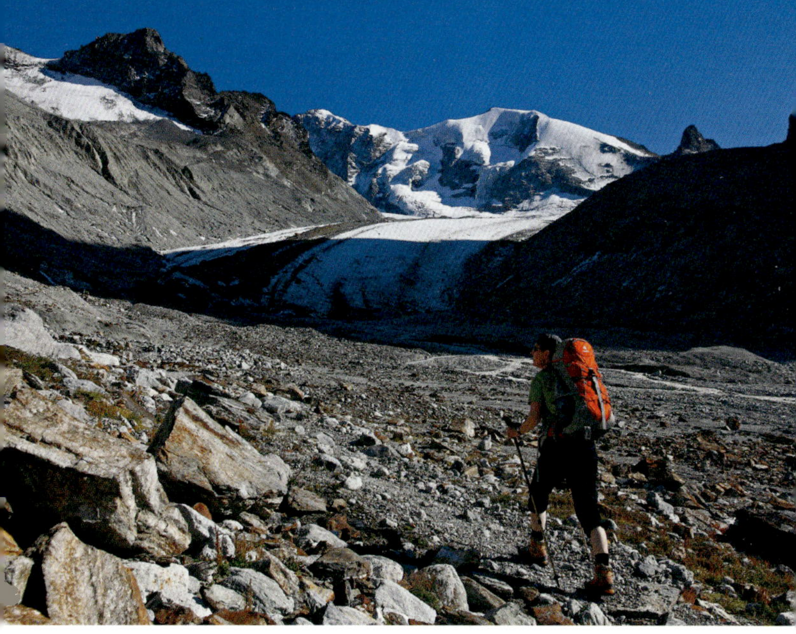

Über Moränen nähern wir uns dem Haut Glacier d'Arolla.

weg, der von Gletschervorfeldern und Obermoränen abgelöst wird, schließlich Traverse über Gletschereis. Seilgebrauch nach Ermessen verzichtbar, aber eventuell Steigeisen nützlich. Auf italienischer Seite einzelne Felsstellen und Schotterterrain. Konditionell durchschnittliche Tagesetappe.
Einkehr/Unterkunft: Arolla: siehe 4. Etappe. Rifugio Nacamuli-Collon, 2830 m, CAI, Tel. +39/0165/730047.

Tipps: 1. Das Ausweichen zum unbewarteten Refuge des Bouquetins, 2980 m, auf schweizerischer Seite ist recht umständlich und bringt selbst in unerquicklichen Fällen kaum Vorteile gegenüber dem »Durchziehen« zum Rifugio Nacamuli. 2. Wer mag, kann die Etappe um 2.00 Std. verlängern (nur bergab) und im komfortableren Rifugio Prarayer übernachten (siehe Etappe 6).

In **Arolla** (1) laufen wir als Erstes zur Straßenkehre hinab, wo die Route ins Hochtal abzweigt (Parkplätze für Touristen). Auf der Sandstraße geht es gut 2 km flach taleinwärts, ehe wir bei P. 2089 über die massive Brücke auf die linke Seite wechseln. Im Angesicht des Bas Glacier d'Arolla und des gewaltigen Mont Collon im Talschluss folgen wir nun dem schräg ansteigenden Bergweg, der sich bald in Serpentinen höherschraubt. Während die Hauptroute zur Cabane de Bertol führt, beachten wir auf ca. 2500 m (2) die blauweiß markierte Verzweigung zum Haut Glacier d'Arolla und Refuge des Bouquetins. Ein steiler, gesicherter Felsriegel muss bewältigt werden – er ist aber nur kurz. Damit gelangt man auf einen Rasenhang knapp unterhalb der Plans de Bertol, der auch etwas leichter mit dem Umweg über P. 2664 erreicht werden kann.

Vor uns taucht jetzt die lange Zunge des **Haut Glacier d'Arolla** auf. Wir nähern uns dessen Abfluss mit etwas Höhenverlust und halten uns links in das Moränengelände am Rand der Schwemmebene. Im großen Bogen weiter auf die Obermoräne des nur mäßig steilen Gletschers, die sich normalerweise bis weit hinauf ganz gut begehen lässt (Stangenmarkierung). Aufgrund ständiger Veränderungen muss man aber trotzdem mit kleinen Hindernissen rechnen. Bevor sich der Blockschuttstreifen weitgehend im Eis verliert, scheren wir nach rechts aus und traversieren den Gletscherstrom in Richtung des etwas unangenehmen Geröllriegels, welcher das Hochbecken unter dem Col Collon abtrennt. Hier stoßen wir günstigenfalls wieder auf blau-weiße Wegzeichen und gewinnen über das finale Eisfeld die ausgedehnte Einsattelung des **Col Collon**, 3074 m (3), an der Grenze zu Italien.

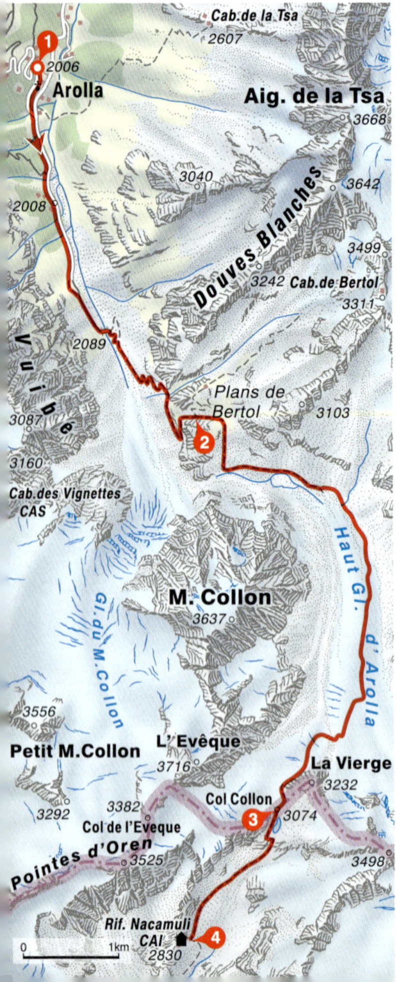

Mit Vorsicht passieren wir einen Schmelzwassersee inmitten der Senke und halten uns an der südlichen Geländeschwelle ein paar Meter links aufwärts, um anschließend von gelben Markierungen geleitet über felsiges Terrain steil abzusteigen. Unterhalb der Barriere geht es über Schutthänge und eine weitere Geländeabstufung tiefer, ehe man sich auf die rechte Seite hält und der Pfadspur mit etwas Gegenanstieg zum **Rifugio Nacamuli** (4) folgt.

Rechts: Am 5. Tag können wir anfangs einem guten Bergweg folgen.

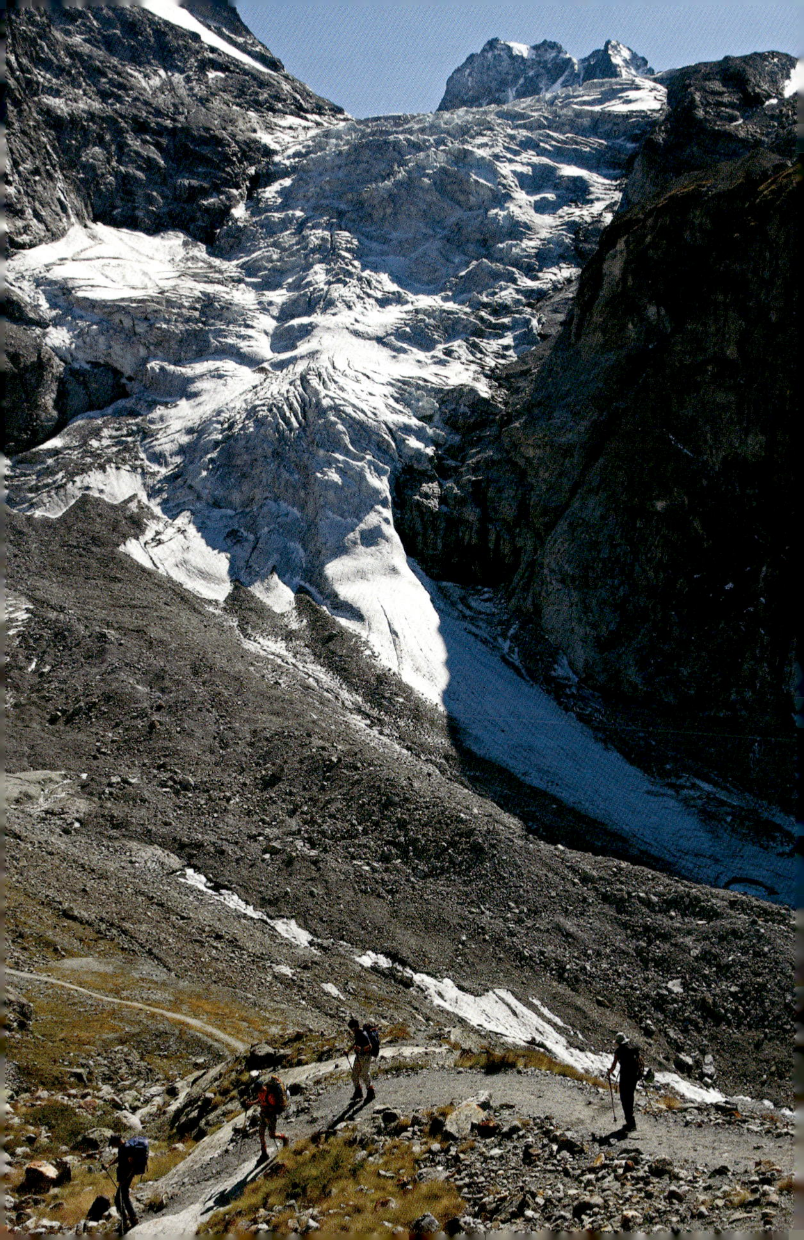

6 Rifugio Nacamuli – Rifugio Vuillermoz-Perucca

5.30 Std.

↑1100 ↓1020

In der einsamen Bergwelt des Valpelline

Die italienische Südseite der Penninischen Alpen wartet mit einem »zerknitterten« Relief auf, das dem Bergwanderer auch in den Seitenkämmen manch hohe Hürde auferlegt. Perfektes Beispiel dafür ist der Col de Valcournera, auf unserem Matterhorn-Trek die wohl kniffligste, zumindest mühsamste Aufgabe überhaupt. Bevor wir diesen 1000-Meter-Anstieg vom Lago di Places Moulin in Angriff nehmen, steht ein fast ebenso langer, aber nur anfangs rauer Abstieg bevor. Diese Abfolge mag etwas ungewöhnlich sein und kann durch veränderte Etappengestaltung auch vermieden werden, birgt aber nach den Erfahrungen des Verfassers besondere Reize: Wir übernachten auf hohen Hütten und saugen damit gerade deren eindrucksvolle Umgebung nicht nur im Vorübergehen ein. Talquartiere mögen mehr Komfort bieten, in puncto Erlebniswert sind sie dagegen unterlegen …

Ausgangspunkt: Rifugio Nacamuli, 2830 m.
Endpunkt: Rifugio Vuillermoz-Perucca, 2909 m.
Anforderungen: Anspruchsvolle Etappe über einen beschwerlichen, hochalpinen Pass. Die höher gelegenen Teile der Route sind sehr steinig, am Col de Valcournera selbst trotz Markierung sogar ziemlich unwegsam; zwischendurch jedoch auch normale Bergwanderwege. Insgesamt ausgeprägte Trittsicherheit und Geländegängigkeit sowie solide Ausdauer erforderlich; einzelne steile Stellen sind mit Ketten oder Fixseilen entschärft.
Einkehr/Unterkunft: Rifugio Nacamuli, 2830 m, CAI, Tel. +39/0165/730047. Rifugio Prarayer, 2005 m, Tel. +39/0165/730040. Rifugio Vuillermoz-Perucca, 2909 m, Tel. +39/338/4264705.

In der wilden Comba d'Oren.

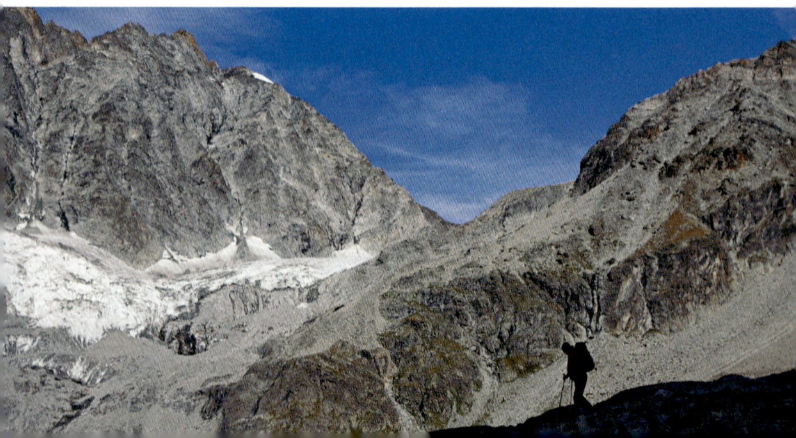

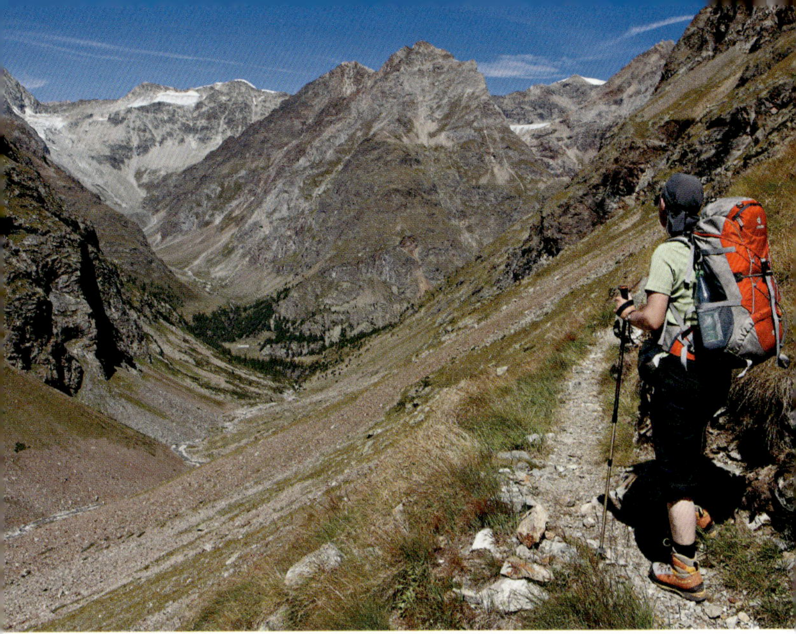

Herrliche Szenerie im Vallon de Valcournera.

Vom **Rifugio Nacamuli** (1) begeben wir uns links ausholend zum Karboden hinab, überschreiten dann den Wildbach und steigen über eine steilere Geländepartie (teils Seilgeländer und einige Stufen) ins Hochtal ab. Dort geht es flacher und bald auch lieblicher weiter. Unser Weg begleitet den Bachlauf, welcher nach Regenfällen schon mal über die Ufer treten kann, und wechselt bei **La Garda**, 2211 m, von der linken auf die rechte Seite. Bei der Gabelung unterhalb der Alp d'Oren verlassen wir die Hauptroute linker Hand und tauchen allmählich in licht bewaldetes Gelände ein. Links haltend über eine weitere Brücke und schließlich ostwärts über dem aufgestauten Lago di Places Moulin zum privat geführten **Rifugio Prarayer**, 2005 m (2).
Ein Stück weiter hinten kann der Zufluss des Stausees auf einer soliden Brücke überschritten werden. Drüben queren wir wieder in die entgegengesetzte Richtung, bis kurz vor einer Bachschlucht Route Nr. 12 zum Col de Valcournera ausgewiesen wird (3). Bergwärts folgt nun zunächst eine Reihe von Kehren über die bewaldete Trogstufe hinauf zur **Alpe Valcournera**, 2170 m. Anschließend relativ flach weit ins Hochtal hinein, wo man sich womöglich schon ein wenig zweifelnd nach einem Ausweg umschaut. Auf rund 2300 m (4) weisen die Markierungen unmissverständlich nach links auf-

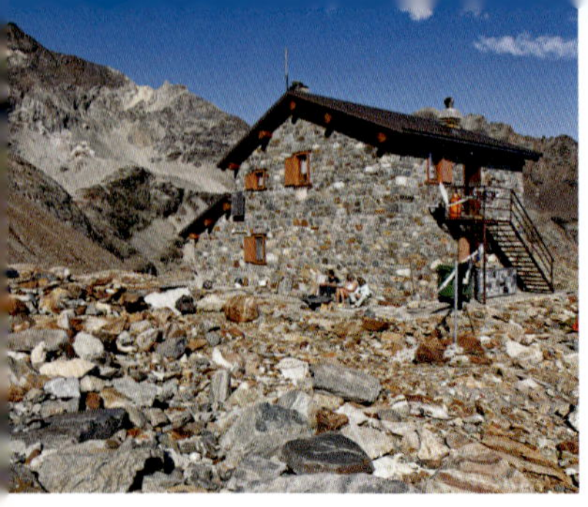

Klein, aber fein: das Rifugio Vuillermoz-Perucca.

wärts. Nachdem erneut etliche Kehren bewältigt sind, schalten sich zwei gesicherte Steilstufen ein: ein kurzzeitiges, durchaus spannendes Kraxel-Intermezzo. Ein mühsamer Schutthang führt dann zu einer Karschwelle, wo überhaupt erst der unerquickliche Schlusshang zum Col einsehbar wird: noch rund 300 Hm Trümmergelände, in dem Markierungen zwar vorhanden, Steigspuren jedoch allenfalls angedeutet sind und unsere Disziplin gehörig gefordert wird. Während der ersten Sommerhälfte können vielleicht noch Schneefelder dienlich sein, andernfalls geht es aus der Hochmulde zunehmend mühselig über unsoliden Blockschutt bergauf bis in den sehnlichst erwarteten **Col de Valcournera**, 3066 m (5).

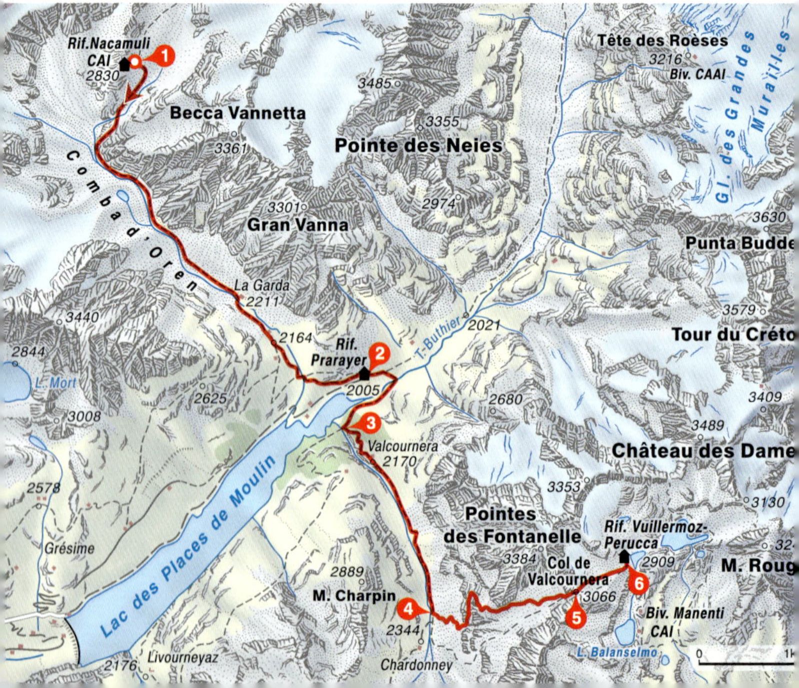

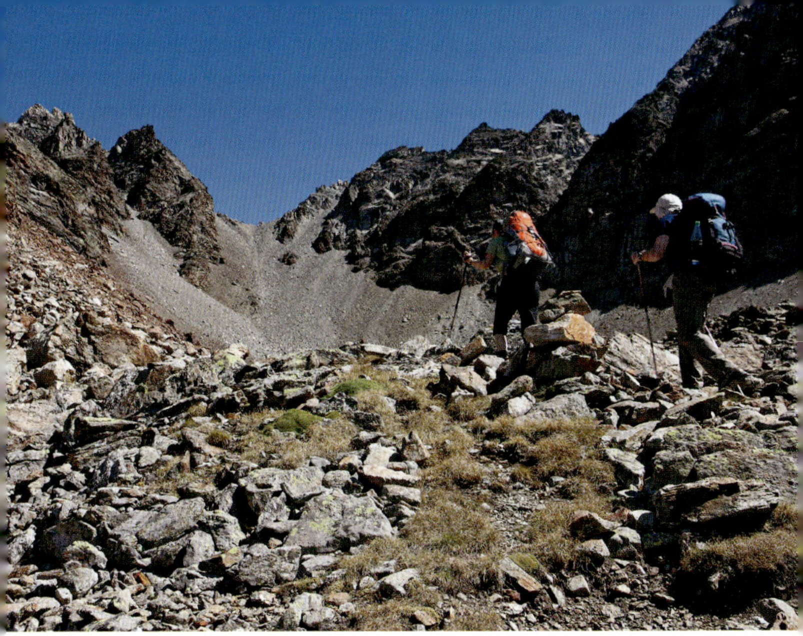

Der Aufstieg zum Col de Valcournera ist das beschwerlichste Stück der Tour Matterhorn.

Am Jochkreuz erfassen wir ein vollkommen neues Blickfeld im Osten und freuen uns, das Tagesziel schon in Reichweite zu sehen. Gleichwohl gilt es noch einen sehr abschüssigen, mürben Steilhang zu meistern. Am Fixseil tasten wir uns behutsam tiefer, vermeiden dabei auch das Auslösen von Steinschlag und laufen nach einigen heiklen Metern auf harmlosere Schotterböden aus. Ein Stück weiter empfängt uns schon das wenig frequentierte **Rifugio Vuillermoz-Perucca** (6) inmitten der kleinen Seenplatte eines Hochkessels.

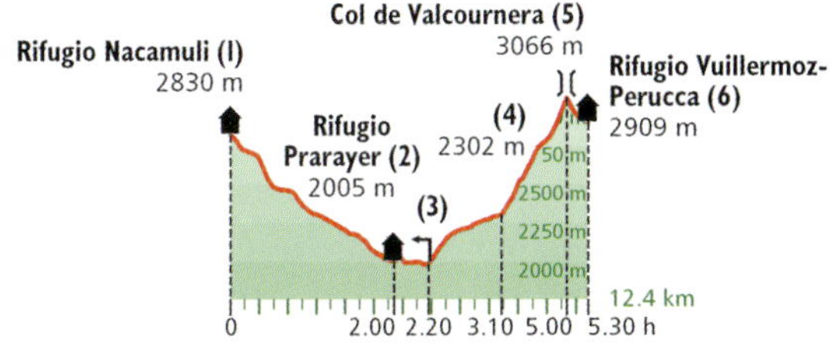

7 Rifugio Vuillermoz-Perucca – Rifugio Teodulo

6.15 Std.

↑1070 ↓1200

Das Matterhorn von Süden

Im Licht des frühen Morgens vom Rifugio Vuillermoz abzusteigen, ist ein zauberhaftes Erlebnis: Seen und Wasserfälle inmitten eines imposanten Bergkessels, dazu womöglich die Begegnung mit den ansässigen Steinböcken. Kurz hinter dem Finestra di Cignana erwartet uns ein Paukenschlag der Tour, wenn urplötzlich das Matterhorn im Talschluss des Valtournenche erscheint: nicht jene unverwechselbare Silhouette wie über Zermatt, aber gleichwohl auch von Süden ein stolzer, markanter Bergriese. Die Hotelsiedlung Breuil-Cervinia ist dann ein hartes Kontrasterlebnis zu den ursprünglichen Naturlandschaften, die uns bisher so viel Freude machten. Abgesehen von einer etwaigen Proviantergänzung wird man dem Zivilisationsstress so bald wie möglich zu entfliehen trachten und dafür mit Vorteil die Seilbahn zum Plan Maison nutzen. Damit lässt sich auch der wenig erquickende Aufstieg durchs trostlose Skigebiet bis zum Theodulpass deutlich verkürzen. Man kann es nicht verschweigen: Rund um Breuil bekommt die Tour Matterhorn trotz der Nähe unseres Traumbergs einen emotionalen Dämpfer. Am Ende des Tages machen wir unseren Frieden damit, wenn wir am höchsten Punkt des gesamten Treks übernachten.

Ein verheißungsvoller Morgen lässt auf einen prächtigen Bergtag hoffen.

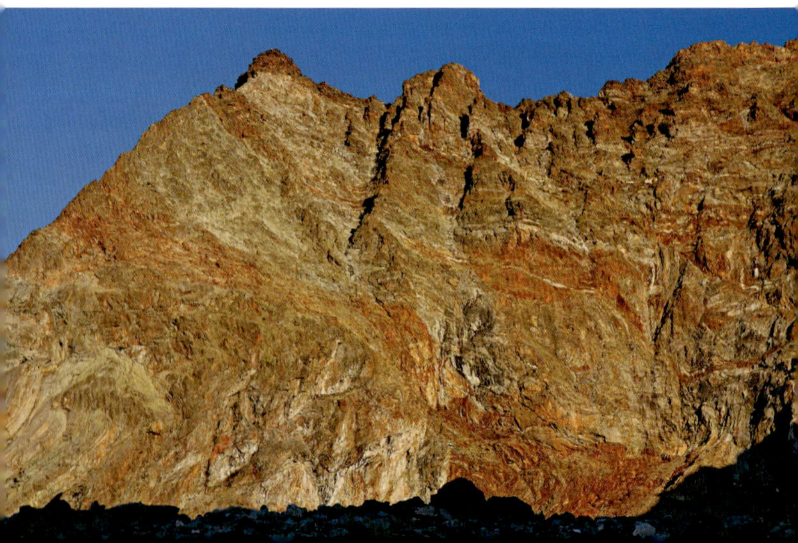

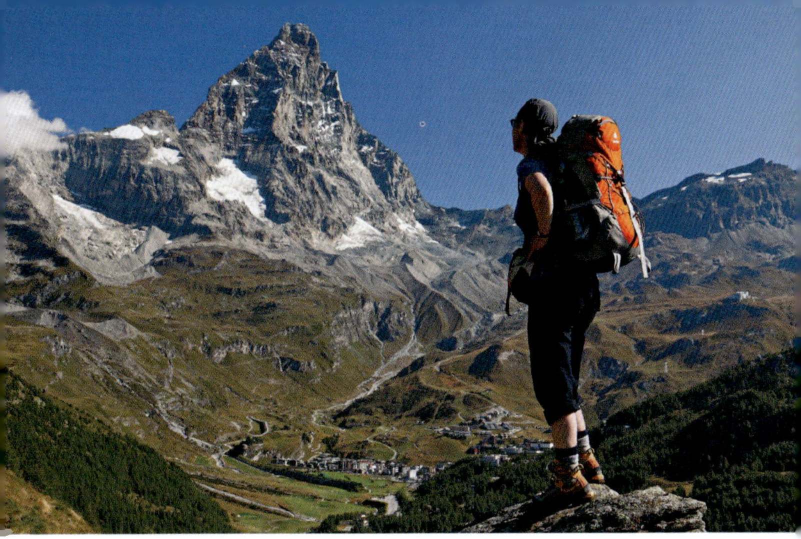

Über Breuil sticht das Matterhorn in den Himmel.

Ausgangspunkt: Rifugio Vuillermoz-Perucca, 2909 m.
Endpunkt: Rifugio Teodulo, 3317 m, nahe dem Theodulpass.
Anforderungen: Bis nach Breuil allgemein ordentliche, unschwierige Bergwanderwege, zuletzt Straße. Zum Theodulpass planierte Schotterpiste, trotz der großen Höhe leicht, eventuell Schneefelder. Im Schlussanstieg etwas anstrengende Etappe, aber noch durchschnittlich.
Einkehr/Unterkunft: Rifugio Vuillermoz-Perucca, 2909 m, Tel. +39/338/4264705. Breuil-Cervinia: touristische Infos unter Tel. +39/0166/949136. Restaurantbetrieb Plan Maison, 2548 m. Rifugio Teodulo, 3317 m, CAI, Tel. +39/0166/949400.
Varianten: Bei Verzicht auf die Seilbahn zum Plan Maison dauert der Gegenanstieg von Breuil zum Theodulpass 4 Std., die gesamte Etappe 8 Std. In der Hauptsaison kann man auch eine Seilbahnfahrt bis zur Testa Grigia, 3479 m, erwägen und von dort im Abstieg den Theodulpass ansteuern; gut 30 Min.

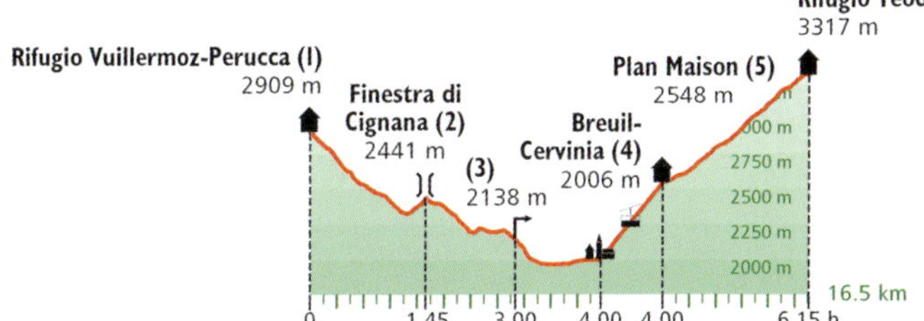

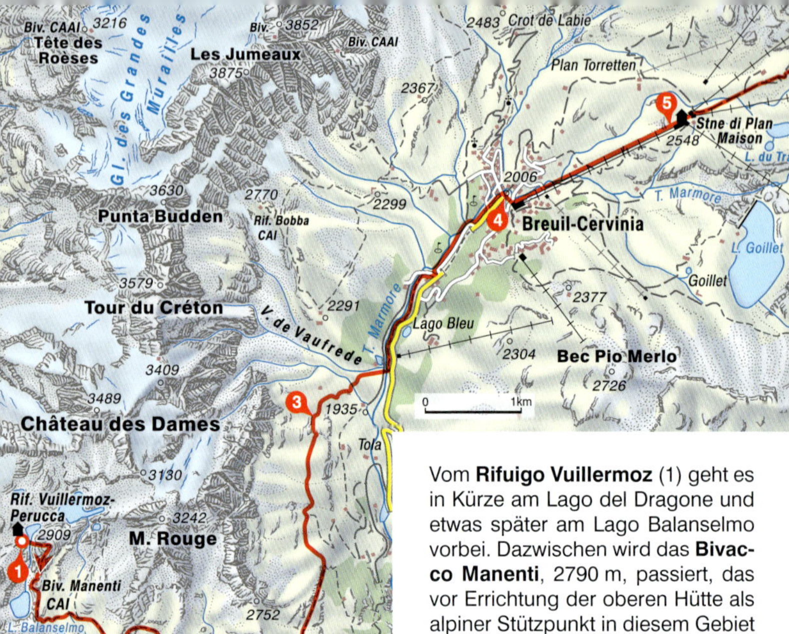

Vom **Rifuigo Vuillermoz** (1) geht es in Kürze am Lago del Dragone und etwas später am Lago Balanselmo vorbei. Dazwischen wird das **Bivacco Manenti**, 2790 m, passiert, das vor Errichtung der oberen Hütte als alpiner Stützpunkt in diesem Gebiet fungierte. Die folgende Steilpassage ist die einzige, die heute etwas Trittsicherheit verlangt. Nebenan stiebt ein Wasserfall über den Riegel. Wir steigen zum flachen Boden ab und orientieren uns hier auf die linke Seite, wo ein schöner Weg die Hänge schneidet. Er zieht um einen Hangrücken, durchmisst eine Geländebucht und trifft bei der **Alpe di Cignana**, 2298 m, ein. Ein überschaubarer Gegenanstieg bringt uns zum **Finestra di Cignana**, 2441 m (2), wo wir uns schräg links halten und am nächsten Eck mit dem ersten Matterhorn-Blick beglückt werden: ein absoluter Clou! Unsere Route führt nun über dem Valtournenche gen Norden, das Touristendorf Breuil schon im Visier. Wir verlieren allmählich an Höhe, tauchen in lichtes Gehölz ein, schlagen dann aber den Hinweis nach Perreres aus und folgen vorerst weiter dem Hangweg über den Alpbalkon. Erst nach einer kleinen Zwischensteigung wird vorteilhaft in die Talsohle des Valtournenche abgestiegen, wobei die Beschilderung hier allzu dürftig ist. Entweder geschieht dies noch vor der Runse des Vallon Vofrede (3) oder gleich dahinter. Bei einem Teich wechseln wir auf die andere Flussseite und bummeln auf Spazierwegen und zuletzt auf Asphalt Richtung **Breuil-Cervinia**, 2006 m (4), dem quirligen Touristenmagnet am Fuß des Matterhorns.

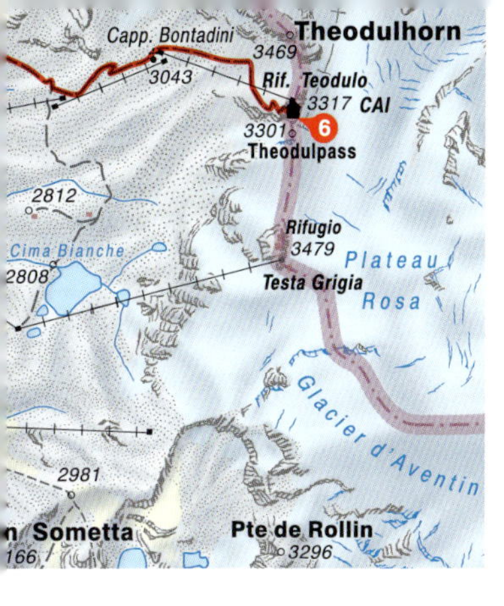

Dort steuert man am besten die Seilbahn an und schwebt in Minutenschnelle hinauf nach **Plan Maison**, 2548 m (5), wo man in wenig erbauliches, verdrahtetes Gelände entlassen wird. Entlang der breiten Sandstraße geht es jetzt in wechselnder Steilheit an weiteren Skiliftstationen (nur Winterbetrieb) vorbei bergwärts – an der oberen steht auch die **Cappella Bontadini**, 3043 m. Nach gut zwei Stunden und den letzten Serpentinen nähern wir uns dem Theodulpass, 3301 m, an der Grenze zur Schweiz; das stattliche **Rifugio Teodulo** (6) steht knapp oberhalb des Sattels auf einem Absatz. Durch die Panoramafenster der Hütte lässt sich das Matterhorn beäugen.

Im Valtournenche wandern wir an aufgelassenen Alphütten vorbei.

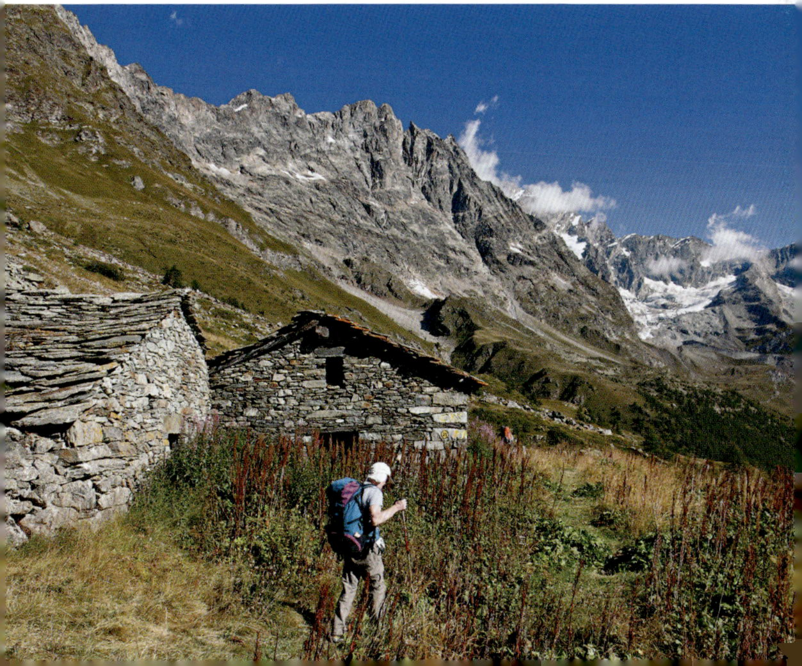

8 Rifugio Teodulo – Berghaus Grünsee (Zermatt)

5.30 Std.

↑500 ↓1520

In der Zermatter Arena der Viertausender

Mit der achten Etappe kommen wir zurück auf schweizerisches Territorium und betreten alsbald zum zweiten Mal während dieser Tour Gletschereis. Davon braucht sich allerdings niemand ins Bockshorn jagen lassen, denn den Oberen Theodulgletscher begehen wir ausschließlich im Bereich des Skigebiets, wo die von Pistenraupen gezogene Trasse auch bei Nebel kaum zu verfehlen ist. Von der Station Trockener Steg könnten wir dann bequem mit der Seilbahn talwärts schweben, doch lohnt es in diesem Fall allemal, den attraktiven Bergweg unter die Sohlen zu nehmen. Ob uns dieser schlussendlich bis Zermatt hinunterführt oder ob man vorher lieber wieder die »Biege« macht, um sich höher am Berg sein Quartier zu suchen, bleibt Geschmackssache. Dem typischen Trekking-Feeling kommt wohl eher Letzteres zugute, weshalb in der Beschreibung das Berghaus Grünsee in der Nähe von Findeln vorgeschlagen wird. Der ganze Tag steht im Zeichen von Bergansichten, die zu den gewaltigsten der Alpen zählen. Buchstäblich auf dem Präsentierteller liegt das Matterhorn, aber auch die anderen Viertausender zwischen Weisshorn und Mischabel, Breithorn und Monte Rosa können ausgiebig bewundert werden.

Das Matterhorn bei Sonnenaufgang vom Rifugio Teodulo aus gesehen.

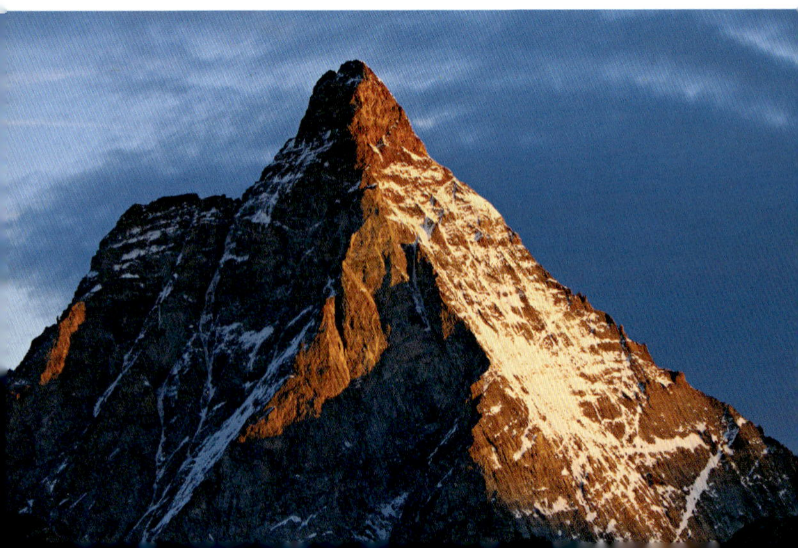

Ausgangspunkt: Rifugio Teodulo, 3317 m.
Endpunkt: Berghaus Grünsee, 2296 m, im Bereich des Findeltals oberhalb von Zermatt.
Anforderungen: Anfangs Gletschertraverse entlang einer präparierten Skipiste, Spaltengefahr vernachlässigbar, je nach Zustand aber variabel von relativ hartem Blankeis (eventuell Steigeisen nützlich) bis zu unangenehm sumpfigen Verhältnissen. Sonst gut ausgebaute Bergwanderwege. Ohne Seilbahnhilfe ein durchschnittlicher Tagesmarsch.
Einkehr/Unterkunft: Rifugio Teodulo, 3317 m, CAI, Tel. +39/0166/949400. Gandegghütte, 3029 m, Tel. +41/(0)79/6078868. Restaurants Trockener Steg, Hermetje, Furi und Augstchumme. Hotel Riffelalp, 2222 m, Tel. +41/(0)27/9666500. Berghaus Grünsee, 2296 m, Tel. +41/(0)27/9672553. Zahlreiche Unterkünfte in Zermatt, Infos unter Tel. +41/(0)27/9668100.
Varianten: 1. Ab Trockener Steg Seilbahnverbindung nach Zermatt. Man kann nach Belieben auch Teilstücke wählen; Zwischenstationen sind Furgg und Furi. Wer auf der offiziellen Route gänzlich zu Fuß dorthin absteigt – zuletzt von Furi über die Weiler Zum See und Blatten – muss für die Etappe 4.15 Std. veranschlagen. 2. Sollte das Berghaus Grünsee voll belegt sein, kann man auch zur Fluealp, 2607 m, ausweichen; Tel. +41/(0)27/9672597. Der Weiterweg über die Findelmoränen dauert ca. 1.00 Std.

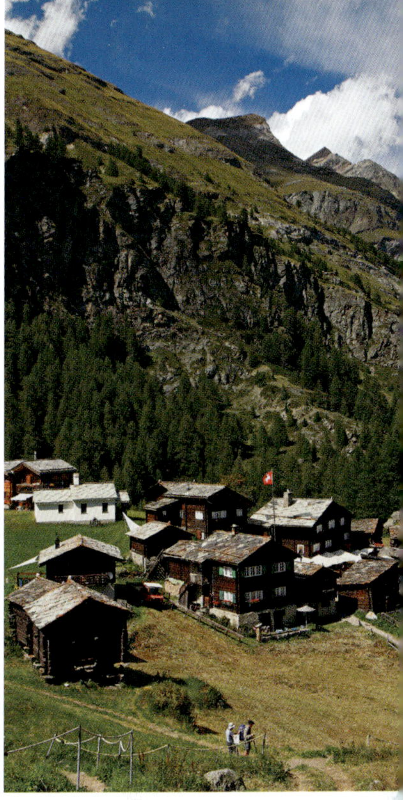

Die Höhensiedlung Furi.

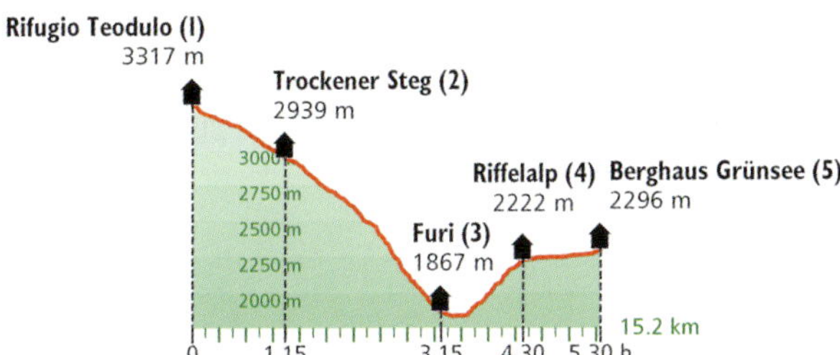

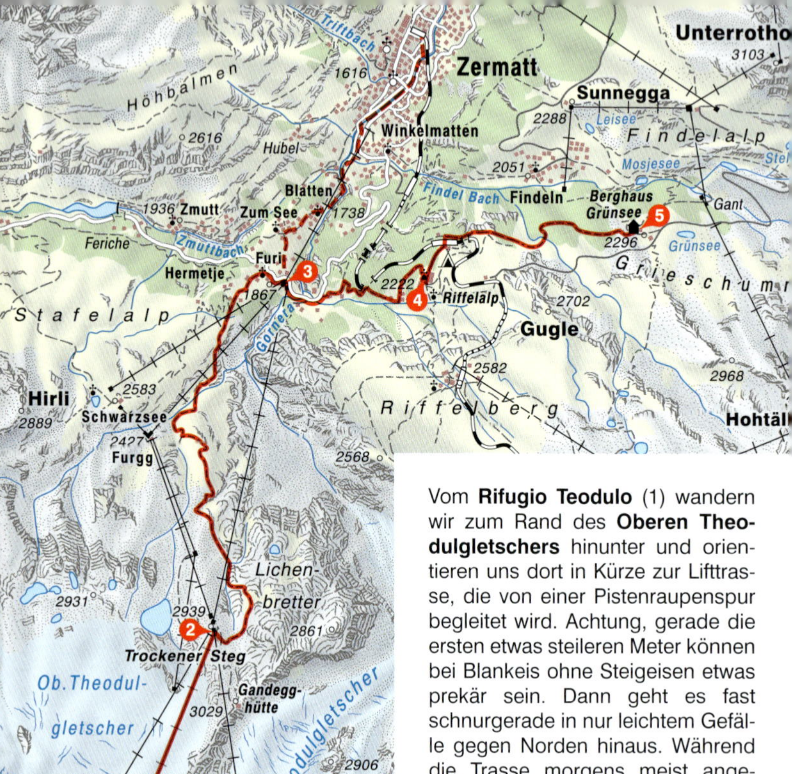

Vom **Rifugio Teodulo** (1) wandern wir zum Rand des **Oberen Theodulgletschers** hinunter und orientieren uns dort in Kürze zur Lifttrasse, die von einer Pistenraupenspur begleitet wird. Achtung, gerade die ersten etwas steileren Meter können bei Blankeis ohne Steigeisen etwas prekär sein. Dann geht es fast schnurgerade in nur leichtem Gefälle gegen Norden hinaus. Während die Trasse morgens meist angenehm zu begehen ist, weicht sie tagsüber bei warmer Witterung auf und kann stellenweise sogar knöcheltief unter Wasser stehen. Unter Umständen muss zwischendurch auch mal eine Schmelzwasserrinne übersprungen werden; Spalten lauern ansonsten kaum. Kurz vor der Station **Trockener Steg**, 2939 m (2), bekommen wir wieder festen Boden unter die Füße; die Gandegghütte, 3029 m, befindet sich etwas abseits auf dem Felsrücken zur Rechten. Wer auf die Seilbahnfahrt verzichten möchte, schlägt rechts den gut ausgebauten Steig ein, der sich ostwärts ausholend über die so genannten »Lichenbretter« – eine kupierte Felsschlifflandschaft – abwärts windet. Man unterquert eine nicht im Betrieb befindliche Seilbahnlinie und gelangt über den

»Garten« (P. 2509) in die Nähe der Zwischenstation **Furgg**, die aber links bleibt. Etwas tiefer über den Furggbach und schräg abwärts Richtung **Hermetje** (zum Beizli ca. 5 Min. ab Gabelung), kurz davor rechts hinunter und durch lichten Wald nach **Furi**, 1867 m (3), mit großer Seilbahnstation und mehreren Restaurants.

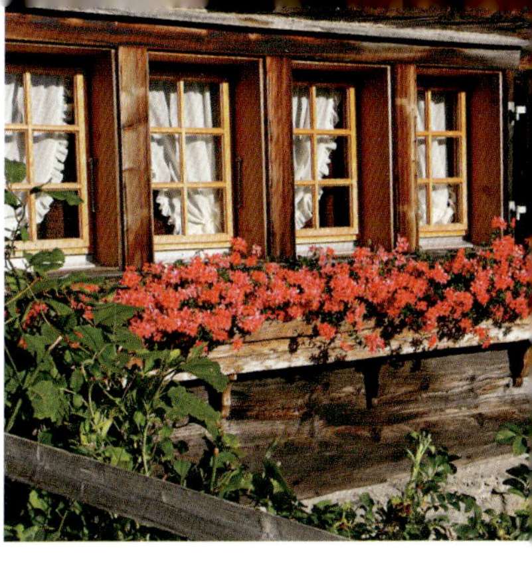

Sonnenverwöhntes Walliser Kleinod bei Zermatt.

Nachdem Richtung Osten die Gornera-Brücke überschritten ist, wenden wir uns wieder bergauf. Ein Waldweg führt zum Restaurant **Augstchumme**, 2114 m, wenig später ist das stattliche Hotel auf der **Riffelalp**, 2222 m (4), erreicht. Für das Budget eines typischen Bergwanderers ist dieses in der Regel zu opulent bemessen, sodass wir noch ein Stündchen dem Weg quer durch den Nordhang bis zum **Berghaus Grünsee** (5) folgen. Der Grünsee selbst befindet sich einige Gehminuten weiter hinten.

Die 8. Etappe beginnt mit dem Abstieg über den Theodulgletscher mit Blick auf Zinalrothorn (links) und Weisshorn (rechts).

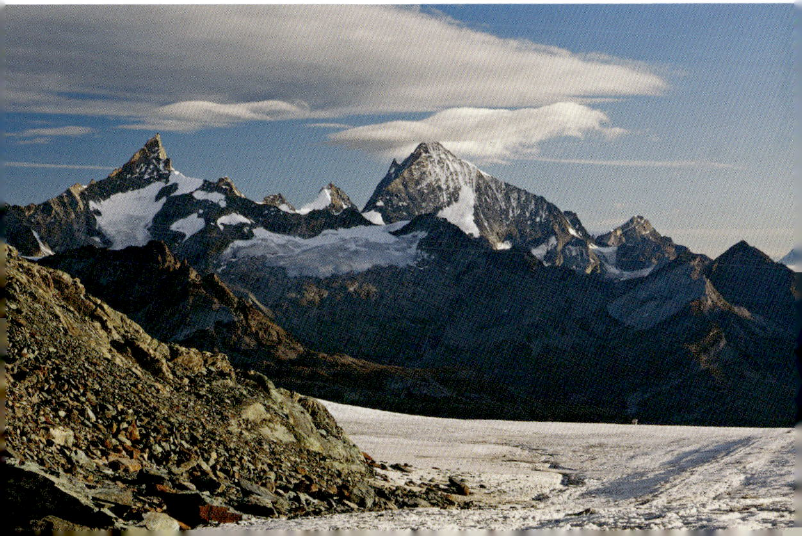

9 Berghaus Grünsee (Zermatt) – Europahütte (Randa)

6.45 Std.

↑870 ↓900

Höhenrausch auf dem Europaweg

Inzwischen sind wir wieder im Bereich des Mattertals angekommen, wo noch ein zweitägiges Finale auf dem Europaweg bevorsteht, welches die Umrundung des Matterhorns in großartiger Weise krönt. Die gut 30 Kilometer messende Höhenroute zwischen Zermatt und Grächen ist – trotz ihres jugendlichen Alters von gerade einmal 15 Jahren – längst zum Klassiker avanciert. Klar, die Gegend ist berühmt wie wenige in den Alpen und die Routenführung selbst im Stile eines Panoramaweges fast perfekt. Beachtlich war auch der Aufwand, der betrieben wurde, um in der unwegsamen Westflanke der Mischabelgruppe überhaupt eine »wanderbare« Route zu realisieren. Und die praktischen Fahrnisse halten die Verantwortlichen auch weiterhin auf Trab. So ließ sich die Problemstelle am Grabengufer unweit der Europahütte bis dato nicht effektiv bändigen. Eine Hängebrücke sollte jüngst die Lösung bringen, doch wurde sie bereits kurz nach ihrer Errichtung durch einen Felssturz schwer beschädigt. Ob im Sommer 2013 eine Instandsetzung erfolgt, war bis Redaktionsschluss des Führers ungewiss.

Weil bei einer Route dieser Bedeutung die Hoffnung berechtigt erscheint, sei hier trotzdem der komplette Originalweg beschrieben, vorbehaltlich etwaiger konstruktiver Veränderungen, wie sie für die Passage am Grabengufer zukünftig nicht auszuschließen sind. Von Süden kommend beginnen wir mit dem altehrwürdigen Tufteren-Höhenweg, der sinnvollerweise in den Europaweg integriert wurde. Während wir uns vom »Horu« entfernen, rückt verstärkt die Skyline von Obergabelhorn, Zinalrothorn und Weisshorn in den Fokus. Hinter der Täschalp ist es mit dem gemütlichen Bummel vorbei – das Gelände wird streckenweise anspruchsvoller, der Weg selbst aber auch spektakulärer, ganz besonders im Bereich der Wildikin-Schlucht. Ziel der Etappe ist die Europahütte am Lärchberg, die seinerzeit von der Gemeinde Randa extra als Stützpunkt für den Europaweg erbaut wurde.

Ausgangspunkt: Berghaus Grünsee, 2296 m.

Endpunkt: Europahütte, 2265 m, oberhalb von Randa an der östlichen Flanke des Mattertals.

Anforderungen: Im Allgemeinen gut ausgebaute Höhenroute, an ausgesetzten Stellen, die vor allem gegen Norden zu häufiger vorkommen, mit Seilgeländer abgesichert. Phasenweise etwas ruppigeres Gelände, mitunter Querung von Steinschlagbereichen. Am Grabengufer ist eine lange Hängebrücke installiert (siehe Hinweis). Trittsicherheit wichtig, konditionell für Berggewohnte normal.

Einkehr/Unterkunft: Berghaus Grünsee, 2296 m, Tel. +41/(0)27/9672553. Restaurants Sunnegga, 2288 m, und Tufteren, 2215 m. Täschalp (Europaweghütte), 2193 m, Tel. +41/(0)27/9672301. Europahütte, 2265 m, Tel. +41/(0)27/9678247.

Varianten: 1. Wer in Zermatt Quartier bezogen hat, nimmt den Höhenweg mittels der Standseilbahn nach Sunnegga wie-

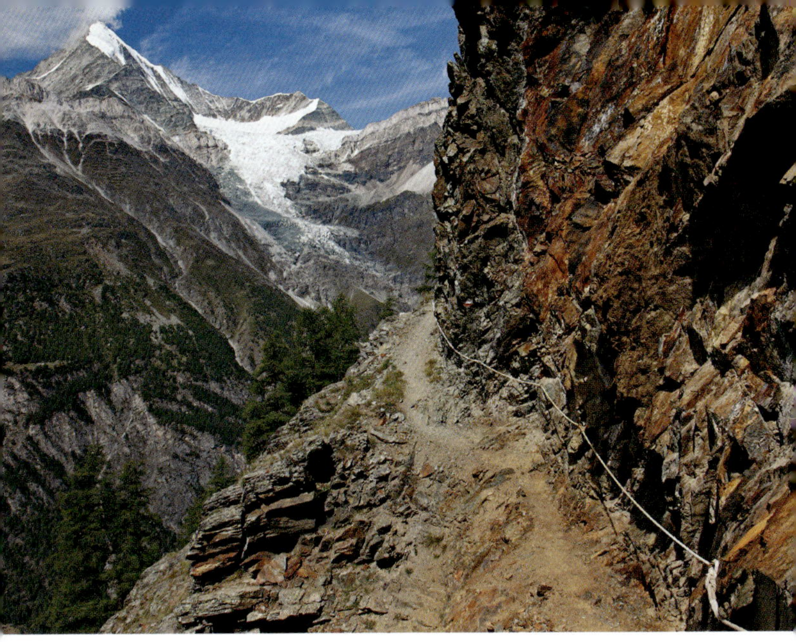

Ausgesetzte Bänderpassage am Europaweg.

der auf. Die Etappe ist entsprechend 0.45 Std. kürzer. 2. Bei P. 2340 kann man dem Abzweig zum Aussichtspunkt Ober Sattla, 2693 m, folgen und jenseits direkt zur Täschalp absteigen. Zeitbedarf ähnlich, aber mehr Höhenmeter.
Hinweis: Der Europaweg war 2011/2012 wegen Beschädigung der Hängebrücke über dem Grabengufer in diesem Bereich gesperrt. Die Umleitung ist vor Ort beschildert; sie führt durch Wald via P. 1973 und P. 1790 m gegen Randa hinunter (dort besteht Anschluss an Etappe 10V). Ansonsten jenseits der Dorfbachreiße Einmündung in den üblichen Europahüttenweg, am Lärchberg in Kehren stetig bergauf und zuletzt links haltend zu unserem Stützpunkt. Der Mehraufwand beträgt ca. 2.00 Std., was konditionell zu berücksichtigen ist.

Vom **Berghaus Grünsee** (1) geht es zuerst zum Findelbach hinab, jenseits scharf links zum Mosjesee und dann über die Hänge der Findelalp wieder bergauf. Die verstreuten Weiler von Findeln lassen wir links liegen und nähern uns über den Leisee der Bergstation **Sunnegga**, 2288 m, in deren Bereich der eigentliche Europaweg aufgenommen wird. Dieser präsentiert sich zunächst als breite Promenade, indem er im Bereich der Waldgrenze fast horizontal Richtung **Tufteren**, 2215 m (2), zieht. Der Alpweiler ist ein Bilderbuchmotiv vor dem Matterhorn. Hier halten wir uns rechts leicht aufwärts und kommen nacheinander zu zwei weiteren Abzweigungen Richtung Tuf-

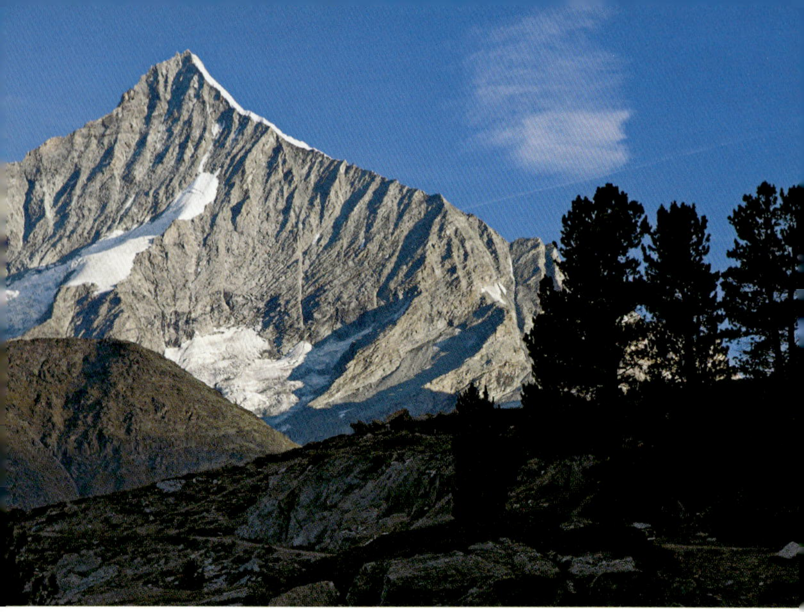

Das Weisshorn gehört zu den formschönsten Gipfeln der Alpen.

terchumme und Ober Sattla. Bei P. 2340 zieht der Europaweg aber nach links um ein Eck herum und schneidet weiterhin auf breiter Front die Hänge, wobei jetzt immer mehr das Weisshorn dem Matterhorn den Rang als Hauptblickfang streitig macht. Wir biegen um den licht bewaldeten Hangrücken in den Einschnitt der **Täschalp**, 2193 m, ein und setzen nach leichtem Auf und Ab über den Bach. In dem Alpweiler befindet sich rechts die fotogene Kapelle Ottavan (Ottafe), außerdem kann im Gasthaus (3), auch als Europaweghütte bezeichnet, eingekehrt werden.

Etwas tiefer zweigt der Weiterweg nach rechts von der Zufahrtsstraße ab. Man quert wie üblich den Hang samt einer markanten Bachrunse und verliert bis zur Weggabelung am **Täschgufer**, 1980 m, merklich an Höhe. Eine erste

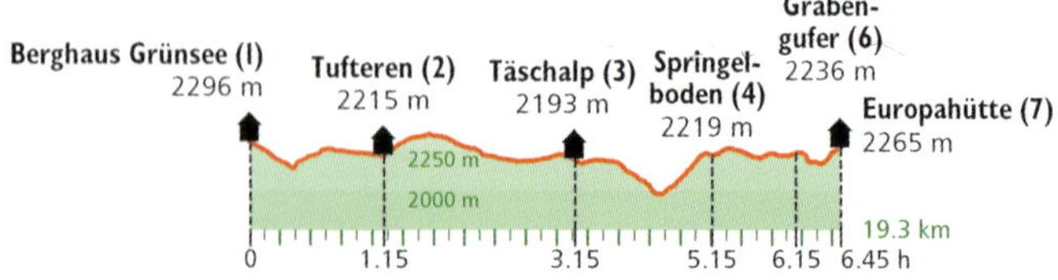

Umleitung kann bereits hier eingeschlagen werden, doch ist diese Talvariante eher weniger empfehlenswert. Der folgende Gegenanstieg führt entlang einer Hangüberbauung mit mehreren integrierten Tunnelröhren – Zugeständnis an die abrutschgefährdeten Blockhalden oberhalb. In einer Hangmulde setzt sich das Bergauf teils in Kehren fort, dann passiert man die urwüchsige Blocklandschaft an der Twäre und kommt zum Abzweig am **Springelboden**, 2219 m (4). Als Nächstes wartet die spektakuläre Traverse der Kintole, ein Wildbacheinschnitt, den man in großem Bogen ausgehen muss. Die zuweilen ausgesetzte Trasse ist mit Seilgeländer entschärft, über die Bachschlucht selbst hilft eine solide Eisenbrücke (P. 2228; hier auch Abzweig zur oberhalb gelegenen Kinhütte). Nach Querung steiler Felshänge inklusive eines Tunneldurchbruchs gelangen wir an jene Wegkreuzung, die jüngst zur Umleitung zwang (WP5, siehe Hinweis). Der originale Europaweg führt hier weiter nahezu horizontal durch die Flanken am Grüengarten, passiert dabei zwischendurch eine Blockhalde und gewinnt Anschluss an die lange Hängebrücke über das extrem steinschlägige **Grabengufer** (6). Drüben mit einigen Kehren tiefer, dann auf einem Band unter dem vom Festigletscher gespeisten Wasserfall hindurch (eventuell »Gratisdusche«) und die letzten Meter Gegensteigung gemeinsam mit dem Hüttenweg von Randa zur herrlich an der Waldgrenze gelegenen **Europahütte** (7).

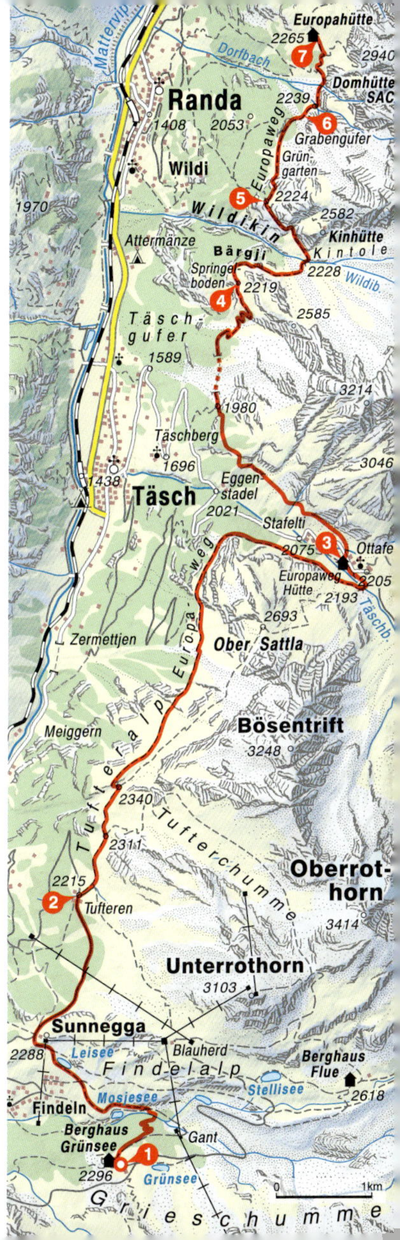

10 Europahütte – Grächen (St. Niklaus)

6.00 Std.

↑550 ↓1200

Teil zwei des grandiosen Europaweges

Gen Norden erfährt der Europaweg eine Fortsetzung, die sogar noch etwas strenger anmutet als der südliche Teil und dem Wanderer auch etwas mehr abfordert (Bewertung an der Grenze zu »schwarz«). Bemerkenswert, wie diesem wilden Gelände über viele Kilometer eine Trasse abgerungen wurde, deren dauerhafter Bestand ohne ständigen Unterhalt freilich vielerorts kaum gewährleistet wäre. Der Europaweg ist zweifellos einer der großartigsten Höhensteige der Alpen, aber auch einer der aufwendigsten. Die Flanken schießen sehr tief und oft haltlos ins Mattertal hinab und erscheinen dabei selbst nicht gerade stabil. Fragiles Blockwerk übersät die meisten Hänge, nur hier und da zeigen sich schüttere Schafweiden. Das Unterwegssein lebt vor allem vom unvergleichlichen Panorama. Weiterhin hinterlässt das Weisshorn den stärksten Eindruck, wobei im Verlauf auch die nördlichen Trabanten zur Geltung kommen. Mit dem Europaweg findet die Tour Matterhorn jedenfalls einen gebührenden Ausklang.

Unterwegs im höchsten Abschnitt des Europaweges.

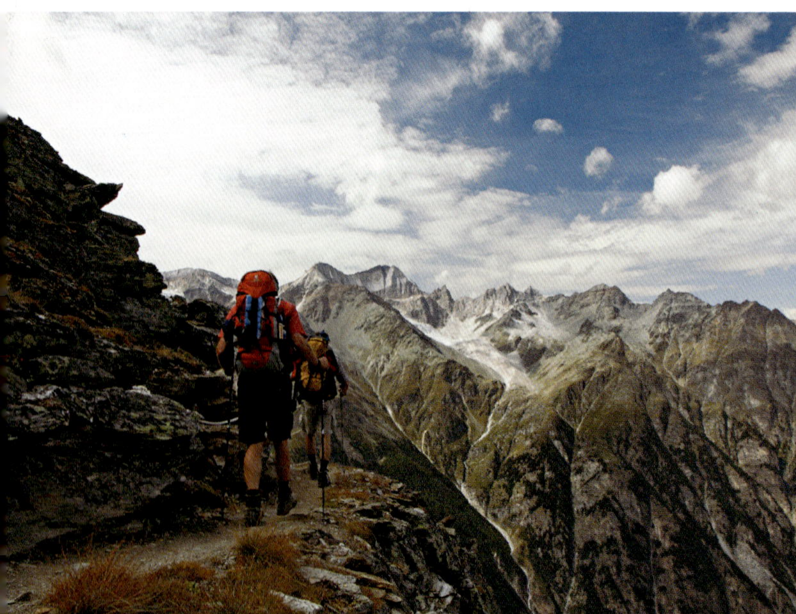

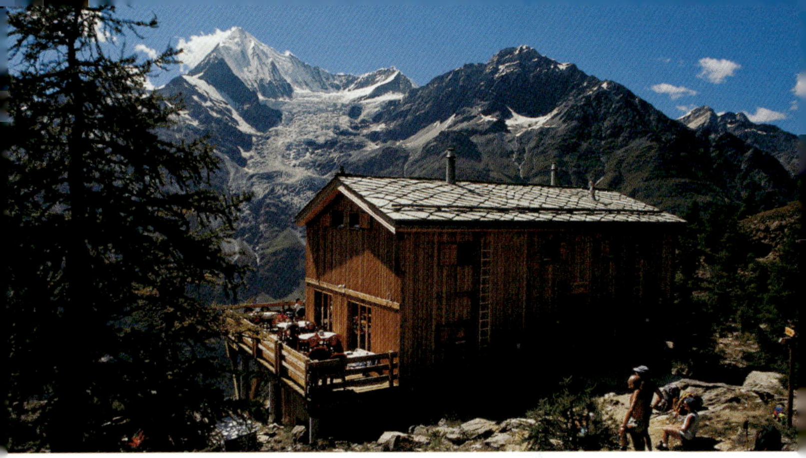

Wichtiger Stützpunkt am Europaweg: die Europahütte.

Ausgangspunkt: Europahütte, 2265 m. **Endpunkt:** Grächen, 1619 m, über dem vorderen Mattertal. Von dort nimmt man den Bus nach St. Niklaus, um den Rundenschluss zu erreichen.
Anforderungen: Alpine Höhenroute, im Prinzip auf gut angelegtem Bergweg, der aber immer wieder beschwerliches, teils chaotisches und auch etwas heikles Blockgelände quert. Stellenweise Steinschlaggefahr. Erst das lange finale Bergab hinter dem »Grosse Grabe« ist wandertechnisch eine Nummer leichter. Trittsicherheit und Geländegängigkeit wichtig, Kondition im üblichen Rahmen.
Einkehr/Unterkunft: Europahütte, 2265 m, Tel. +41/(0)27/9678247. Gasenried bzw. Grächen: Infos unter Tel. +41/(0)27/9556060.
Hinweis: Wer binnen 1 Std. zu Fuß nach St. Niklaus absteigen möchte, tut dies vorteilhaft schon ab Gasenried.

Von der **Europahütte** (1) starten wir nordwärts Richtung **Miesboden** und schwenken in den Kessel des Birchbachs (Flurname »Hohberge«) ein. Über den Wildbach gibt es wieder eine Hängebrücke. Man geht den Bogen aus und kommt um den nächsten Hangrücken herum in den Kessel des Geisstriftbachs, der von steilen, unwegsamen Blockhalden durchsetzt ist. Hier gewinnt die Route deutlich an Höhe und zieht dann fast horizontal hinüber zum

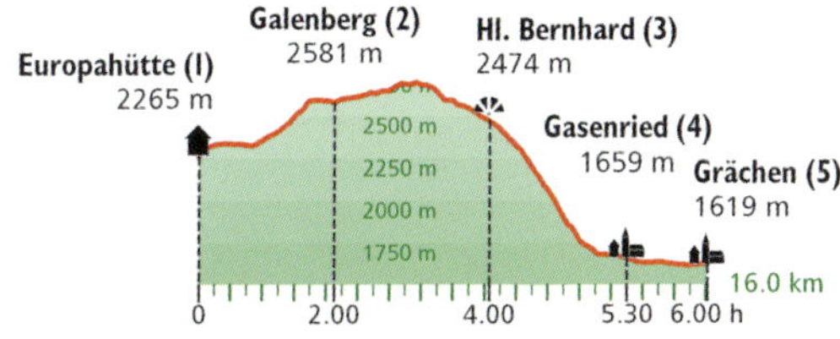

Galenberg, mit einem möglichen Talabstieg bei P. 2581 (2). Im weiteren Verlauf halten wir in etwa die Höhe, doch wird der Untergrund wieder holpriger, phasenweise sogar regelrecht beschwerlich. Oft ist die Trasse aus Blöcken zusammengefügt. Wiederholt werden rinnenartige Einschnitte und diverse Rippen passiert, womit wir uns allmählich dem Einschnitt des **Grosse Grabe** nähern. Unmittelbar vor dieser chaotischen Trümmerlandschaft wird die höchste Stelle am Europaweg (ca. 2700 m) erreicht. Der Grosse Grabe wird anhand dicht gesetzter Wegzeichen absteigend gequert, bevor es um den nächsten Vorsprung am Mittelberg herumgeht. Wir lassen eine Verbindung zur Bordierhütte unbeachtet und wandern nun lockereren Schrittes zu einer Bergschulter hinunter, wo uns die **Statue des Heiligen Bernhard**, 2474 m (3), hoch über Grächen empfängt. Die Kanzel ist ein vortrefflicher Rastpunkt vor dem langen Schlussabstieg.
Dieser beginnt links am breiten Hangrücken des **Grathorns**, wobei man bei einer Gabelung bald markant nach rechts eindreht und den Geländetrichter anpeilt, der vom Riedgletscher ausgeformt wurde. Durch Strauchwerk tauchen wir in den Wald ein und passieren einen weiteren Abzweig zur Bordierhütte. Vorerst im linken Bereich des Einschnitts verbleibend, quert man erst unten über den Riedbach und läuft in Kürze an der hübschen Kapelle **Schalbettu**, 1683 m, vorbei. Auf der Straße ist wenig später auch das Dorf **Gasenried**, 1659 m (4), erreicht, von wo es noch eine halbe Stunde auf angenehmen, ebenen Spazierwegen und Sträßchen nach **Grächen** (5) ist.

Bei der Statue des Heiligen Bernhard stehen wir hoch über Grächen.

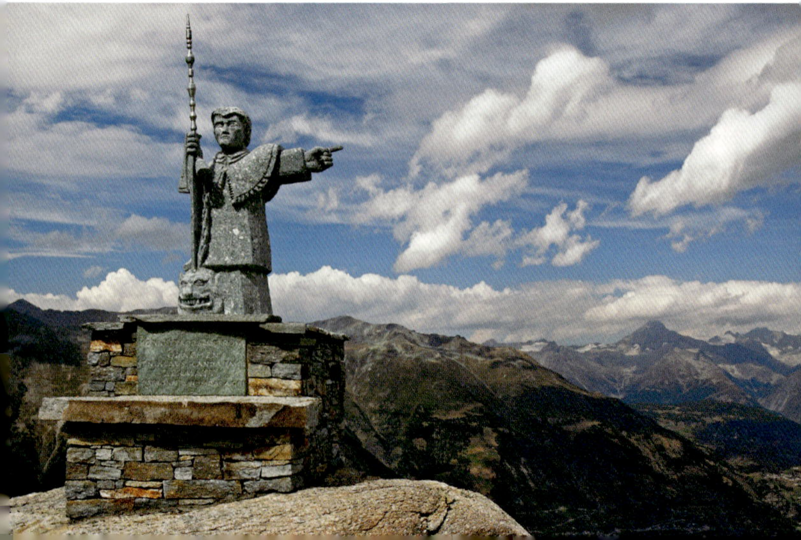

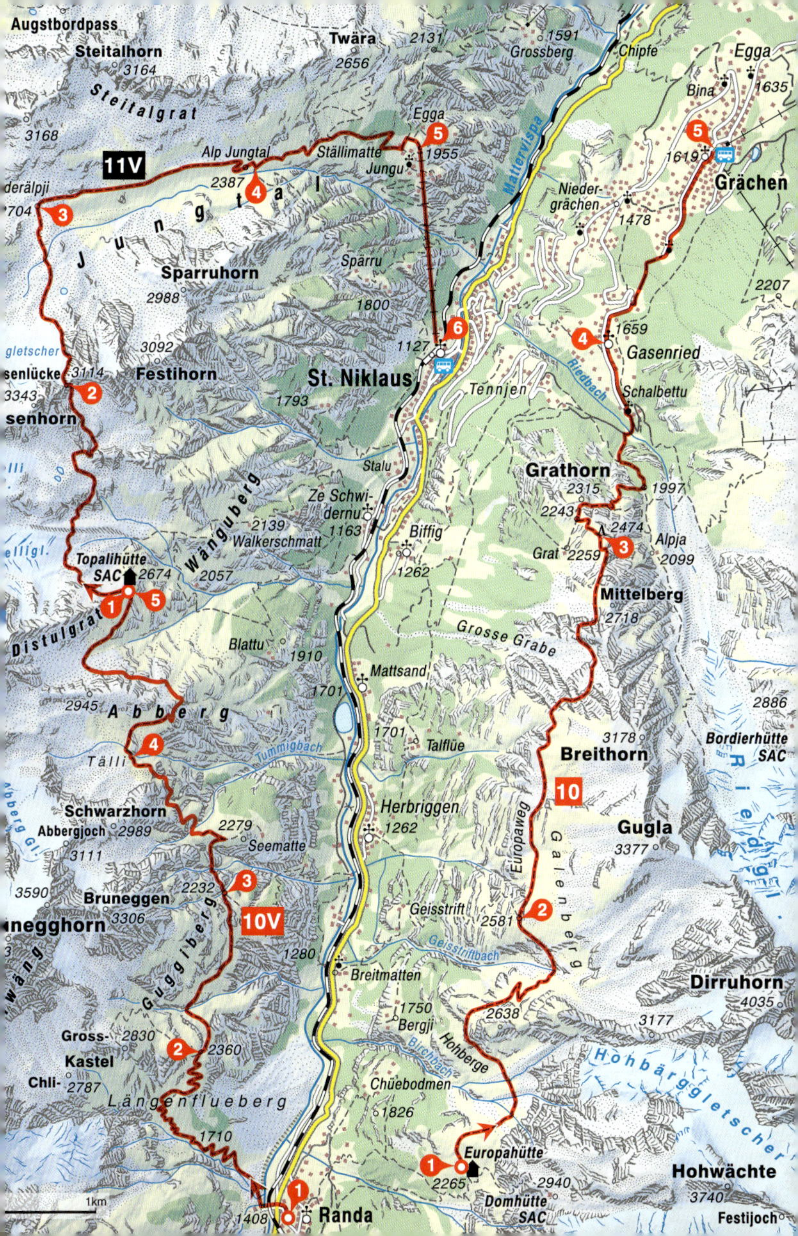

Augstbordpass
Steitalhorn
3164
Steitalgrat
Twära
2656
2131
1591
Grossberg
Chipfe
Egga
Bina
1635
3168
11V
Alp Jungtal
Ställimatte
Egga
1955
Jungu
2387
Jungtal
Grächen
1619
Mattervispa
Nieder-
grächen
1478
Sparruhorn
2988
Spärru
1800
2207
3092
gletscher
1127
1659
Gasenried
St. Niklaus
Festihorn
3114
3343
1793
Tennjen
Riedbach
Schalbettu
Stalu
Grathorn
2315
1997
Ze Schwi-
dernu
1163
Biffig
2243
2474
2139
Walkerschmatt
Wänguberg
Grat
2259
Alpja
2099
1262
Topalihütte
SAC
2674
2057
Mittelberg
2718
Distulgrat
Grosse Grabe
Blattu
1910
Mattsand
1701
2886
2945
Abberg
1701
Talflüe
3178
Bordierhütte
SAC
Tälli
Tummigbach
Breithorn
10
Riedgl.
Schwarzhorn
Abbergjoch
2989
3111
2279
Herbriggen
1262
Europaweg
Gugla
3377
Seematte
Galenberg
3590
Bruneggen
3306
2232
10V
Geisstrift
2581
Gugglberg
1280
Geisstriftbach
Breitmatten
Dirruhorn
4035
1750
Bergji
2638
3177
Gross-
2830
Kastel
2360
Hohberge
Birchbach
Hohbärggletscher
Chli-
2787
Chüebodmen
1826
Längenflueberg
1710
Europahütte
2265
2940
Hohwächte
3740
1km
1408
Randa
Domhütte
SAC
Festijoch

10 V Randa – Topalihütte

6.30 Std.
↑1630 ↓360

Auf dem Topali-Weisshorn-Höhenweg

Das erst vor wenigen Jahren eröffnete Pendant zum Europaweg auf der Westseite des Mattertals steht im Bekanntheitsgrad noch deutlich zurück, bietet aber gerade auch für unsere Tour Matterhorn Entdeckungslustigen ein spannendes Finale. Als der Europaweg nicht durchgängig begehbar war und man ohnehin fast bis Randa hinunter musste, erschien diese Alternative sogar besonders probierenswert. Der gesamte Trek verlängert sich damit um einen Tag, es sei denn, man fährt zuvor von Zermatt mit dem Zug nach Randa und lässt den Europaweg damit gänzlich aus.
Zu Beginn der heutigen Etappe stehen wir im Angesicht des einschüchternden Bergsturzareals (1991 ereignete sich bei Randa ein aufsehenerregender Felsausbruch), über deren Wiesenscheitel wir ein paar Stunden später fast unbemerkt hinwegwandern. Nach einem kräftigen Anstieg unter der gletscherummantelten Masse des Weisshorns dürfen wir am Längenflueberg und Guggiberg, durchs Tälli und schließlich hinüber zur neuen Topalihütte eine Aussicht der Extraklasse genießen, die sich durchaus mit jener auf der anderen Seite messen kann. Heute ist es die Mischabelgruppe, die sich gegenüber in ganzer Wucht und Größe präsentiert. Wenn sich auch einige Tobel in den Weg legen, so ist dieser doch frei von ernsteren Hürden und ganz nach dem Geschmack ambitionierter Alpinwanderer. Die Topalihütte liegt günstig, um den Topali-Weisshorn-Höhenweg in zwei Abschnitte zu gliedern.

Der Dom, höchster Gipfel der Mischabel.

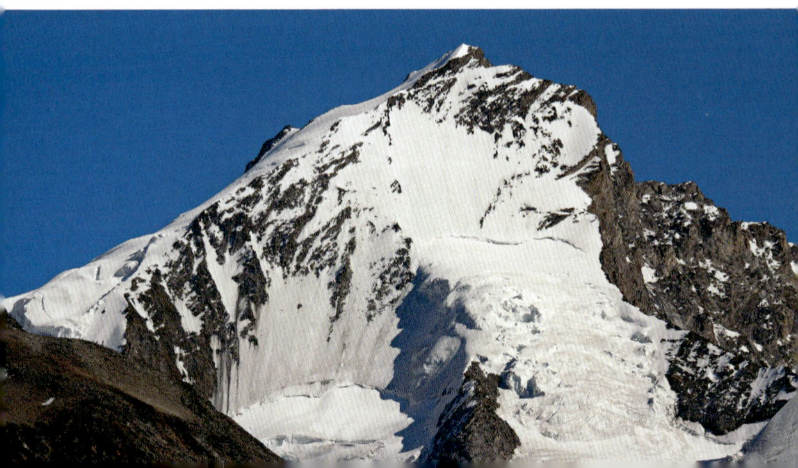

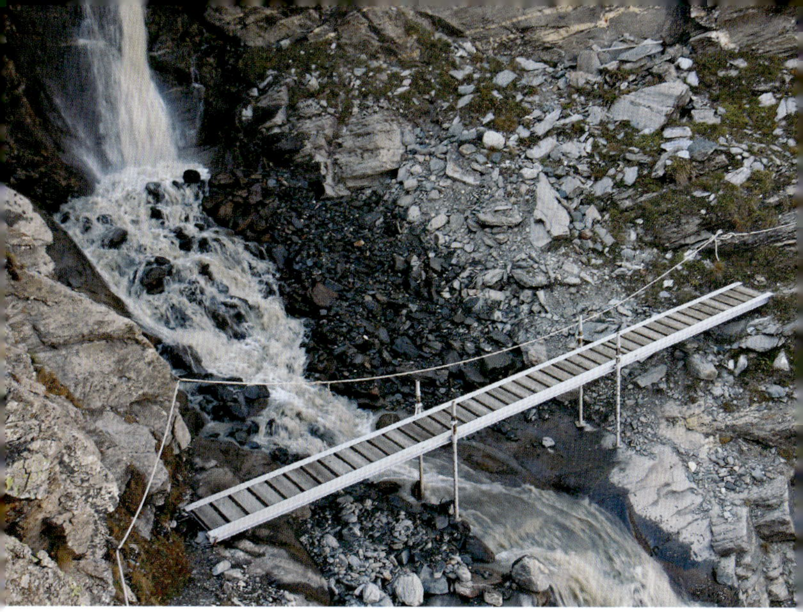

Bachtraverse am Topali-Weisshorn-Höhenweg.

Ausgangspunkt: Randa, 1408 m, im Mattertal.
Endpunkt: Topalihütte, 2674 m, westlich hoch über dem vorderen Mattertal gelegen.
Anforderungen: Insgesamt recht anspruchsvolle Route auf meist nur kleinen Steigen sowie mit beachtlicher Anstiegsleistung. Teils grasiges, teils schrofiges oder gerölliges Gelände; wirklich schwierige Stellen gibt es aber bei schneefreien Verhältnissen nicht, und die Markierung ist zudem ausreichend. Trittsicherheit und gute Ausdauer obligatorisch.
Einkehr/Unterkunft: Randa: touristische Infos unter Tel. +41/(0)27/9671677. Topalihütte, 2674 m, SAC, Tel. +41/(0)27/9562172.
Karte: S. 111.

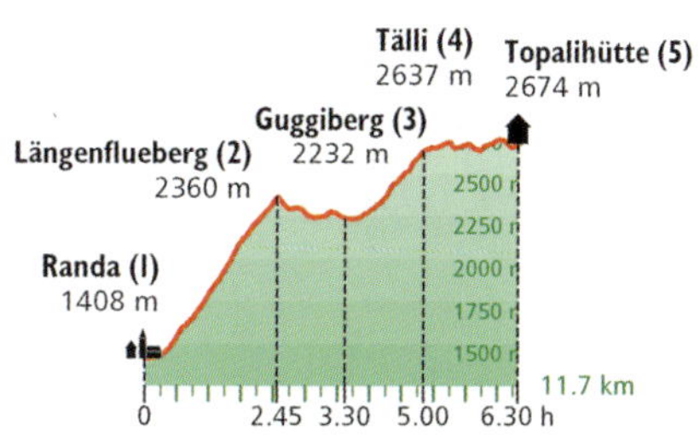

In **Randa** (1) gehen wir unter der Umfahrungsstraße hindurch und überqueren die Bahngleise. Wir halten uns rechts an einer Sandgrube vorbei und schreiten im Einschnitt des Bisbachs bergan, bald in vielen Kehren an der grasigen Südlehne des **Längenfluebergs**. Aus dem Hochkessel zwischen Weisshorn und Bishorn drängt der Bisgletscher über die Steilstufe – ein imposantes Bild! Bis zur Schulter auf 2360 m (2) gewinnt die Weisshorn-Perspektive immer mehr an Charisma. Messvorrichtungen in diesem Bereich deuten an, dass wir uns nun oberhalb des Bergsturzhanges befinden. Mit etwas Höhenverlust über den ersten Tobel im Rosszügji hinweg (solide Brücke) und auf die Hänge am **Guggiberg**, die mit wenig Auf und Ab gequert werden. Nachdem bei P. 2232 (3) der Abzweig Richtung Herbriggen passiert ist, folgen weitere Bachtraversen. Bei einer plateauartigen Verflachung können wir einen kurzen Abstecher zum »Wasserfallblick« einschalten – gemeint ist die Schau auf den Tumigbach. Ansonsten über einen steilen Grashang wieder kräftig und kehrenreich bergauf, wobei zwischendurch der Tobel im Holzzügji zu überschreiten ist. Weiter oben gelangen wir ins **Tälli** (4), kreuzen den wasserdurchronnenen Schotterboden gen Norden und befinden uns damit am **Aberg**. Nach einem gesicherten Band geht es im Bogen über eine Art Terrasse gegen Osten vor, wo eine kleine Felsstufe im Bergab mittels Eisenleiter überlistet wird. Vom **Sibelboden** um den Hang herum in die Nordseite, die sich trotz steiler Flanken dank des guten Pfades problemlos traversieren lässt (im Frühsommer bei Schneefeldern eventuell heikler). Wir gehen das Blockkar **Chella** aus und vollenden die Strecke quer durch den Osthang bis zum Kastenbau der **Topalihütte** (5), die am Ausläufer des Distulgrats steht.

Rechts: Blick vom Guggiberg über das abgrundtiefe Mattertal Richtung Mischabel.
Unten: Der Topali-Weisshorn-Höhenweg führt uns durch einsame Bergkessel.

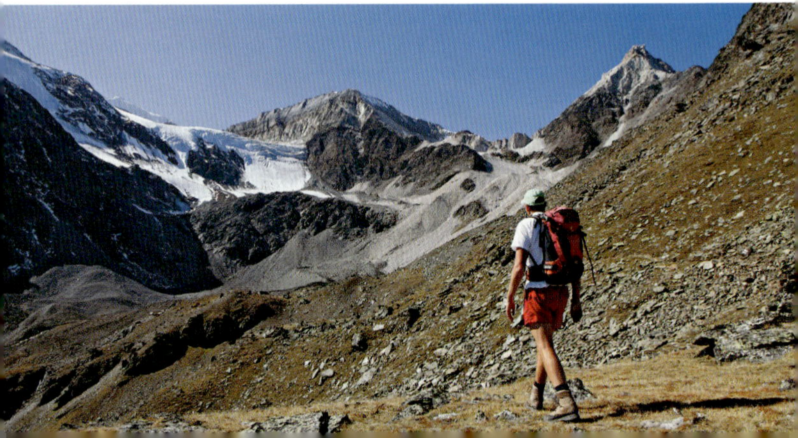

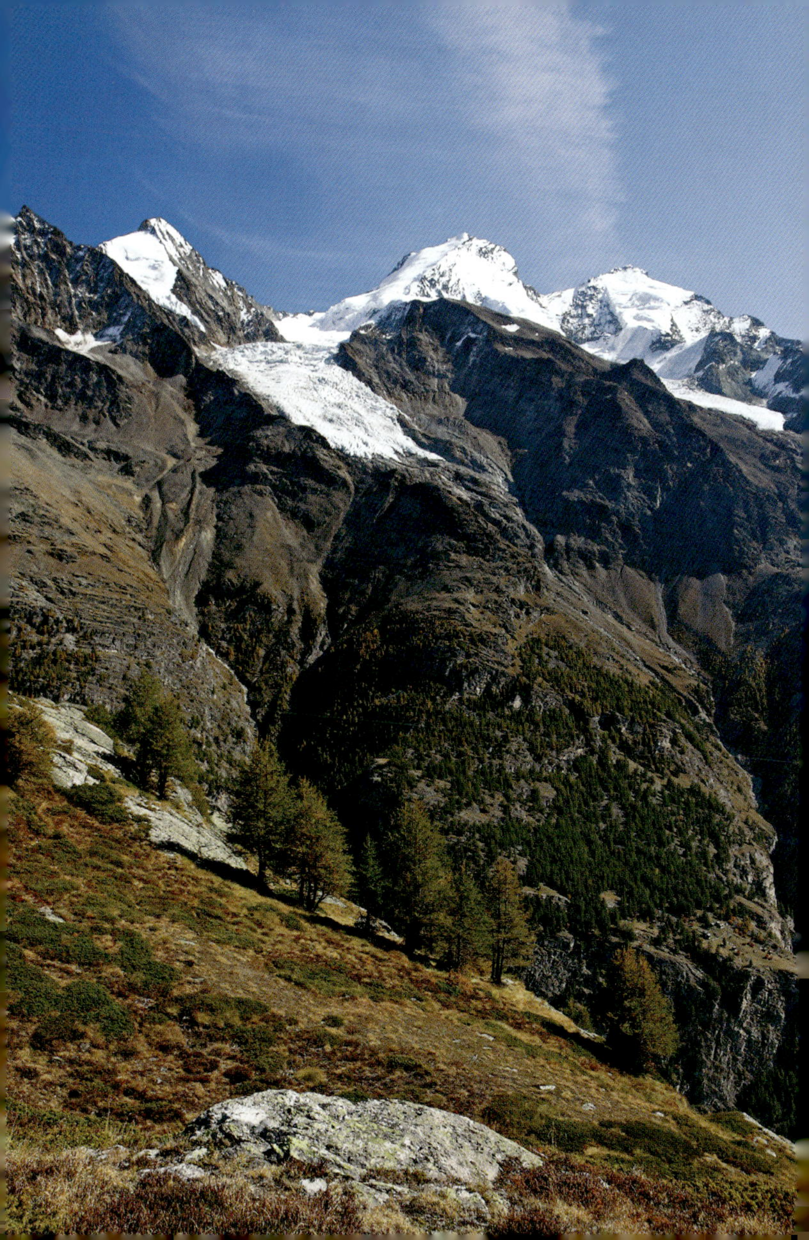

11 V Topalihütte – St. Niklaus

4.45 Std.

↑480 ↓1170

Fortsetzung über die hochalpine Wasenlücke

Der Weiterweg auf dem Topali-Weisshorn-Höhenweg präsentiert sich eine Nummer kniffliger, zumal an der Wasenlücke nochmals die Dreitausend-Meter-Marke übertroffen und das Gelände allgemein rauer und alpiner wird. Als Knackpunkt gilt die bröselige, steil abfallende Nordseite der Scharte, wo schon bei guten Verhältnissen der routinierte, standfeste Berggänger gefragt ist. Landschaftlich ist dieser Durchschlupf erstklassig, verschafft er uns doch Einblicke in Walliser Bergwinkel, die sich sonst nicht so ohne Weiteres erschließen und durchaus ein wenig »exklusiv« genannt werden dürfen. Nicht zu vergessen die neuen, ungewohnten Perspektiven auf die markanten Kulissenberge des Mattertals. Fazit: Mit dem Topali-Weisshorn-Höhenweg als Abschluss finden ambitionierte Alpinwanderer ein absolutes Glanzstück.

Ausgangspunkt: Topalihütte, 2674 m.
Endpunkt: Bergstation der Jungenbahn, 1988 m, Tel. +41/(0)27/9562280. Von dort hinunter nach St. Niklaus, 1127 m.
Anforderungen: Hochalpiner Übergang auf zwar ordentlich markiertem, aber teilweise ziemlich anspruchsvollem Bergweg. In den Hochkaren sehr steiniges Gelände; Schlüsselpassage ist das abschüssige Bergab von der Wasenlücke, das zudem manchmal durch Vereisung erschwert sein kann (Nordseite). Einige Fixseile helfen; Steinschlaggefahr beachten. In jedem Fall solide Bergerfahrung mit ausgereifter Trittsicherheit erforderlich.
Einkehr/Unterkunft: Topalihütte, 2674 m, SAC, Tel. +41/(0)27/9562172. Restaurant Jungerstübli, 1955 m.
Karte: S. 111.

Herrlicher Ausblick von der Topalihütte.

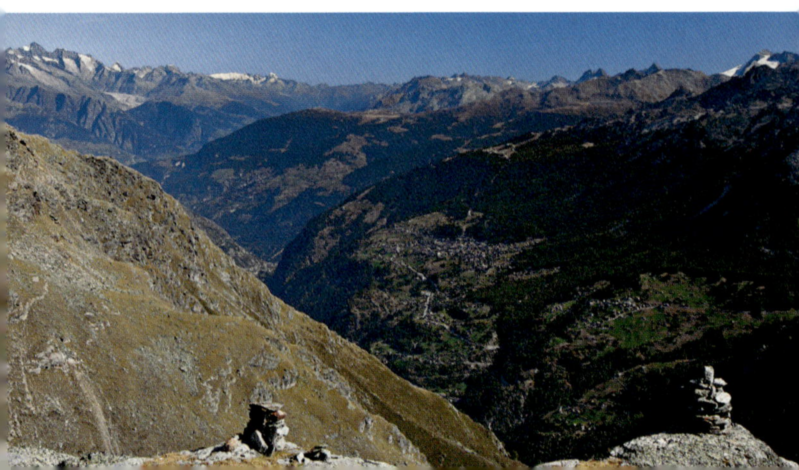

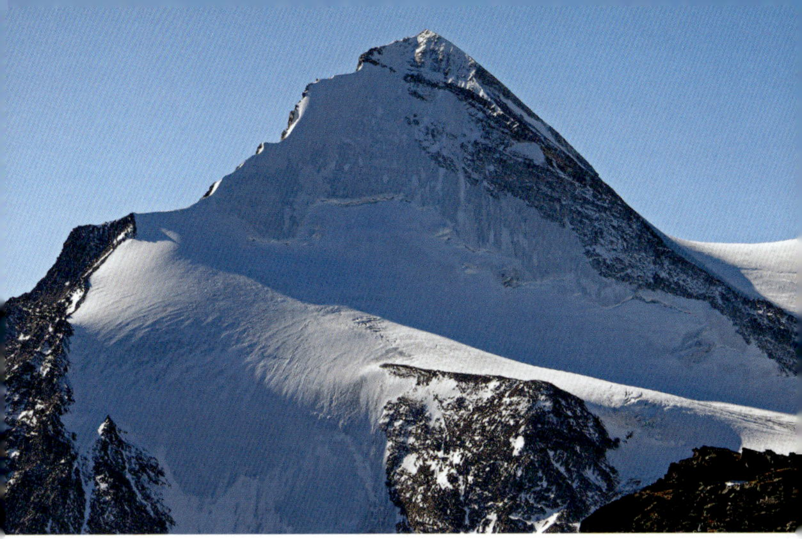

Das Bruneggorn mit seiner imposanten Eisflanke.

Von der **Topalihütte** (1) steht heute zuerst der Bogen durch den **Stellikessel** auf dem Programm, wobei mehrere Moränenrücken samt den dazwischen liegenden Abflüssen zu überschreiten sind. Auf ordentlicher Wegspur geht das freilich relativ flott vonstatten. In Schleifen weiter durch ein Hochkar bergauf und schließlich rechts haltend zur Höhe eines vom Wasuhorn abstreichenden Seitengrats, der den Überstieg ins **Wasmutälli** vermittelt. Wir queren dann relativ nah am Felsansatz entlang und nähern uns über Blockschuttfelder der **Wasenlücke**, 3114 m (2). Die eigentliche Scharte wird aller-

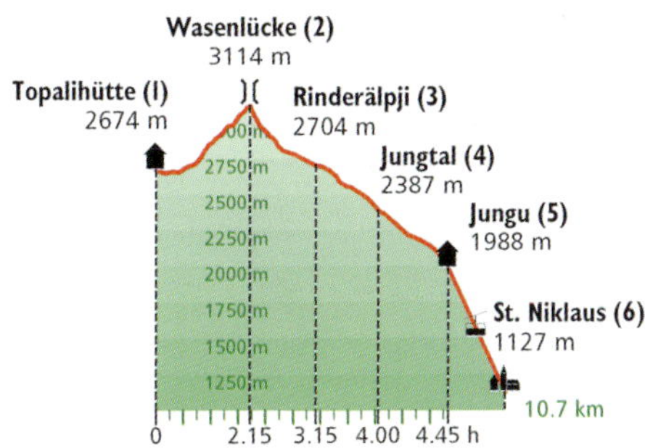

dings nicht in direkter Linie angepeilt, vielmehr steigt man ein Stück weiter links hinauf zum Grat und balanciert dann wenige Meter absteigend bis zum Wegweiser, wo sich der Einstieg in die steile, mürbe Nordflanke befindet. Hier leisten Fixseile Unterstützung. Die Route gabelt sich nach etwa 50 Hm, wobei die linke blau-weiß markierte Variante eher gemieden werden sollte. Sie zieht über einige Leitern zum Gletscheransatz hinunter, weshalb man es hier definitiv noch mit Eis zu tun bekommt. Das ist rechts bei günstigen Verhältnissen nicht der Fall. Es gilt allerdings eine heikle Bröselrinne zu queren, ehe unter einem Felsaufbau entlang zum Absatz bei P. 2900 abgestiegen wird. Dort links und nochmals an Fixseilen über einen unsoliden Hang hinunter in eine Blockgasse und zu einem Moränensee. Hier im Gletschervorfeld sind die Schwierigkeiten ausgestanden. Wir orientieren uns nordwärts über flache Moränenwälle zum **Rinderälpji**, 2704 m (3), und biegen dort markant nach rechts (Osten) um. Auf einem zunehmend bewachsenen Moränenrücken verlieren wir allmählich weiter an Höhe, passieren die Alp **Jungtal**, 2387 m (4), und folgen dem »Alpenblumenweg« in moderatem Gefälle talauswärts. Zuletzt gemeinsam mit der bereits vom allerersten Tag bekannten Route durch Lärchenwald zurück nach **Jungu**, 1988 m (5), wo wir die kleine Gondelbahn für die Talrückkehr nach **St. Niklaus** (6) nutzen können. Zu Fuß braucht man über die Schleifen eines Alpweges – auf gut 1400 m den Jungbach überschreitend – rund anderthalb Stunden zusätzlich.

Rechts: Wilde, ungebändigte Gipfel stehen über dem Stellikessel Spalier.
Unten: Im Jungtal nimmt unsere Höhenroute allmählich lieblichere Züge an.

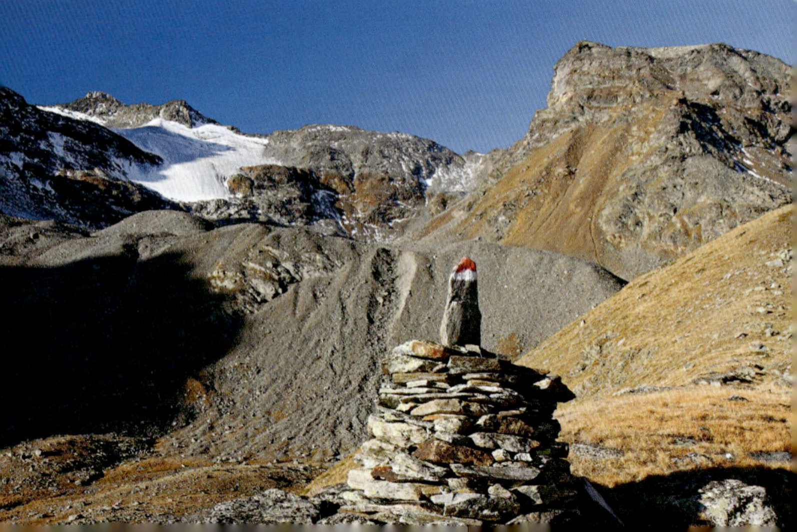

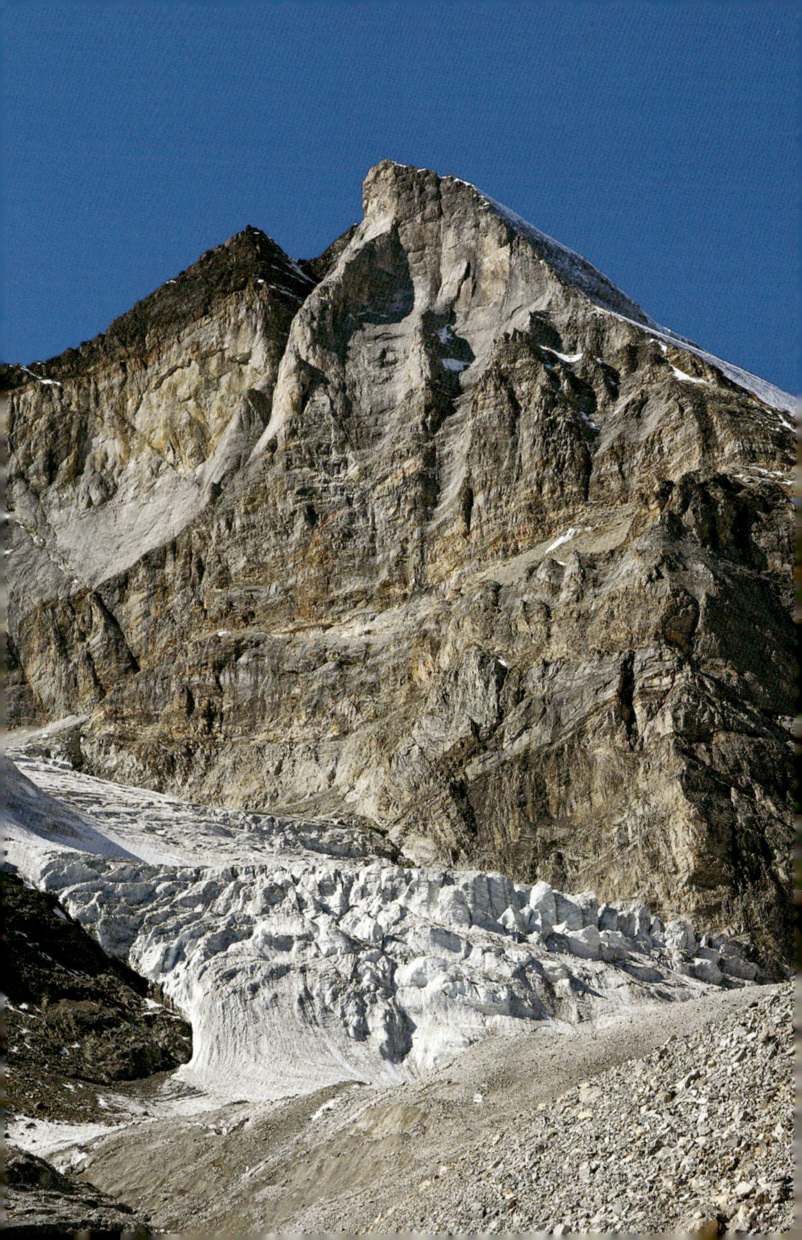

Tour des Combins

Echtes Hüttentrekking zwischen Grossem St. Bernhard und Val de Bagnes

Auch die westlichste Bastion der Walliser Alpen, das Massiv des Grand Combin, wartet mit einem attraktiven Rundkurs auf, der unser Bild von der Region enorm bereichert. Gewiss mögen die beiden anderen Treks vom Namen her populärer sein, doch das allein lässt ja noch keine weitergehenden Schlüsse zu. Auf der Tour des Combins (TDC) bleiben touristische »Hotspots« mehr oder weniger außen vor, selbst die besiedelten Bergtäler werden allenfalls marginal berührt. Das macht diese gut 100 Kilometer lange Route, die man gewöhnlich in sechs Tagen absolviert, zu einem fast reinrassigen Hüttentrekking. Nur einmal wird in einem Hotel logiert – vermeidbar obendrein, falls man der vom Verfasser ausgekundschafteten Variante folgt. Die Gruppe um den 4314 Meter hohen Grand Combin ruft bei alpinen Berichterstattern immer wieder Assoziationen mit dem Himalaya hervor, was zum einen sicherlich den bemerkenswerten Dimensionen geschuldet ist, vor allem aber auch dem Charisma des nordseitig gegen das Val de Bagnes abfließenden Glacier de Corbassière. In dessen Bannkreis wähnt man sich

Vollkommen vergletschert zeigt sich der Grand Combin gen Norden.

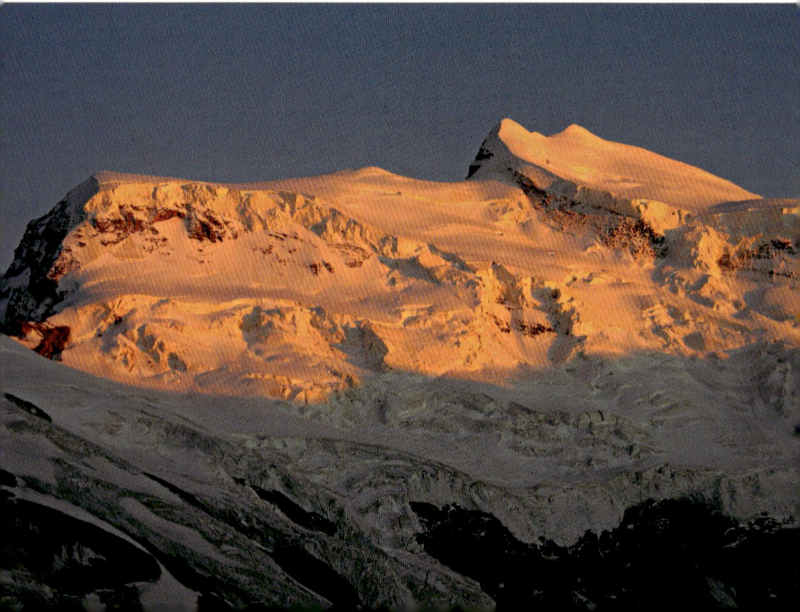

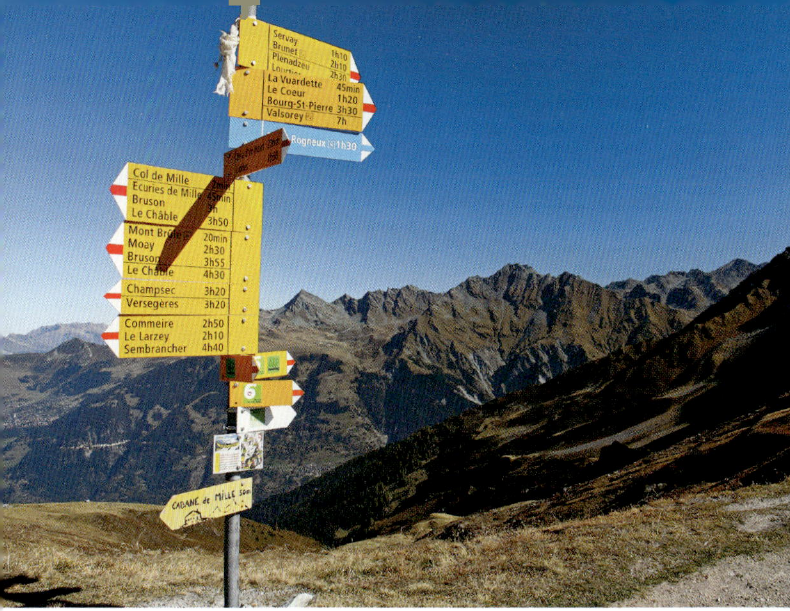

Wegweiser am Col de Mille.

wirklich in einer Landschaft, die alpenweit nur wenig Vergleichbares kennt. Dagegen zeigen die Gipfel nach Süden zu statt Eis vermehrt stotzigen Fels, an ihrem Fuß freilich auch eine Flora, die schon deutlich unter mediterranem Einfluss steht, so wie es für die milden Seitentäler der Provinz Aosta typisch ist. Aus den Gegensätzen zwischen Nord und Süd bezieht also auch die Tour des Combins einen erheblichen Teil ihrer Reize.

Während ich beide Marschrichtungen im Großen und Ganzen als gleichwertig einschätzen würde (bis auf die Variante über den Col de Menouve, die besser von Süd nach Nord erfolgt), sei logistisch als Ausgangspunkt eindeutig Bourg-St-Pierre im Val d'Entremont favorisiert. In diesem Band wollen wir der TDC dann im Uhrzeigersinn folgen und haben damit eine recht entspannte Auftaktetappe bis zum Col de Mille vor uns. Der zweite Tag bietet individuellen Gestaltungsspielraum, indem wir den Mont Rogneux entweder normal umgehen oder gar nicht mal so schwierig überschreiten können und anschließend wiederum »außen vorbei« oder über den Col des Avouillons ins Reich des größten Gletscherreservoirs eintreten. Der Übergang Richtung Mauvoisin vollzieht sich auf jeden Fall über den Col des Otanes, ehe man im Bereich des großen Stausees abermals die Qual der (Routen-)Wahl hat. So oder so sind wir auf wunderschönen Höhenwegen bis in den Ursprung des

Val de Bagnes unterwegs und wechseln von dort über einen erstaunlich leichten Hochpass nach Italien. Mit dem Rifugio Champillon ist hier im Jahr 2005 ein wichtiger Stützpunkt hinzugekommen, der die Routenführung der Tour des Combins sehr vorteilhaft bereinigt hat. Ob man schlussendlich dem offiziellen Kurs über St-Rhémy und den Grossen St. Bernhard oder meinem Alternativtipp folgen möchte, bleibt eine Frage des Geschmacks und vielleicht auch des persönlichen Zutrauens.

Insgesamt muss man für diesen überschaubaren Trek ein normal trittsicherer und konditionell gut ausgestatteter Bergwanderer sein – mehr aber auch nicht. Die Wege tragen natürlich abschnittsweise hochalpinen Charakter und sind keine Spaziergänge, ohne uns jedoch mit wirklich ernsthaften Hindernissen zu konfrontieren. Einige ausgesetzte Traversen und grobe Blockfelder, hier und da mal ein Wildbach und je nach Jahreszeit auftretende Schneefelder sind ja im Grunde nichts Außergewöhnliches für Touren in diesen Gefilden. Wie ihre beiden Pendants ist die Tour des Combins für Normalos praktikabel gehalten. Denn nicht die bergsteigerische Herausforderung soll im Vordergrund stehen, sondern das Natur- und Landschaftserlebnis. Gleichwohl sind es Unternehmungen, die Geist und Physis gleichermaßen auf Trab halten …

Rechts: In einem See auf Tsofeiret spiegeln sich die stolzen Gipfel der Combingruppe.
Unten: Das Rifugio Champillon wurde erst vor wenigen Jahren erbaut.

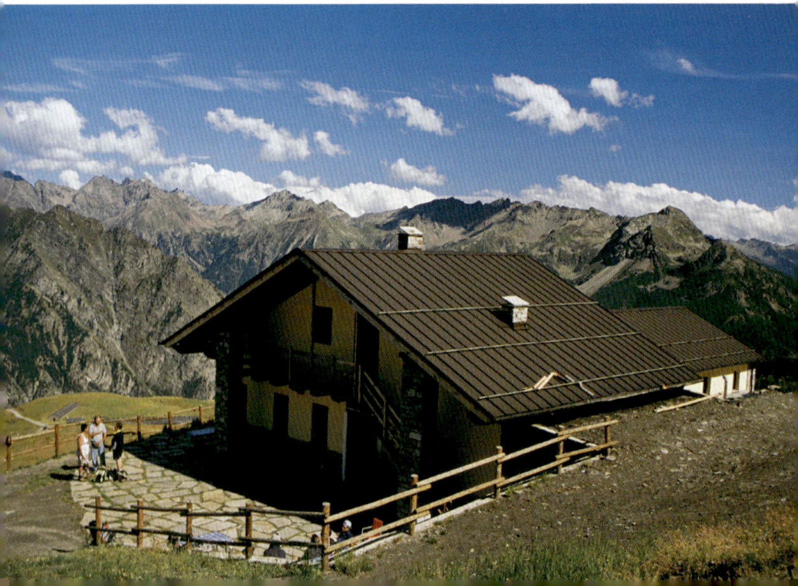

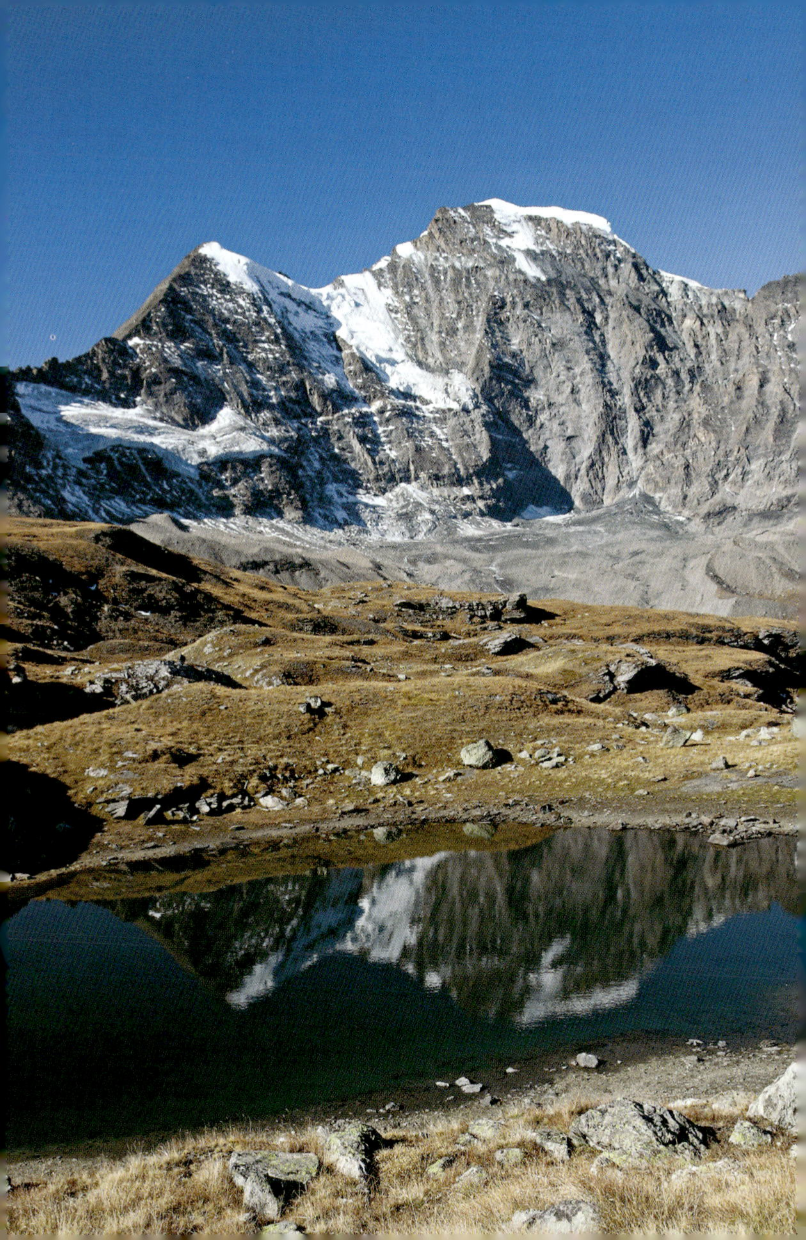

1 Bourg-St-Pierre – Cabane du Col de Mille

4.15 Std.

↑1000 ↓160

Auftakt nach Maß über dem Val d'Entremont

Als Ausgangspunkt für die Tour des Combins hat sich das pittoreske Bourg-St-Pierre an der Nordrampe des Grand St-Bernard bewährt. Wir nehmen die Route im Uhrzeigersinn auf und steuern als Erstes den aussichtsreichen Col de Mille hoch über dem Val d'Entremont an. Überhaupt entpuppt sich diese Auftaktetappe mit der Zeit als fantastische Panoramaroute. Besonders die eisigen Spitzen der Mont-Blanc-Gruppe, die jenseits des Val d'Entremont in den Himmel ragen, rufen Bewunderung hervor. Obwohl immerhin 1000 Steigungsmeter zusammenkommen, darf dieser Einstieg in die Tour des Combins als genussvoll und wenig beschwerlich bezeichnet werden. Wir sind perfekt eingestimmt!

Der Höhenweg zum Col de Mille ist ein prima Einstieg in die Tour des Combins.

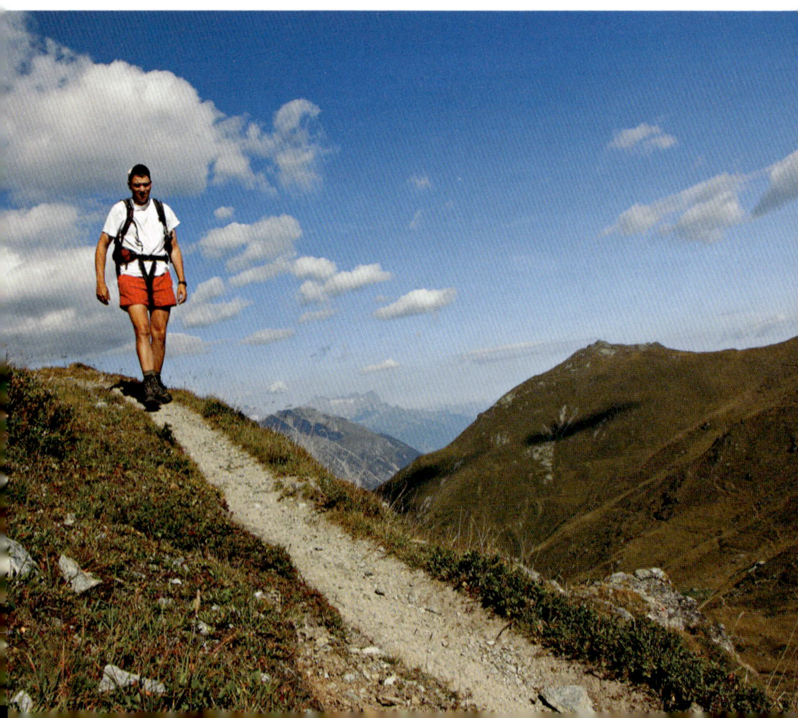

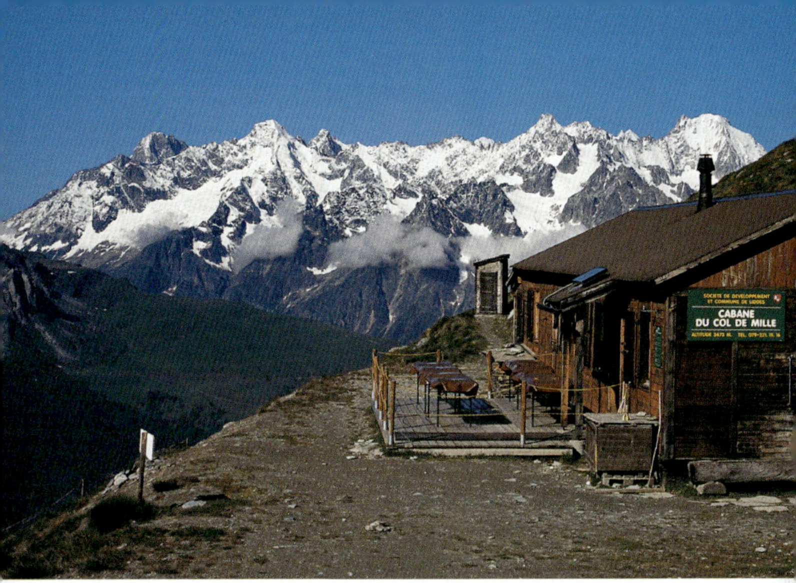

Die Hütte am Col de Mille vor der prachtvollen Kulisse der Mont-Blanc-Gruppe.

Ausgangspunkt: Bourg-St-Pierre, 1632 m, oberstes Dorf im Val d'Entremont. Anreise über Martigny und dann Richtung Grand St-Bernard, auch gut per Bahn und Bus möglich.
Endpunkt: Cabane du Col de Mille, 2473 m, östlich über dem Val d'Entremont.
Anforderungen: Relativ leichte erste Etappe, anfangs auf breiteren Alpfahrwegen, später auf normalem Bergweg ohne problematische Stellen, auch wenn mitunter steilere Hänge traversiert werden. Konditionell moderat.
Einkehr/Unterkunft: Cabane du Col de Mille, 2473 m, Tel. +41/(0)79/2211516.
Variante: Ab Le Coeur kann man auch dem tieferen Wirtschaftsweg über P. 2152 nach Erra d'en Haut, 2265 m, folgen; von dort weitere 200 Hm Gegenanstieg zum Col de Mille.
Tipp: Vom Etappenziel lässt sich in 20 Min. auf deutlichem Steig der Mont Brûlé, 2572 m, erreichen – ein schöner Logenplatz für den Sonnenuntergang.

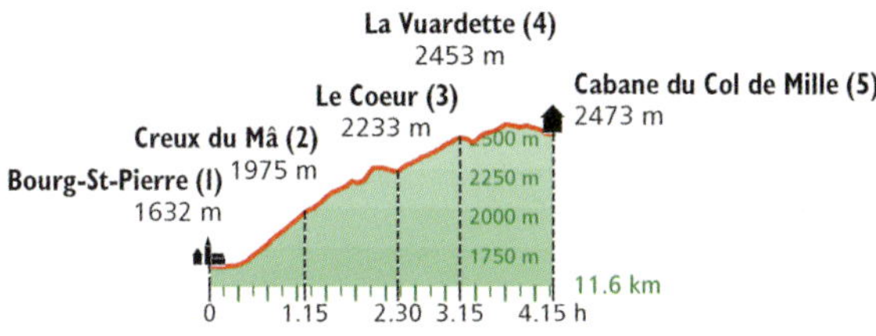

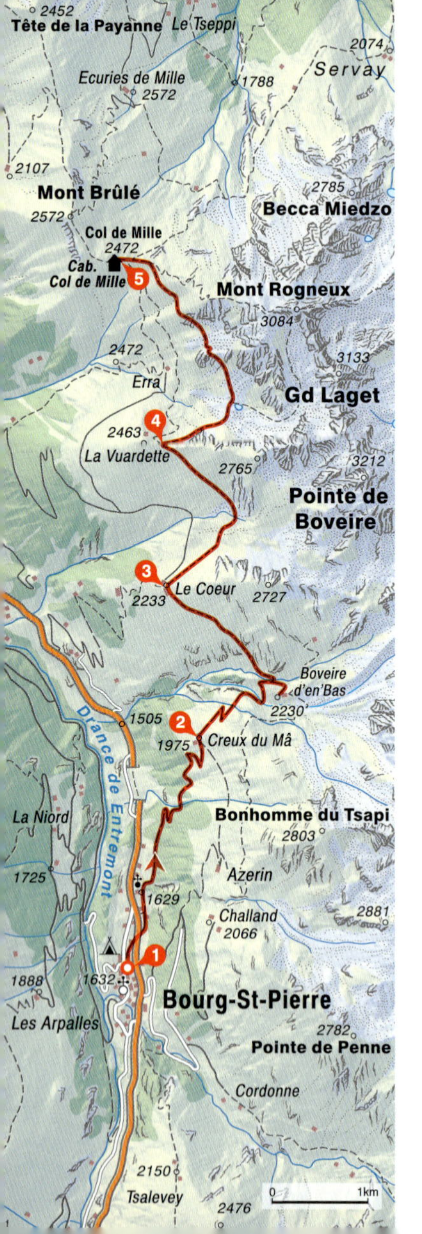

In **Bourg-St-Pierre** (1) orientieren wir uns nordwärts, kreuzen die Umfahrungsstraße und kommen in Kürze an der Kapelle **Nôtre Dame de Lorette** vorbei. Dort schlagen wir den Güterweg ein, der sich an den nur vereinzelt bewaldeten Hängen nach **Creux du Mâ**, 1975 m (2), emporwindet. Die Aussicht gewinnt zunehmend an Weite und Tiefe. Von der Alp weiter ansteigend in einen großen Geländeeinschnitt, wo unterhalb von Boveire d'en Bas der Torrent d'Allèves überschritten wird. Damit verlassen wir gleichzeitig die breite Trasse und setzen unsere Hangquerung Richtung **Le Coeur**, 2233 m (3), fort. Aufpassen, die Böschungen sind hier teilweise recht abschüssig. Von der Alp wird auf dem höher ansetzenden Weg anschließend der nächste Geländekessel ausgegangen, und zwar in einer leicht ansteigenden Routenführung bis auf die große, vorspringende Wiesenschulter von **La Vuardette**, dem wohl schönsten Rastplatz an der heutigen Strecke. Nehmen wir uns einfach die Zeit, die »Skyline« der Mont-Blanc-Gruppe in vollen Zügen zu genießen. Der Überstieg bei P. 2453 (4) führt uns in den Kessel von Erra hinein, den wir auf recht hoher Linie, oberhalb der Alphütten, durchmessen. Nach dem seegeschmückten Boden am **Plan Souvéreu** markiert eine schrofige Rippe (P. 2563) die höchste Stelle, ehe sich der Weg schlussendlich in leicht fallender Querung dem **Col de Mille** (2472 m) nähert. Wenige Meter westlich steht die gleichnamige Hütte (5).

5.30 Std.

↑970 ↓800

Cabane du Col de Mille – Cabane Bagnoud

2

Val-de-Bagnes-Höhenweg zum Glacier de Corbassière

Über den Col de Mille treten wir in den Bereich des Val de Bagnes ein, wo die Tour des Combins auf einem reizvollen Höhenweg unter dem Mont Rogneux entlangquert. Von Ambitionierteren kann der Dreitausender sogar überschritten werden. Auf der Normalroute gelangen wir indes über die Alpgebiete von Servay und La Ly zur kleinen Cabane Brunet und nehmen anschließend Kurs auf eine der eindrucksvollsten Szenerien weit und breit: den mächtigen Corbassière-Gletscher. Ein Hauch von Himalaya-Feeling in den Walliser Alpen! Unser Tagesziel – die moderne, als Ersatz für die zerstörte Panossière-Hütte errichtete Cabane Bagnoud – steht unmittelbar auf der Seitenmoräne und bringt die Wirkung des langen Gletscherstroms unter dem Grand Combin und seinen stattlichen Trabanten voll zur Geltung. Bis spät am Abend leuchtet die makellose Eiskrone im Hintergrund.

Zwischenhalt am 2. Tag: die Cabane Brunet.

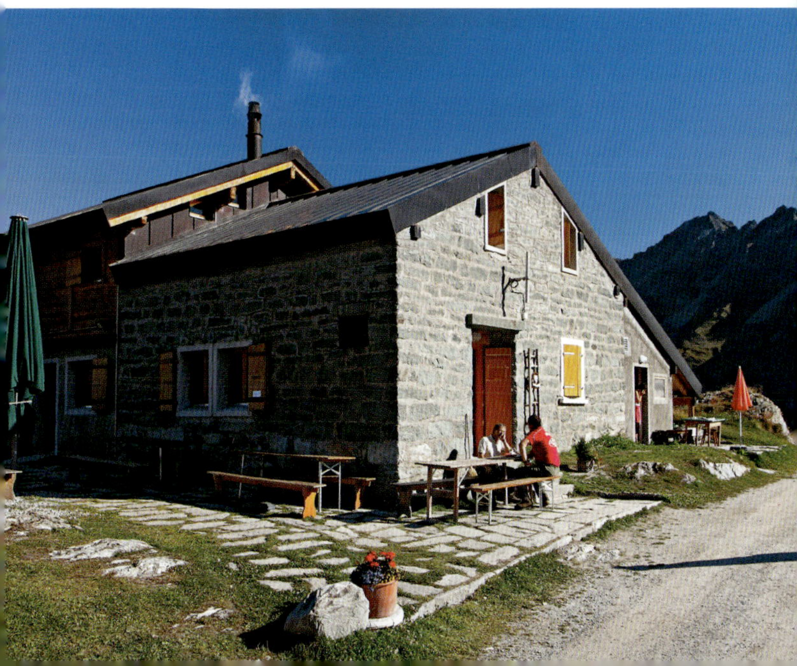

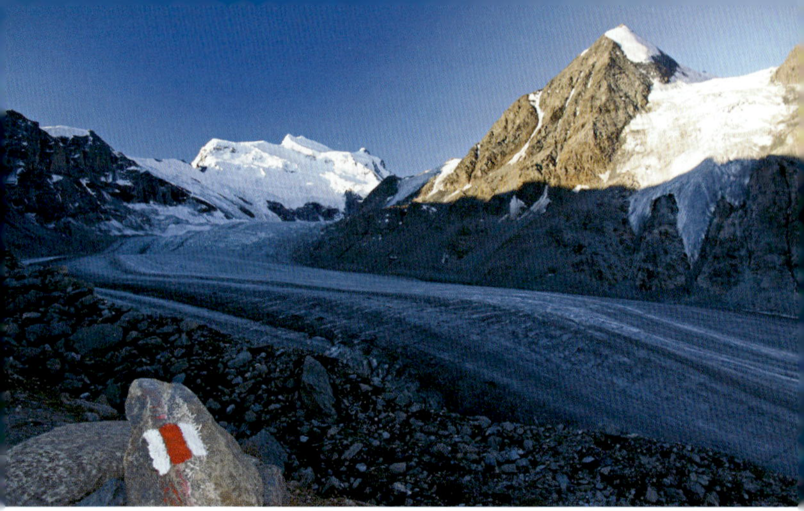

Am Schluss führt unser Weg an der Moräne des Glacier de Corbassière entlang.

Unterwegs im Hochtal von Sery, unterhalb des Petit Combin.

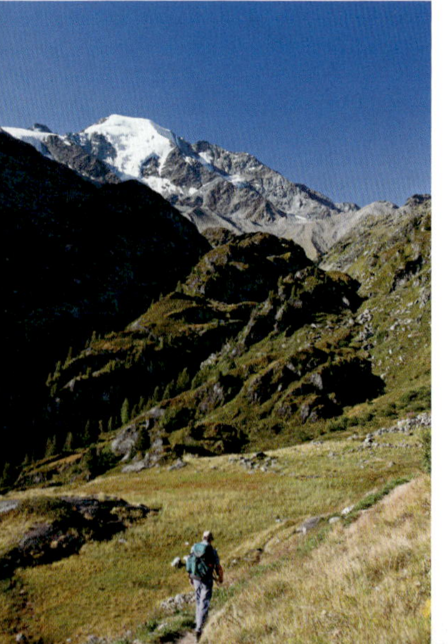

Ausgangspunkt: Cabane du Col de Mille, 2473 m.

Endpunkt: Cabane F-X Bagnoud, 2641 m, am Glacier de Corbassière über dem inneren Val de Bagnes.

Anforderungen: Insgesamt ordentliche, nur vorübergehend mal etwas holprige Bergwanderwege ohne besondere Hindernisse. Teils bewachsenes, teils Moränengelände; ein Bachgraben wird per Hängebrücke überwunden. Normales Tagespensum.

Einkehr/Unterkunft: Cabane du Col de Mille, 2473 m, Tel. +41/(0)79/2211516. Cabane Brunet, 2103 m, Tel. +41/(0)27/7781810 oder +41/(0)79/6311969. Cabane F-X Bagnoud à Panossière, 2641 m, Tel. +41/(0)27/7713322.

Variante: Eine höher verlaufende Route ist im nächsten Kapitel beschrieben. Über den Zwischenpunkt Cabane Brunet kann man auch beliebig kombinieren, z.B. zuerst den Mont Rogneux überschreiten und später über La Maye weiterwandern oder nach dem Höhenweg via Servay den Col des Avouillons anschließen.

Karte: S. 130.

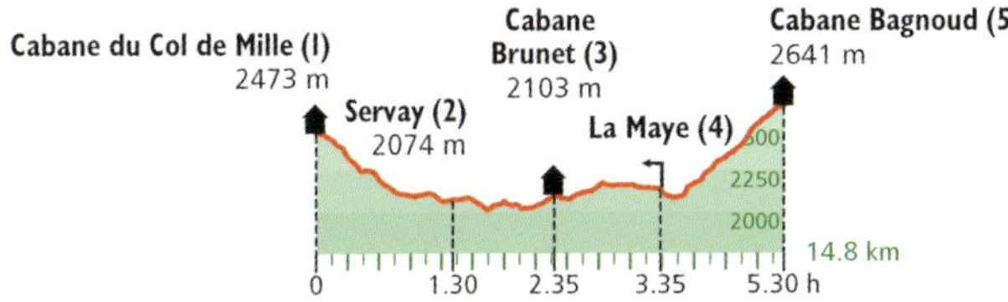

Von der **Cabane du Col de Mille** (1) überschreiten wir nach wenigen Minuten den Pass und wandern unter der Nordflanke des Mont Rogneux schräg abwärts. Unser Steig quert dann einige alte, bewachsene Moränen, schneidet nahezu horizontal einen Hangrücken und führt in den Alpkessel von **Servay**. Kurz hinter einem kleinen See passieren wir die zugehörigen Alphütten, 2074 m (2). Auf der Fortsetzung wird in ähnlicher Weise die Schulter bei La Treutse umkurvt, ehe uns stärkerer Strauchbewuchs und eingelagerte Felsen ein kleingliedriges Auf und Ab aufzwingen. Allmählich steuern wir das Weideareal von **La Ly** an, wo sich weiter östlich hinter einem kleinen Geländewall auch die **Cabane Brunet**, 2103 m (3), befindet. Von der Schotterstraße läuft man zuletzt über eine Abkürzung dort ein.

Auf schönem Bergwanderweg geht es um den nächsten Hangrücken in das

Am Val-de-Bagnes-Höhenweg via Servay.

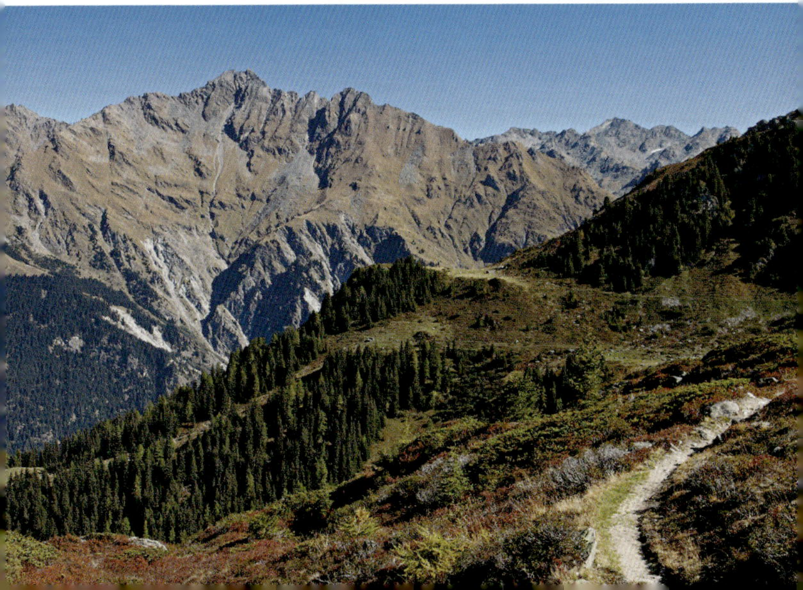

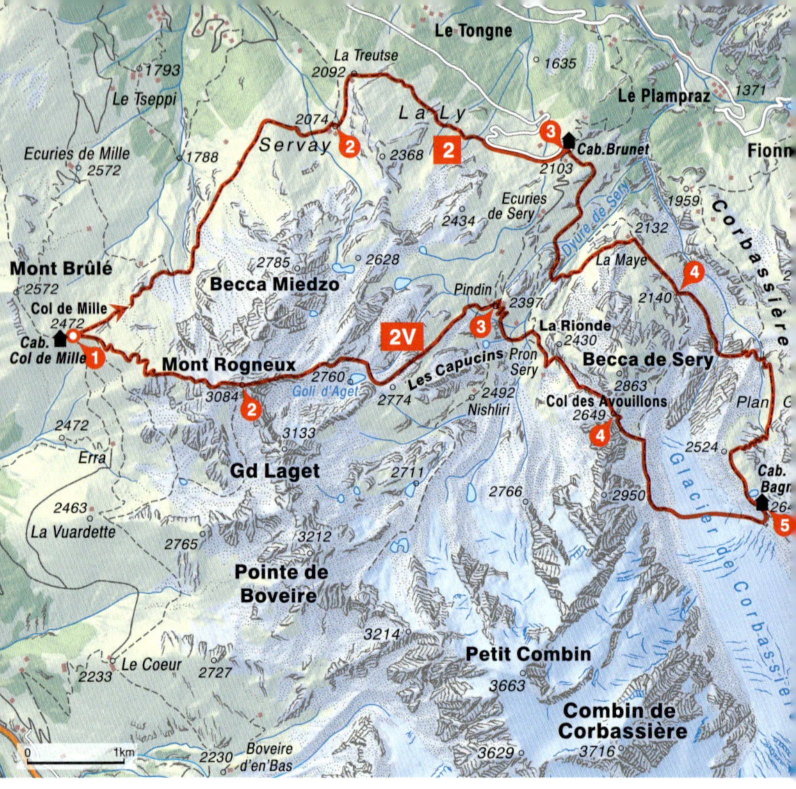

Hochtälchen der Dyure de Sery hinein. Dort steigt man aber nicht zu P. 2026 am Bach hinunter (wie in manchen Karten verzeichnet), sondern nutzt die Hängebrücke weiter hinten. Auf der anderen Seite nach links zur verfallenen Alp **La Maye** (2132 m) und weiter quer durch den Hang zum Abzweig P. 2140 (4), der vor Ort ebenfalls mit »La Maye« benannt ist. Würden wir hier die Richtung beibehalten, kämen wir weiter oben zur Vereinigung mit der Avouillons-Route im westseitigen Moränenbereich unterhalb des Cols. Günstiger ist es jedoch, linker Hand ein Stück weit abzusteigen, um dann unter Felsen entlang die Brücke über den Gletscherabfluss anzupeilen. Drüben geht es über einen Moränenrücken hinweg zum Anschluss an den Hüttenzustieg von Fionnay. Man erreicht über den **Plan Goli** und einige Kehren die große Seitenmoräne des Glacier de Corbassière und folgt ihr bis zur **Cabane F-X Bagnoud** (5), die wie ihre Vorgängerin mitunter noch als Cabane de Panossière bezeichnet wird.

5.45 Std.

↑1120 ↓950

Col de Mille – Cabane Bagnoud

2 V

Über Mont Rogneux und Col des Avouillons

Versierte Bergwanderer können die zweite Etappe hochalpin bereichern, indem sie zuerst den Dreitausender über dem Col de Mille überschreiten und später aus dem Kessel von Sery durch ein Seitentor auf den Corbassière-Gletscher schlüpfen: ein Übergang mit Überraschungsmomenten und erstklassigen Panoramen! Dabei ist diese Route alpintechnisch nicht mal sonderlich schwierig, aber eben doch kein kommoder Höhenweg wie sonst. Zuletzt muss sogar der Eisstrom selbst überquert werden – für manch einen vielleicht ein ungewohntes Unterfangen, obwohl mithilfe der Signalstangen im Bereich der flachen, meist aperen Zunge kein wirkliches Problem. So gehen wir mit der schrumpeligen »Elefantenhaut« des Gletschers unmittelbar auf Tuchfühlung und lassen uns vom Eisschloss der Combins gefangen nehmen …

Beim Aufstieg vom Col de Mille zum Mont Rogneux.

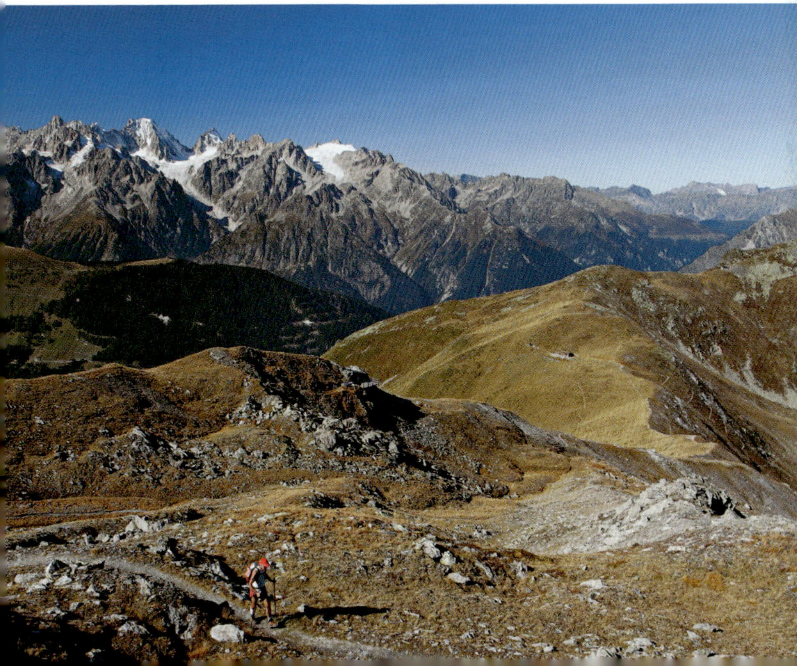

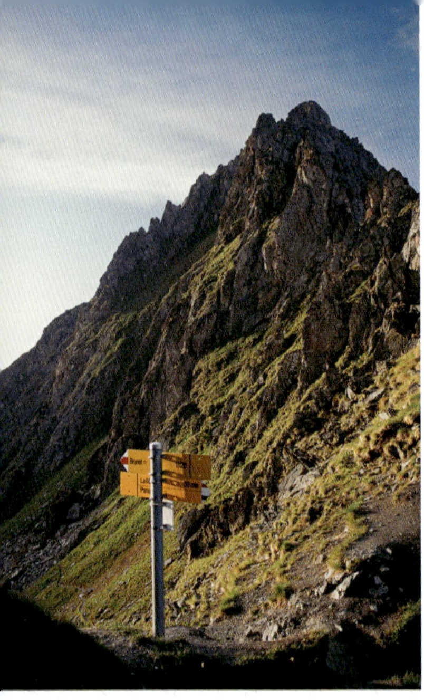

Durch den Col des Avouillons treten wir ins Corbassière-Becken ein.

Ausgangspunkt: Cabane du Col de Mille, 2473 m.
Endpunkt: Cabane F-X Bagnoud, 2641 m.
Anforderungen: Blau-weiß markierte Routen in hochalpinen Gefilden, aber ohne allzu heikle Stellen oder nennenswerte Kletterei. Über den Mont Rogneux reichlich Block- und Schuttgelände, hinter dem Col des Avouillons eine flache Gletschertraverse, die normalerweise ohne besondere Ausrüstung bewältigt werden kann (Stangenmarkierung, keine eigentliche Spaltengefahr). Insgesamt natürlich anspruchsvoller als die Hauptvariante und an der Grenze zu »schwarz«. Trittsicherheit obligatorisch, Ausdauer im üblichen Rahmen.
Einkehr/Unterkunft: Cabane du Col de Mille, 2473 m, Tel. +41/(0)79/2211516. Cabane F-X Bagnoud à Panossière, 2641 m, Tel. +41/(0)27/7713322.
Karte: S. 130.

Von der **Cabane du Col de Mille** (1) bleiben wir im Bereich des stumpfen Kammrückens und steigen mit einigen Schleifen südostwärts empor. Nach oben hin prägt sich der Grat schärfer aus und wird naturgemäß felsiger. Trotz des steilen Geländes kann man noch passablen Spuren folgen und dreht über die Vorkuppe (P. 3032) leicht links ein. Mit etwas Händeunterstützung geht es über den blockigen Schlussgrat bis zum Kreuz auf dem **Mont Rogneux**, 3084 m (2), wo sich ein großartiges Panorama entfaltet.

Beim Abstieg entlang des Ostgrates umgibt uns anfangs ebenfalls recht beschwerliches Blockwerk, doch lässt sich allzu kantigen Gratpartien stets seitlich ausweichen. Vorübergehend verbindet sich unsere Route mit der »Tour des Lacs« und führt über karge Schotterfluren links am See **Goli d'Aget**, 2760 m, vorbei. Am Ende der Verflachung links haltend durch eine seichte rinnenartige Eintalung sowie eine schwach ausgeprägte Rückenstruktur bergab; rechts davon befindet sich der Grat der Capucins. Der Pfad läuft bei der Örtlichkeit **Pindin**, 2397 m (3), aus und trifft dort auf einen breiteren Wirtschaftsweg, der von der Cabane Brunet heraufzieht.

Wir steigen nun jedoch mit einigen Kehren zum Schwemmboden von **Pron Sery** ab und überschreiten hier den verästelten Wildbach, der aus der vergletscherten Nordflanke des Petit Combin gespeist wird. Mit dieser herrli-

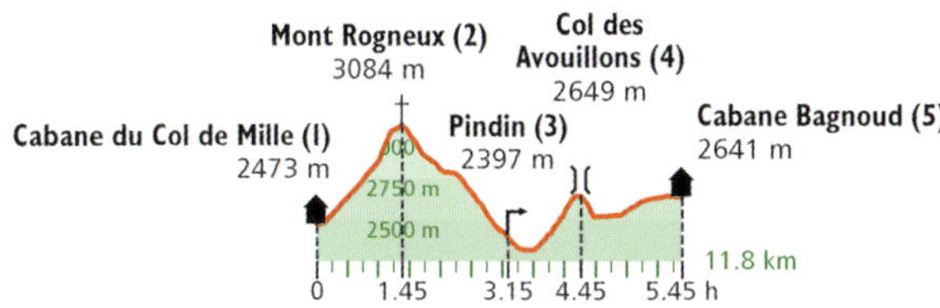

chen Begleitkulisse packen wir den Gegenanstieg an, der an der Rionde vorbei dem **Col des Avouillons**, 2649 m (4), zustrebt.

Szenenwechsel mit Paukenschlag: Unter uns wälzt sich der **Glacier de Corbassière** vom Grand Combin ausgehend durch den gewaltigen Trog. Wir steigen über steiles, etwas unsolides Gelände zur Seitenmoräne ab, halten uns hier ein Stück weit einwärts, um dann den Gletscher an geeigneter Stelle zu betreten. Blau-weiße Stangenmarkierungen lotsen uns zuverlässig ans gegenüberliegende Ufer, wo über die Randmoräne nochmals etwas mühsam zur **Cabane F-X Bagnoud** (5) angestiegen werden muss.

Am Mont Rogneux ziehen uns die Gipfel um den Mont Blanc in Bann.

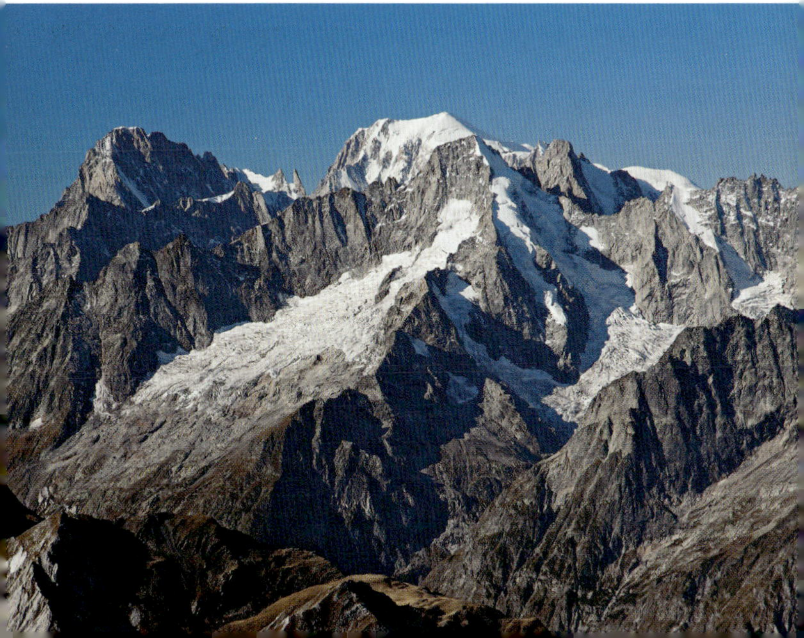

3 Cabane Bagnoud – Cabane de Chanrion

7.00 Std.

↑1300 ↓1480

In den innersten Winkel des Val de Bagnes

Der Besuch beim Glacier de Corbassière gehört zweifelsohne zu den Highlights der Tour des Combins, sodass wir uns am Morgen des dritten Tages wohl nur schwer davon losreißen können. Es wartet aber ein langer Tagesmarsch, der ebenfalls nicht zu verachtende Eindrücke bietet. Zunächst wird der steinige Col des Otanes überschritten, womit wir in das Gebiet um den über fünf Kilometer langen Lac de Mauvoisin eintreten. Dieser zeugt von der energiewirtschaftlichen Bedeutung, die den stark vergletscherten Walliser Alpen zukommt. Hier können wir uns zwischen der spannenderen Route rechts oder der etwas kürzeren und leichteren links des Sees entscheiden. In jedem Fall beherrscht noch immer die Gruppe des Grand Combin die Szenerie, wenn wir zuhinterst bei der urchigen Cabane de Chanrion eintreffen. Aber auch ein Pleureur, eine Ruinette oder ein Bec d'Epicoune begeistern heute mit unverwechselbaren Profilen. Dieser Talschluss verströmt einfach hochalpinen Charme, wie wir es von den Walliser Alpen erwarten!

Jenseits des Col des Otanes geht es Richtung Mauvoisin.

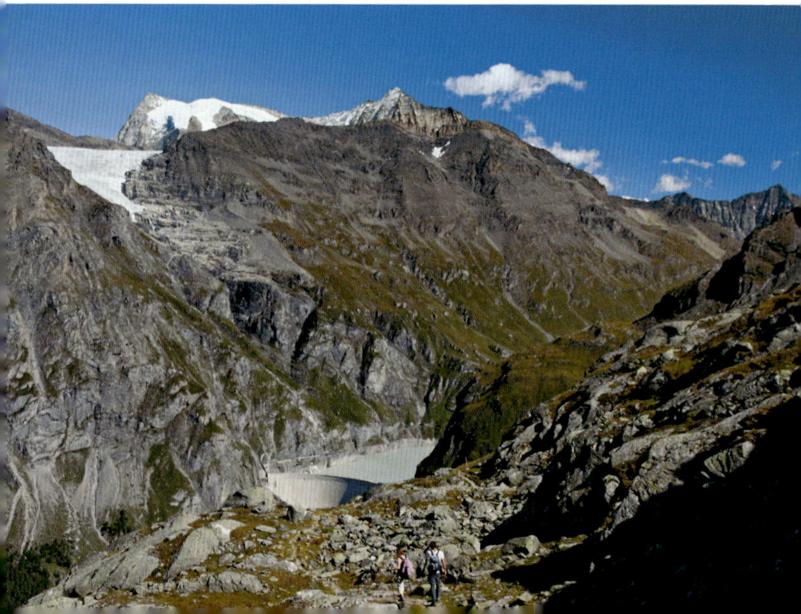

Ausgangspunkt: Cabane F-X Bagnoud, 2641 m.
Endpunkt: Cabane de Chanrion, 2462 m, im Talschluss hinter dem Lac de Mauvoisin.
Anforderungen: Lange Etappe auf häufig nur schmalen, aber doch meistens passablen Bergwegen. Im Bereich des Col des Otanes blockreich, sonst wiederholt abschüssige Hangtraversen und mitunter Vorsicht gebietende Wildbäche. Mit entsprechender Trittsicherheit gut beherrschbar; im Zweifelsfall ist die Variante über Tsofeiret etwas leichter und weniger anstrengend. Gute Kondition ist auf alle Fälle angezeigt.
Einkehr/Unterkunft: Cabane Bagnoud, 2641 m, Tel. +41/(0)27/7713322. Hôtel de Mauvoisin, 1841 m, Tel. +41/(0)27/7781130. Cabane de Chanrion, 2462 m, SAC, Tel. +41/(0)27/7781209 oder +41/(0)79/2192923.
Variante: Wer die kürzere Route bevorzugt, steigt bei Pazagnou mit etlichen Kehren durch den Erlenhang nach Mauvoisin, 1841 m, ab und vom Parkplatz gegen den Stausee wieder hinauf. Nach Überschreiten der Staumauer, 1976 m, folgen am Ostufer mehrere Tunnels, ehe sich der Weg davon entfernt und bergauf zieht. Man gewinnt bei Le Giètro eine lang gestreckte Hangterrasse mit Schafweiden und wandert südwärts in das kupierte, balkonartig verbreiterte Gelände von Tsofeiret. Hier an zwei Seen vorbei und die letzten Meter zum Col de Tsofeiret, 2628 m, empor. Jenseits kurzzeitig steil abwärts (Holzstufen und Ketten neben einer Rinne), dann im Bogen zum Abfluss des Glacier du Brenay und an Moränen entlang via Tsè des Violettes zur Cabane de Chanrion. Die Gesamtgehzeit beträgt 6.00 Std.

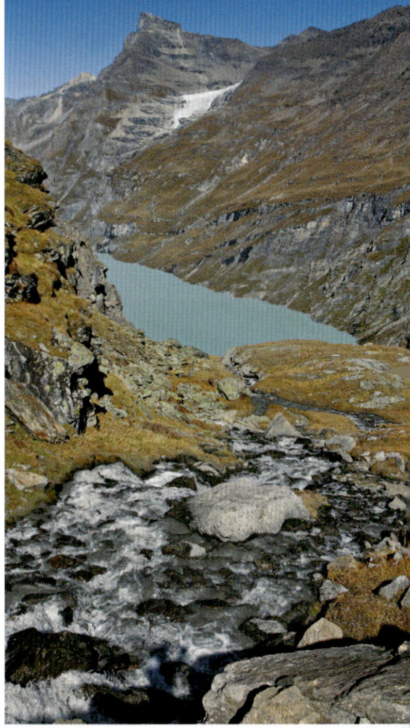

Gletscherbach zum Lac de Mauvoisin, dahinter der Pleureur.

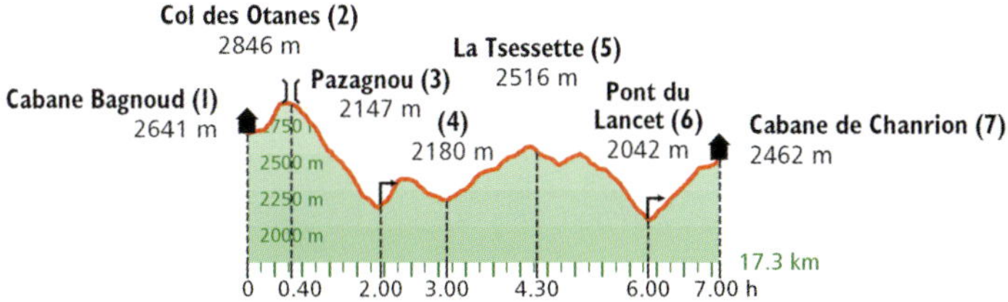

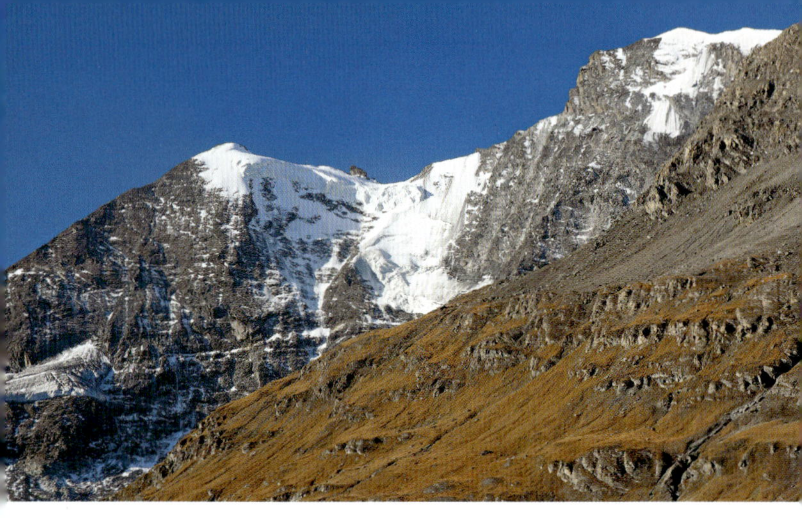

Die 3. Etappe führt in langer Traverse durch wuchtig überragte Hanglagen.

Von der **Cabane F-X Bagnoud** (1) gehen wir flach auf dem Moränenkamm südwärts, bis unweit des Standorts der ehemaligen Cabane de Panossière der Anstieg zum Col des Otanes links abzweigt. Kehrenreich windet sich der Steig in die Höhe und erreicht einen ersten Sattel mit Wegweiser. Eine steinige Traverse bringt uns weiter zum laut Topografie eigentlichen **Col des Otanes**, 2846 m (2). Wir halten uns auf die linke Seite, um den beschwerlichen Blockfeldern möglichst auszuweichen, und steigen relativ nah an den Felsflühen in den nordostseitigen Geländetrichter ab. Bis in den Hochsommer hinein ist hier mit Schneefeldern zu rechnen. Im kupierten Areal bei einigen Lacken biegt die Route deutlich nach rechts um und schneidet im Schrägabstieg via **La Tseumette**, 2297 m, teils recht abschüssige Berglehnen. Wir kreuzen noch mehrere Bäche und sehen uns bei **Pazagnou**, 2147 m (3), zur Wahl des Weiterwegs gezwungen.
Beide Möglichkeiten sind lohnend, die erste Empfehlung für geübte Bergwanderer gilt aber der Routenführung westlich des Lac de Mauvoisin. Dazu wenden wir uns nach der Gabelung gleich wieder aufwärts und umkurven den Geländevorsprung am **Pierre à Vire** auf einer schönen, grasigen Terrasse. Dahinter werden Richtung **Les Rosses**, 2180 m (4), im Alpgebiet von La Lia nochmals ca. 150 Hm verloren, ehe eine sachte, aber ziemlich beständige Gegensteigung über weitere Geländeterrassen wartet. Südwärts begleiten wir dabei die ganze Zeit den Trog des Lac de Mauvoisin, springen ab

Nächste Doppelseite: Kolossal – der Grand Combin mit dem Glacier de Corbassière.

und zu über einen Seitenbach und müssen so weit ansteigen, um die Felsabbrüche der Bornes du Diable oberhalb passieren zu können. Das Kreuzen einer Schluchtrinne bei P. 2568 verlangt erhöhte Vorsicht. Kurz darauf kommen wir am kargen Hüttchen von **La Tsessette**, 2516 m (5), sowie einem kleinen Seeauge vorbei. In leichtem Auf und Ab werden die Moränen und Abflüsse des Glacier de la Tsessette gequert, bevor sich die Route allmählich in den mit kleinen Felshindernissen durchsetzten Hängen wieder absenkt. Leider ist der Zwischenabstieg bis zur **Pont du Lancet**, 2042 m (6), unumgänglich. Dort überschreiten wir den starken Talfluss und haben schließlich nochmals einen nicht unerheblichen Gegenanstieg vor uns. Die Schleifen eines Fahrwegs häufig abkürzend steuern wir das plateauartige Gelände am Fuße der Pointe d'Otemma und dort den Steinbau der **Cabane de Chanrion** (7) an.

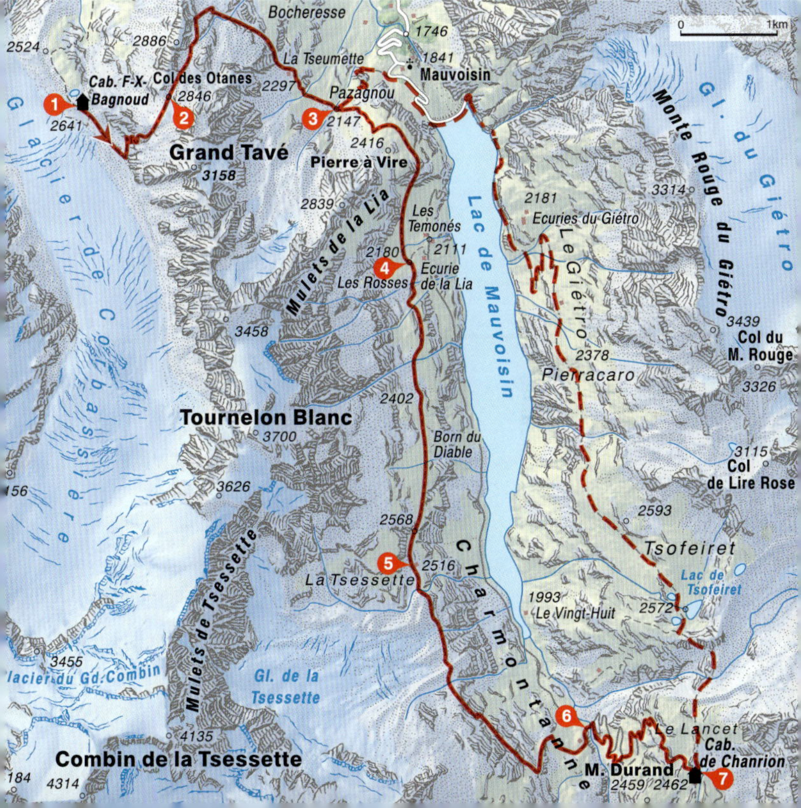

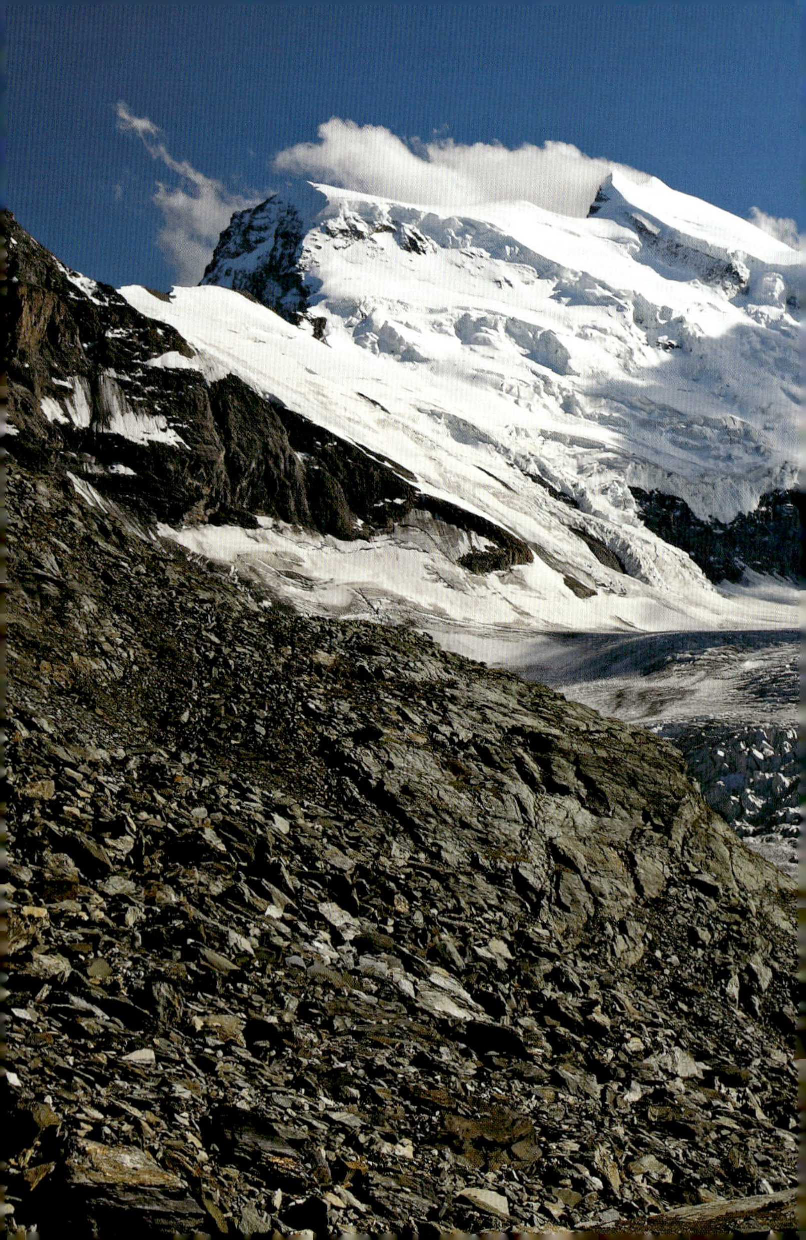

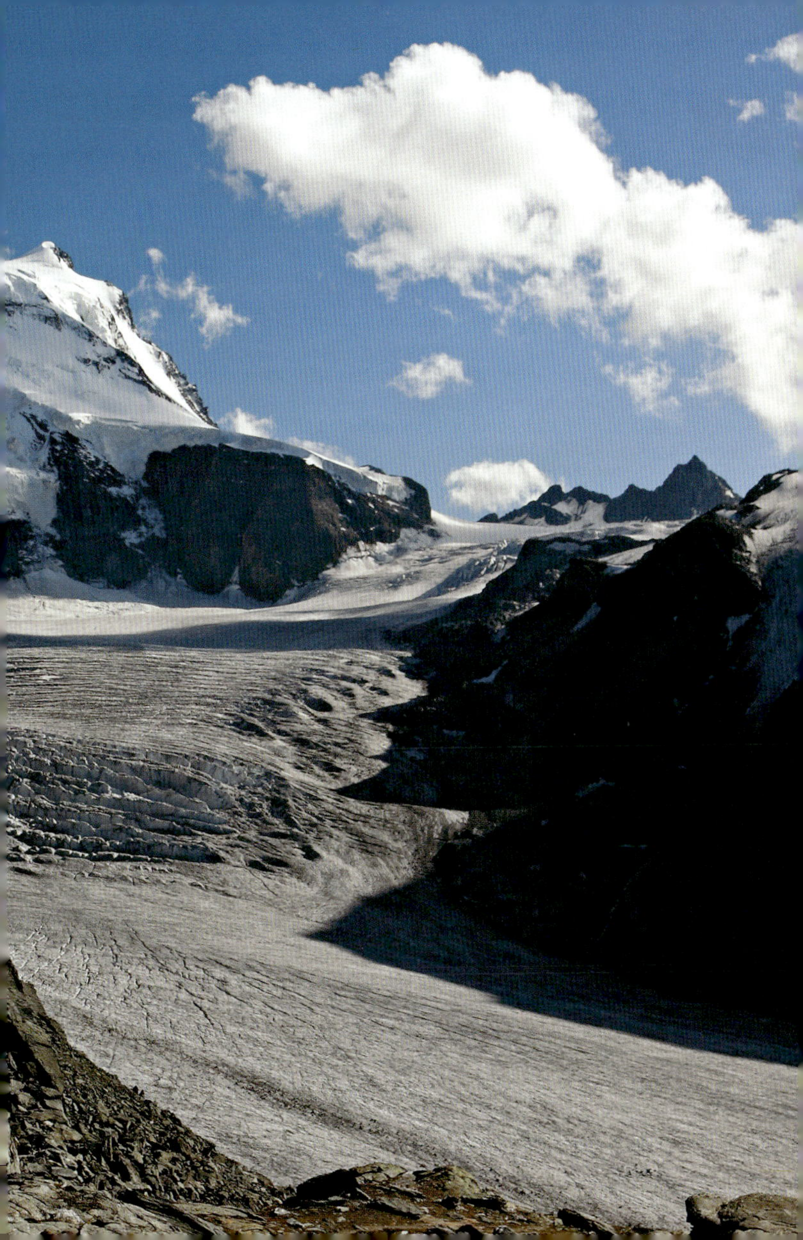

4 Cabane de Chanrion – Rifugio Champillon

7.15 Std.

↑1100 ↓1100

Eisfreier Übergang ins Valpelline

Einer der leichtesten, zumal unvergletscherten Übergänge im Walliser Hauptkamm ist das zwischen Mont Gelé und Mont Avril eingelagerte Fenêtre de Durand: unser Tor nach Italien. Dort geht es in die Conca di By hinab und auf bequemen Hangwegen – streckenweise entlang einer Bisse (Bewässerungskanal) – in großem Bogen über dem Tal von Ollomont dahin. Ein echter Gewinn, dass man die Höhe mittlerweile halten kann, da das neue, Adolfo Letey gewidmete Rifugio Champillon ideal für den nächsten Übergang postiert ist. Außer von TDC-Wanderern wird es hauptsächlich von italienischen Ausflüglern frequentiert. Diese vierte Etappe weist keine Schwierigkeiten auf, stellt aber wiederum gewisse Ansprüche an die Ausdauer.

Bei der Cabane de Chanrion mit Blick zum Combin de la Tsessette.

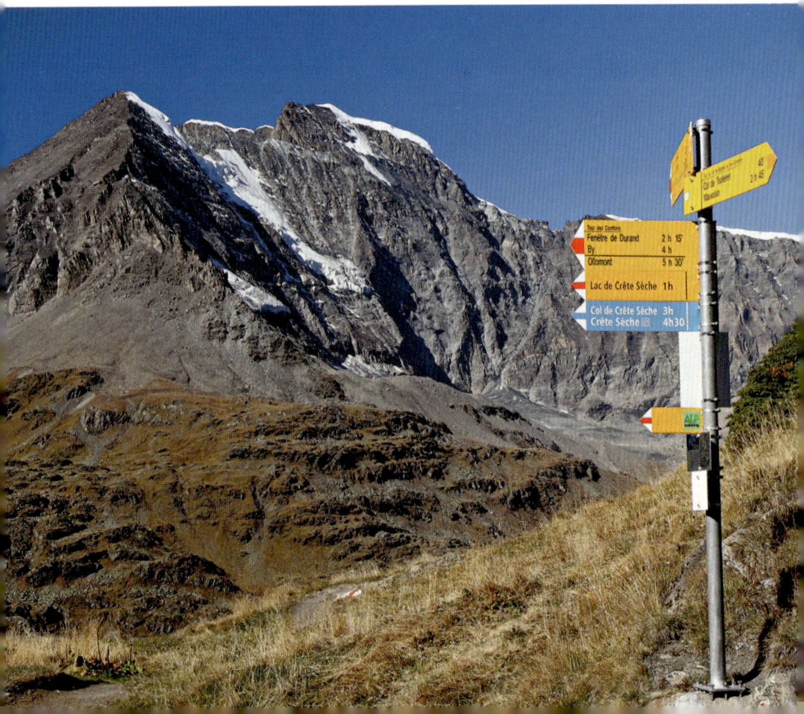

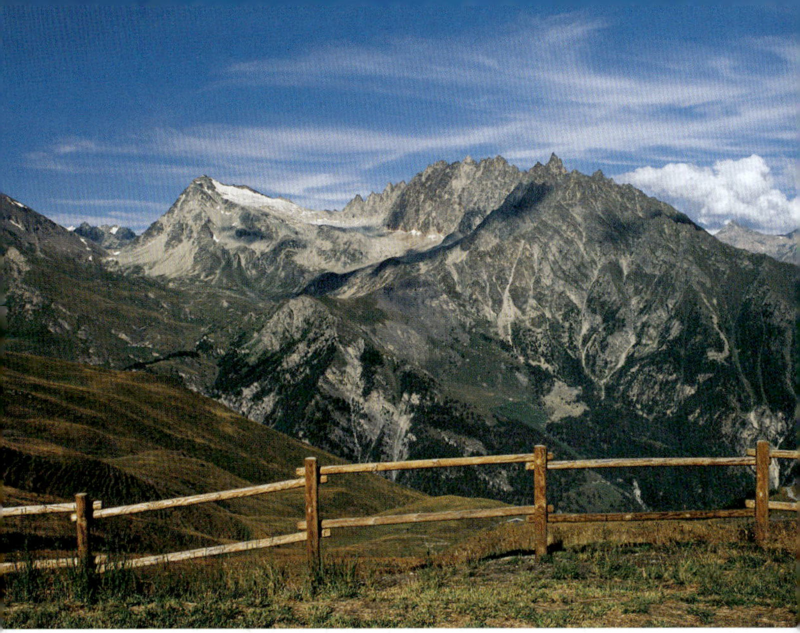

Ausblick vom Rifugio Champillon zum Walliser Hauptkamm.

Ausgangspunkt: Cabane de Chanrion, 2462 m.
Endpunkt: Rifugio Champillon (Rifugio Adolfo Letey), 2465 m, über dem Tal von Ollomont (Seitenast des Valpelline).
Anforderungen: Wenig schwieriger Passübergang auf gutem Bergweg, anschließend längere Zeit auf Flankensteigen, die selbst nicht besonders beschwerlich sind, aber aufgrund der beachtlichen Strecke doch Marschfreude erfordern. Die Hauptanforderung ist also konditioneller Natur.
Einkehr/Unterkunft: Cabane de Chanrion, 2462 m, SAC, Tel. +41/(0)27/7781209 oder +41/(0)79/2192923. Rifugio Champillon, 2465 m, Tel. +39/338/4213976 oder +39/339/4351001.
Tipp: Vom Fenêtre de Durand recht mühsamer, aber unschwieriger Schuttanstieg über den stumpfen Südostrücken auf den Mont Avril, 3347 m, einen großartigen Aussichtsberg im Hauptkamm. Hin und zurück 2.30 Std.

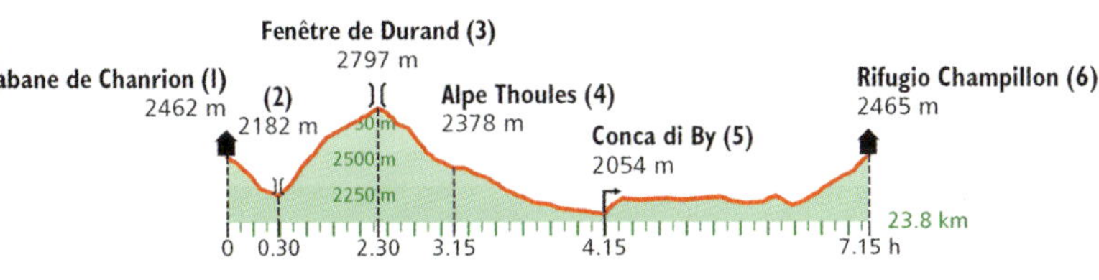

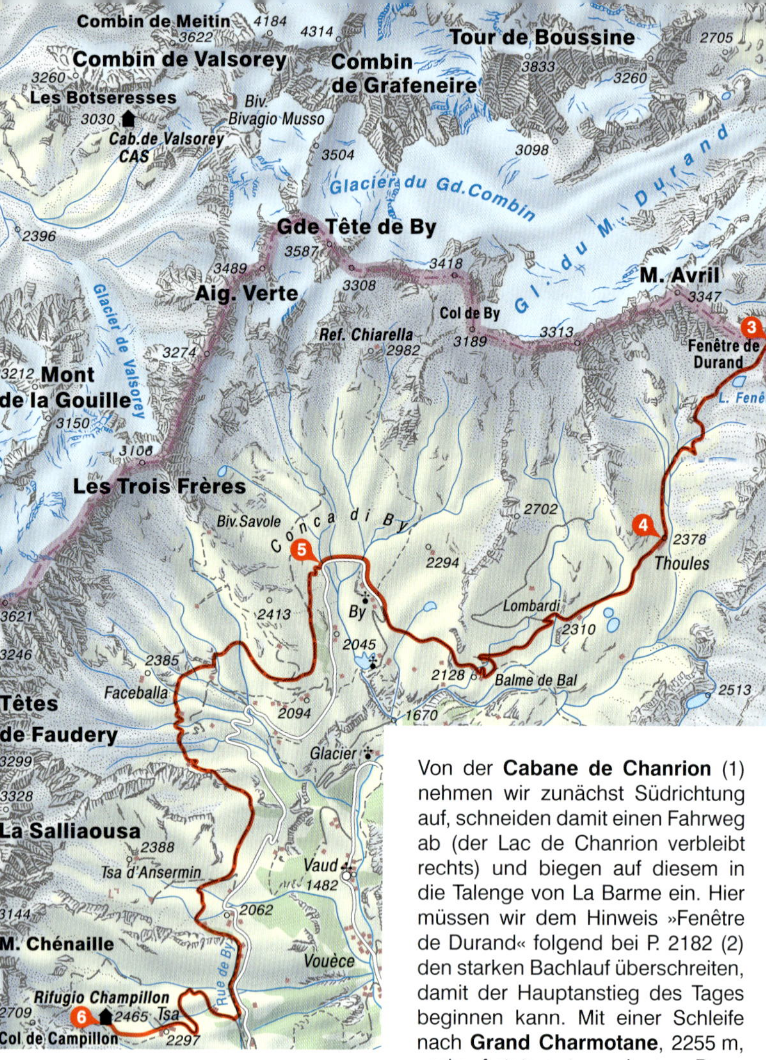

Von der **Cabane de Chanrion** (1) nehmen wir zunächst Südrichtung auf, schneiden damit einen Fahrweg ab (der Lac de Chanrion verbleibt rechts) und biegen auf diesem in die Talenge von La Barme ein. Hier müssen wir dem Hinweis »Fenêtre de Durand« folgend bei P. 2182 (2) den starken Bachlauf überschreiten, damit der Hauptanstieg des Tages beginnen kann. Mit einer Schleife nach **Grand Charmotane**, 2255 m, und auf stets gut angelegtem Bergweg über die Abstufung des Plan Petit Giètro höher. Später neigt sich das Gelände generell eher etwas zurück, sodass wir auch im zunehmend schuttbedeckten Terrain problemlos vorankommen. Die kümmerlichen Reste des

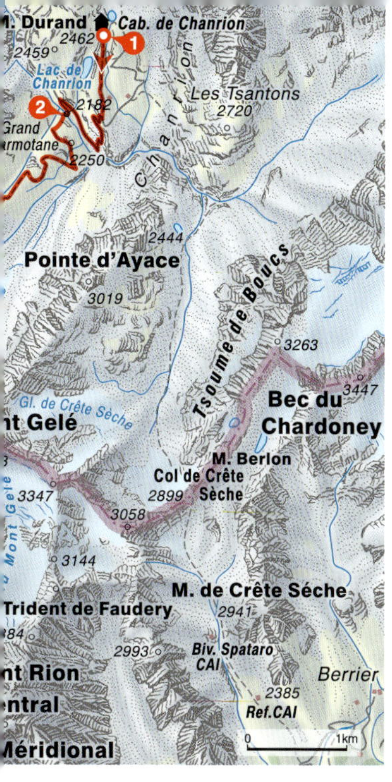

Glacier de Fenêtre brauchen nicht betreten werden, da man an der rechten Seite auf guter Trasse zum Grenzpass des **Fenêtre de Durand** (auch Col de Fenêtre), 2797 m (3), gelangt.
Anschließend begeben wir uns auf italienischer Seite am **Lago Fenêtre**, 2708 m, vorbei in ein etwas unübersichtliches Blockfeld. Der Signalisierung folgend über die steilere Geländestufe zu einem Hochboden und weiter zur **Alpe Thoules**, 2378 m (4). Hier wird unser Steig von einem breiten Fahrweg abgelöst, der durch das Alphochtal von Acqua Bianca leicht fallend gegen Westen zieht. **Lombardi**, 2310 m, und **Balme**, 2128 m, heißen die nächsten Stationen, bevor die Trasse in den hufeisenförmigen Kessel der **Conca di By** einschwenkt. Im inneren Winkel gilt es, den Abzweig der »TDC« nicht zu verpassen (5). Diese verlässt nämlich die breite Trasse und gewinnt kurz an Höhe, um sich fortan hangparallel fortzusetzen. Da die Darstellung auf den Karten ungenügend ist, vertraue man hier nur auf die lokalen Wegweiser. Oft begleitet uns ein teils offen, meist aber unterirdisch geführter Bewässerungskanal, in der Karte als »Ru di By« verzeichnet. Somit verläuft die Route knapp oberhalb der verstreut liegenden Alphütten, die durch fahrbare Trassen verbunden sind, und vollzieht dabei sämtlichen Geländestrukturen – vor allem auch zwei weitere große Kessel – mit. Nach ausgiebiger, praktisch horizontaler Strecke gelangen wir schließlich an den Auslauf der Combe Champillon und begeben uns in diesem Hangeinschnitt bergauf. Die gleichnamige Alp (in der Schweizer Karte »La Chaz«, 2297 m) passierend, wird das **Rifugio Champillon** (6) als Etappenziel erreicht.

Schön gearbeitete Steindächer der Alpe Thoules.

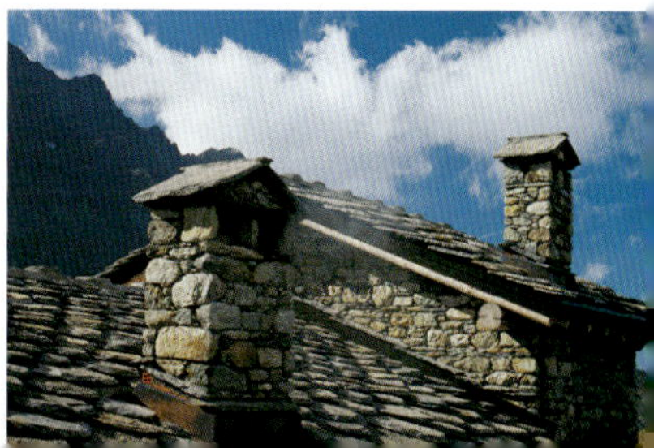

5 Rifugio Champillon – St-Rhémy

4.45 Std.
↑400 ↓1250

Auf der Sonnseite des Aostatals

Neben den oftmals strengen Impressionen der Walliser Hochalpen gehören insbesondere auf italienischer Seite auch deutlich mildere Gefilde zum Verlauf der Tour des Combins. Vermittelte am vierten Tag schon die Traverse durch den Talschluss von Ollomont einen Vorgeschmack, so tauchen wir heute nach Überschreiten des aussichtsreichen Col de Champillon in die lieblichen Alplagen unterhalb der Zweitausend-Meter-Marke ein. Hier wird das Trekking gleichsam zum unbeschwerten Lustwandeln, es sei denn, die Sonne meint es allzu gut und heizt über Gebühr ein. Vielerorts wird die traditionelle Alpwirtschaft übrigens noch gepflegt, doch kann eine gewisse Tendenz zum zunehmenden Brachfallen dieser Kulturlandschaft nicht übersehen werden – ein Phänomen, das inzwischen weite Bereiche des südwestlichen Alpenbogens eingeholt hat.

Ausgangspunkt: Rifugio Champillon (Rifugio Adolfo Letey), 2465 m.
Endpunkt: St-Rhémy, 1619 m , Ortschaft an der Südrampe des Grand St-Bernard.
Anforderungen: Über den Col de Champillon guter Bergweg in steilerem Gelände, ab Ponteilles Dèsot meist bequeme Alp- und Waldwege ohne größere Höhendifferenzen. Konditionell moderat, da nur wenig Aufstieg; umgekehrt anstrengender.
Einkehr/Unterkunft: Rifugio Champillon, 2465 m, Tel. +39/338/4213976 oder +39/339/4351001. Hotels in St-Rhémy, Tel. +39/0165/780906 oder +39/0165/780818.

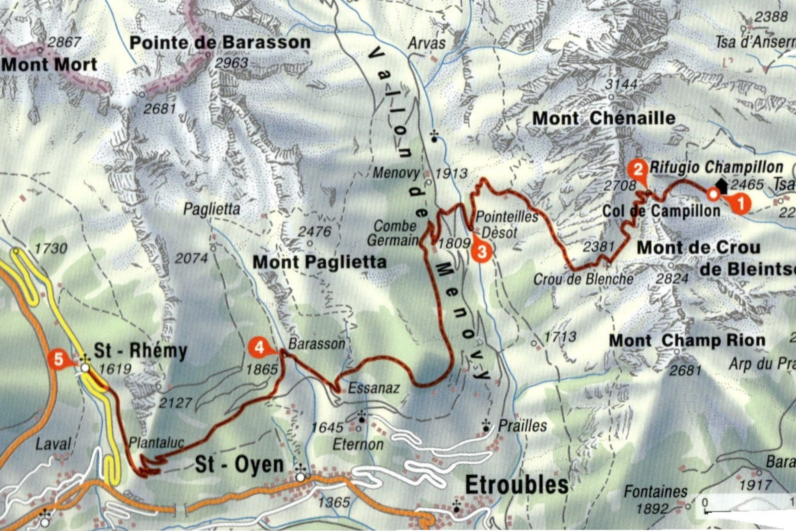

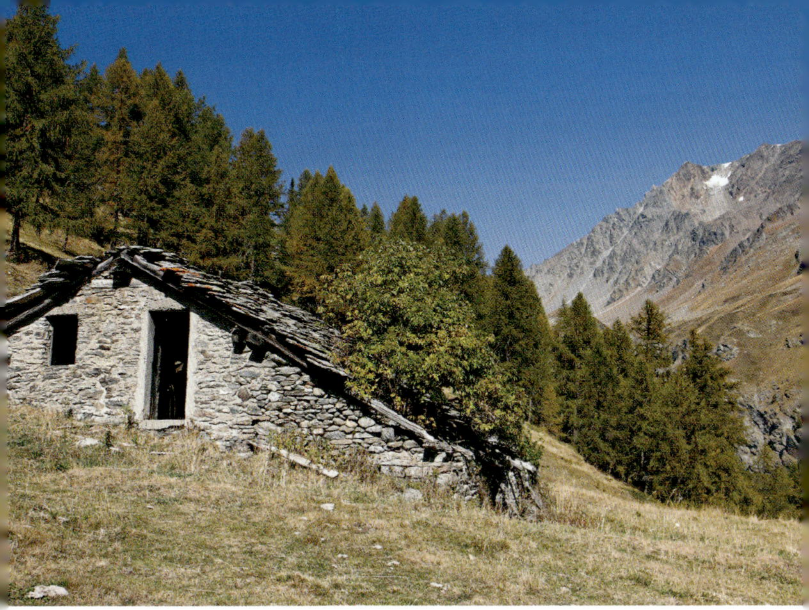

Manche Alp ist längst dem Verfall preisgegeben.

Vom **Rifugio Champillon** (1) aus erreichen wir bereits nach 45 Min. den höchsten Punkt der heutigen Etappe: Am **Col de Champillon**, 2708 m (2), öffnet sich die Schau nach Westen bis zum Mont-Blanc-Massiv. Auf der anderen Seite geht es mit einigen weit ausholenden Kehren ebenfalls durch eine typische Hangmulde bergab, über eine Verflachung an der aufgelassenen Alp Crou de Blenche, 2381 m, vorbei und zu einem Geländeeck, wo der Weg rechts einschwenkt. Bis **Ponteilles Dèsot**, 1809 m (3), im Vallon de Menovy verliert man insgesamt stattliche 900 Hm.

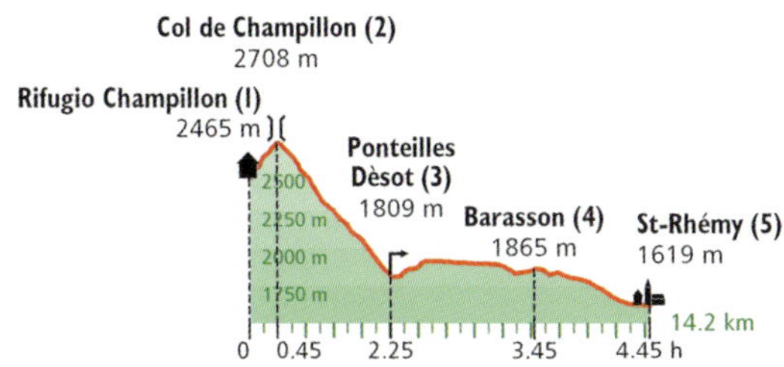

Wenige Gehminuten taleinwärts wechseln wir auf die andere Bachseite und folgen den Schleifen eines Wirtschaftsweges bergauf (eventuell über Wiesen abkürzen). Zwischen den Ställen von Combe Germain und Menovy gilt es, den knapp oberhalb verlaufenden horizontalen Waldweg anzusteuern. Auf diesem zunächst in südliche Richtung und nach einer Weile um den Hang herum gen Westen eindrehen. In der Nähe von **Essanaz** steigt man kurz etwas ab und folgt anschließend – immer mit dem Emblem der TDC – einem breiteren Fahrweg nach **Barasson**, 1865 m (4). An den großen Alpgebäuden vorbei vorübergehend auf einem Pfad, dann wieder auf eine Forststraße einmündend weiterhin quer durch die Hänge. Via **Plantaluc** verlieren wir jetzt aber allmählich an Höhe und biegen nach ein paar Schleifen gegen das Hochtal des Grand St-Bernard ein. Wir stoßen auf eine Kehre der Passstraße und treffen wenige Augenblicke später in **St-Rhémy** (5) ein. Hier wird normalerweise in einem Hotel Quartier bezogen.

Rechts: Blumenwiesen vor dem Grand Combin.
Unten: Landschaft auf der Südseite des Grand St-Bernard.

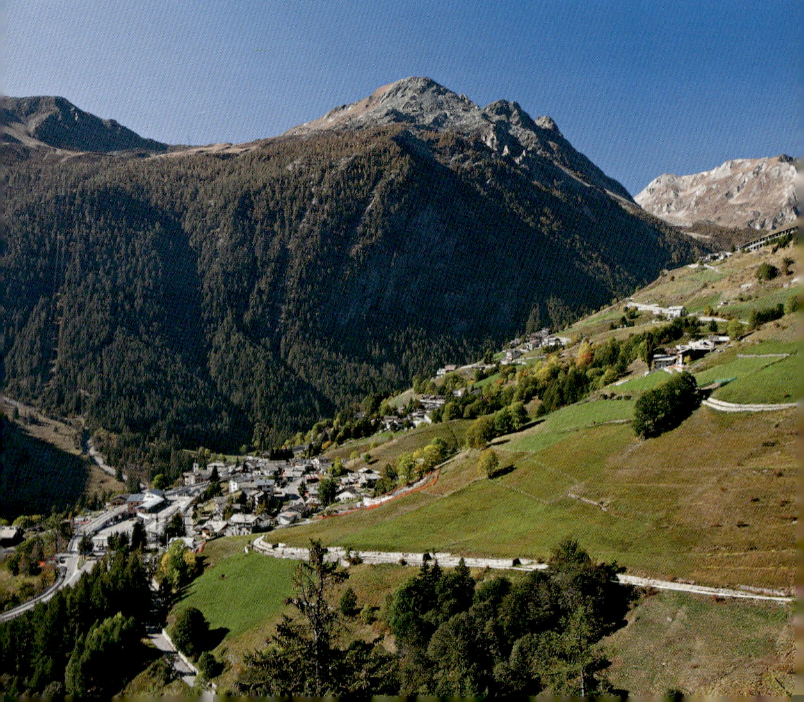

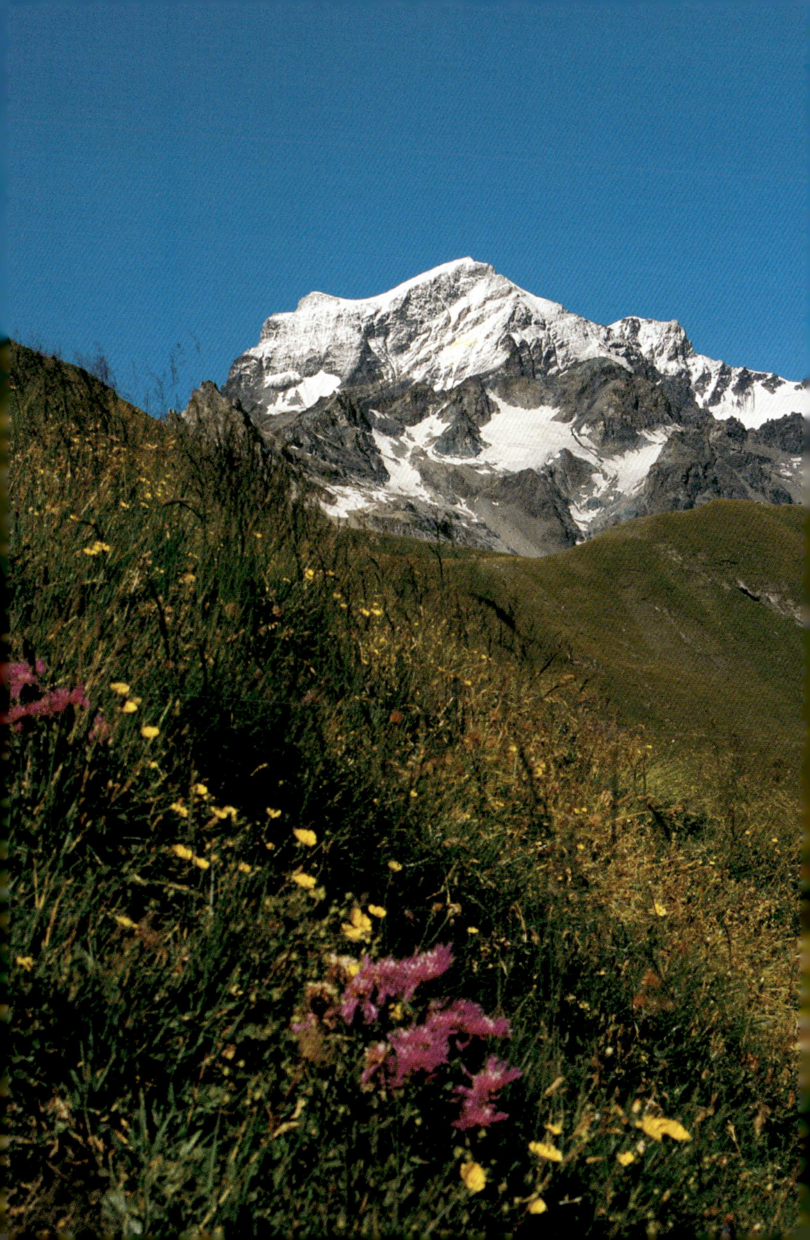

6 St-Rhémy – Bourg-St-Pierre

6.00 Std.

↑1000 ↓1000

Schlussetappe über den Grossen St. Bernhard

Der Col du Grand St-Bernard gehört zu den wichtigsten Passverbindungen in den Westalpen, war schon zu Römerzeiten sowie später durch Napoleons Heer frequentiert und gewährleistet heutzutage mit der Untertunnelung eine ganzjährig nutzbare Transitstrecke. Die Passhöhe selbst (»Jupiterberg«) ist nur im Sommer offen und trägt auf der Scheitelhöhe ein Hospiz, welches, vor fast 1000 Jahren gegründet, als Heimat der Bernhardiner-Hunderasse berühmt wurde. Die kräftigen Tiere retteten in früheren Zeiten so manchen Händler oder Pilger aus Notsituationen. Mit der Passroute über den alten Saumweg schließen wir unsere Tour des Combins nach offizieller Lesart – landschaftlich sicher nicht die reizvollste der sechs Etappen, aber immerhin von historischem Interesse.

Am Pass empfängt uns eine Statue des Heiligen Bernhard, der vor fast 1000 Jahren in Aosta wirkte.

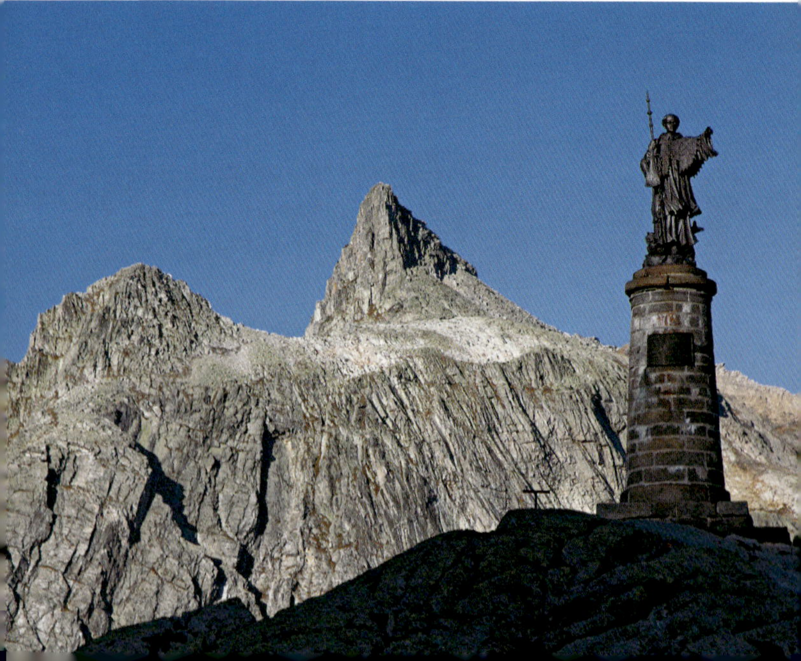

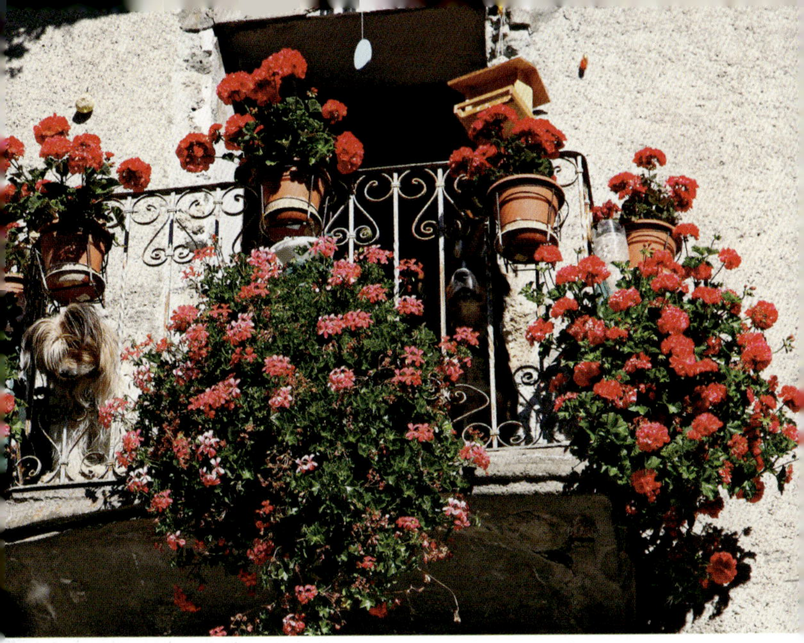

Sommerimpression in St-Rhémy.

Ausgangspunkt: St-Rhémy, 1619 m.
Endpunkt: Bourg-St-Pierre, 1632 m.
Anforderungen: Historische Passroute, durchgängig auf leichten, niemals sonderlich steilen Wanderwegen, allerdings mit wechselnder Beschaffenheit (Fahr-, Karren- und schmalere Fußwege). Keine besonderen Anforderungen, außer hinsichtlich der Ausdauer aufgrund der recht langen Strecke.
Einkehr/Unterkunft: In St-Rhémy siehe 5. Etappe. Hospice du Grand St-Bernard, 2469 m, Tel. +41/(0)27/7871236. Restaurant Mont Joux, 2469 m, mit Übernachtungsmöglichkeit, Tel. +41/(0)27/7871166.
Hinweis: Busverbindung zwischen Aosta und Martigny vorhanden, wenige Kurse in der Hauptsaison auch über den Pass. St-Rhémy wird nur von diesen bedient, Bourg-St-Pierre von allen (außer Eilkursen). Damit sind auch Teilbegehungen der Etappe möglich.

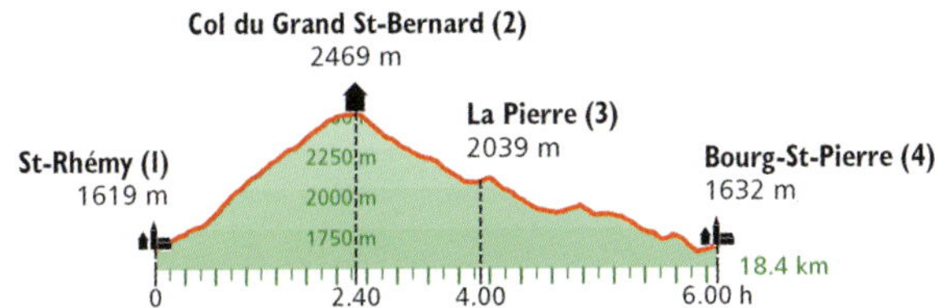

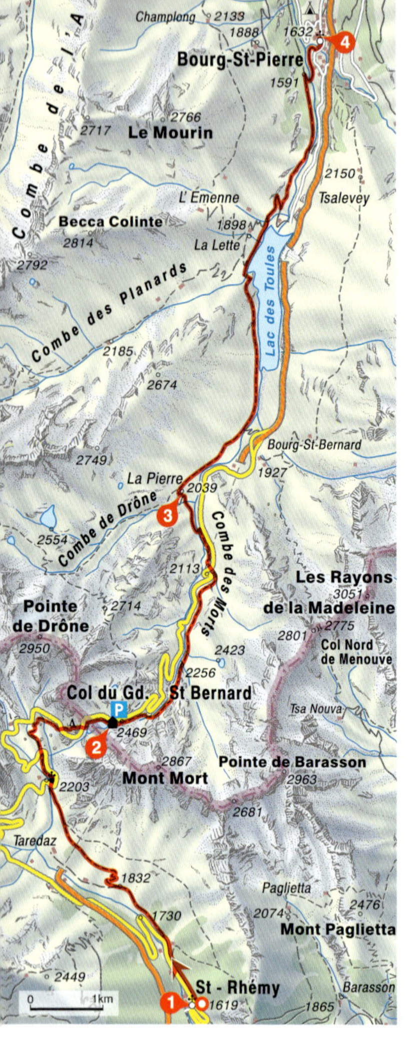

Von **St-Rhémy** (1) laufen wir parallel zur Straße, kurz auf dieser und schließlich rechts davon taleinwärts. Dem Karrenweg folgend bis P. 1832, wo ein Steig rechts bergwärts abzweigt. Dieser geht später erneut in einen Karrenweg über und trifft bei einigen Gebäuden (P. 2203 m) auf die kurvenreiche Passstraße. Tagsüber muss man hier mit regem Verkehr rechnen, aber frühmorgens ist es meist noch ruhig. Als Wanderer nutzen wir natürlich die Abkürzung durch eine Wiesenhangmulde und kreuzen die Straße nach einem markanten Rechtsbogen nochmals oberhalb ihrer höchsten Galerie. Schon im Passbereich kommen wir an einem Denkmal vorbei, bewundern den stattlichen See und erreichen die Scheitelhöhe des **Col du Grand St-Bernard**, 2469 m (2), mit dem Hospiz der Augustiner-Chorherren sowie touristischen Einrichtungen. Wir sind zurück in der Schweiz!

Ostwärts geht es in Kürze knapp abseits der Straße durch das Hochtälchen der **Combe des Morts** bergab. Man erkennt noch meist deutlich die Anlage des ehemaligen Saumweges. Bei P. 2256 überschreiten wir eine Bachbrücke und setzen den Weg in mäßigem Gefälle nordwärts fort. Fraglos ist die Nähe zur viel befahrenen Passstraße, die bei **L'Hospitalet** abermals gekreuzt wird, heute etwas störend. Links am Hang, wo die Combe de Drône ausmündet, passieren wir die Alpgebäude von **La Pierre**, 2039 m (3), und lassen den Komplex von Bourg-St-Bernard anschließend rechts liegen. Wir nähern uns dem aufgestauten **Lac des Toules**, 1810 m, und begleiten dessen Westufer über mehr als zwei Kilometer. Dabei ist eine kleine Gegensteigung

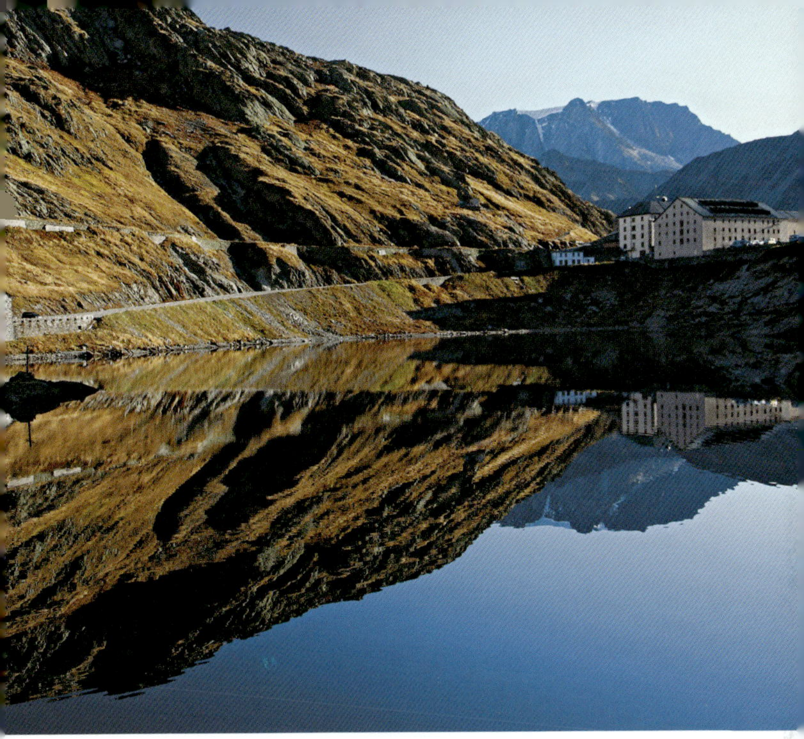

Nahe der Passhöhe verblüfft uns ein stattlicher See.

nötig, bevor der Zufluss aus der Combe des Planards überschritten wird. Auf breiter Trasse am Staudamm vorbei und nach einer Rechtskehre diesseitig der Dranse über Bretemort Richtung Norden. Wir folgen einem Forstweg nochmals geringfügig ansteigend, sonst abwärts, und achten auf den Abzweig nach **Bourg-St-Pierre**. Bei P. 1591 schließlich über die Dranse und auf einem Wiesenweg kurz ansteigend zum Start- und Zielort (4) der Tour des Combins.

Auf dem Weg nach Bourg-St-Pierre.

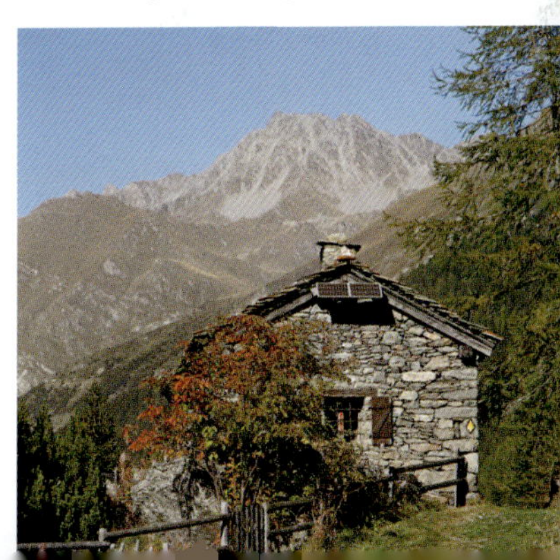

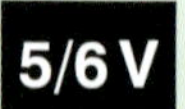

Rifugio Champillon – Bourg-St-Pierre

7.45 Std.

↑1100 ↓1930

Pfiffige Abkürzung für Entdeckungslustige

Wer den Bogen über St-Rhémy und den Grand St-Bernard als unbefriedigend einschätzt und lieber einen alpinen Übergang bevorzugt, kann durchaus fündig werden. Mehrere Einsattelungen im Grenzkamm östlich davon stehen geübten Berggängern prinzipiell offen, obschon man eher mit dürftigen Pfadspuren oder gar weglosem Gelände vorliebnehmen muss. An dieser Stelle sei als vielleicht eleganteste Lösung der Col Nord de Menouve vorgeschlagen. Hinter dem Col de Champillon sinkt unsere Route nirgends unter die 2000-Meter-Linie ab und lässt uns den zweiten Pass an der Grenze zur Schweiz überraschend einfach erreichen. Die Nordseite präsentiert sich zwischen verlotterten Pistenrelikten eher wüst, erlaubt dem Geländegängigen aber ein zügiges Bergab. Mit diesem Finale reduziert sich der gesamte Trek auf fünf Tage.

Ausgangspunkt: Rifugio Champillon (Rifugio Adolfo Letey), 2465 m.
Endpunkt: Bourg-St-Pierre, 1632 m.
Anforderungen: Überschreitung zweier Hochpässe, am Col de Champillon auf ordentlichem Bergweg, bei der anschließenden Traverse sowie beim südseitigen Anstieg zum Col de Menouve

Die mattenreiche Südseite des Col de Menouve.

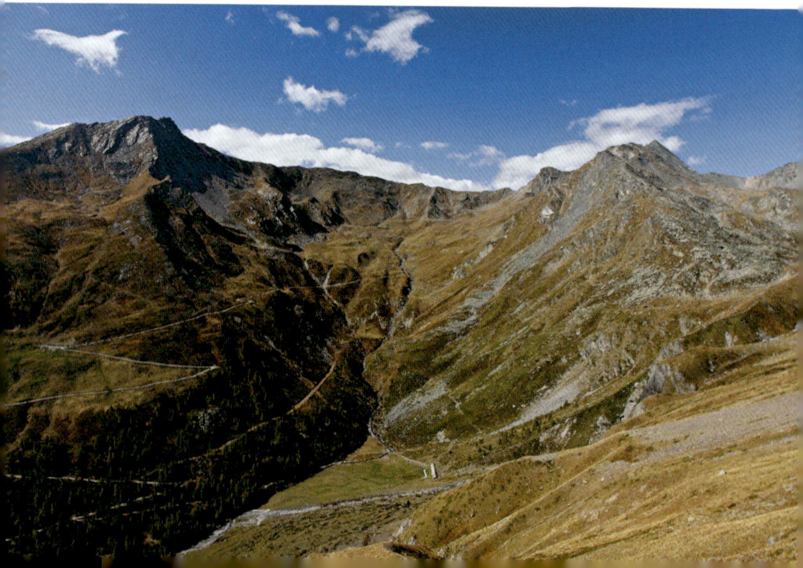

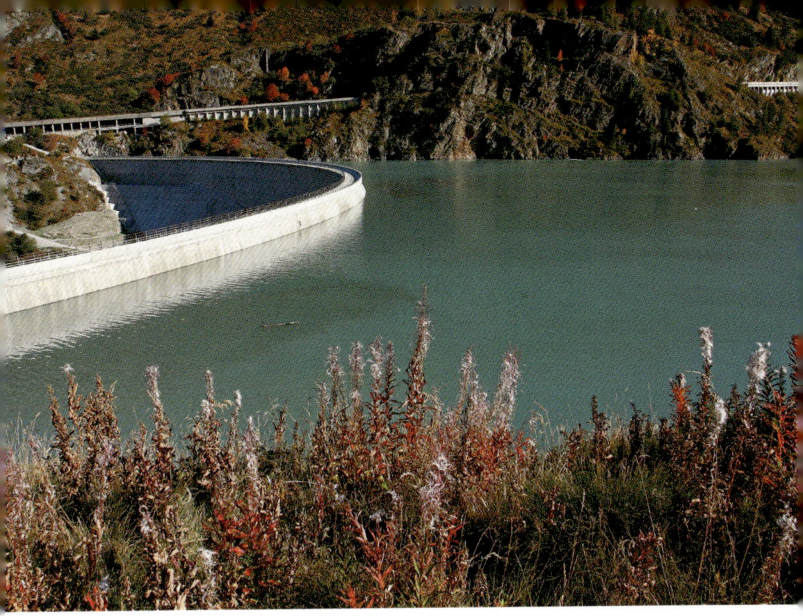

Am aufgestauten Lac des Toules.

spärlicher ausgetreten, aber ebenfalls bezeichnet. Der Abstieg auf schweizerischer Seite ist im oberen Teil recht steil und ziemlich rutschig, der alte Steig weitgehend verfallen. Trotzdem bei guten Bedingungen keine unkalkulierbaren Hindernisse, bei Nebel eventuell schwierige Orientierung, in der Gegenrichtung beschwerlicher. Grundlegende Bergerfahrung mit entsprechender Trittsicherheit wichtig, dazu gute Kondition für die ziemlich lange Etappe.

Einkehr/Unterkunft: Rifugio Champillon, 2465 m, Tel. +39/338/4213976 oder +39/339/4351001. Restaurants in Bourg-St-Pierre.

Hinweis: Ab Bourg-St-Bernard kann man sommers gegebenenfalls das Postauto nutzen, der Fahrplan ist aber nicht allzu üppig bestückt.

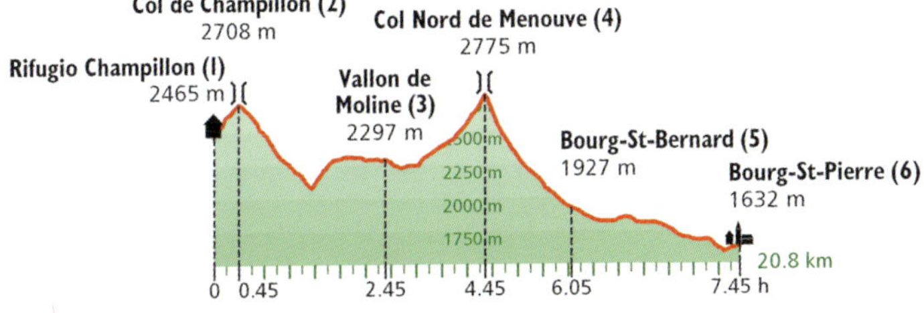

Vom Rifugio Champillon (1) überschreiten wir zunächst wie bei Etappe 5 beschrieben den **Col de Champillon**, 2708 m (2), und achten beim jenseitigen Abstieg auf eine rechts abziehende Pfadspur mit gelben Pinselstrichen (ca. 2300 m). Dort sind in der Folge ein paar ziemlich abschüssige, eventuell sogar unterbrochene Passagen zu bewältigen, was sich bei Nässe etwas heikel gestalten kann. Leichter ist ein Stück tiefer eine zweite Möglichkeit (Bezeichnung Nr. 21), die im Gegenanstieg auf die erwähnte undeutliche Querverbindung trifft. Jedenfalls wird die Wegtrasse bald besser, um in leichtem Auf und Ab die grasbewachsenen Hänge bis unter den Auslauf des **Vallon de Moline** zu schneiden. In dieses vom Mont Vélan überragte Hochtal zweigt hinter dem Bach bei P. 2297 (3) ein Steig ab, während ein anderer sich wenige Schritte weiter talwärts wendet. Wir halten indes nahezu die Höhe, queren weiter Richtung **Tsa de Menovy**, 2243 m, und nähern uns damit dem gut erkennbaren Wirtschaftsweg auf der anderen Seite eines Grabens. Diesen nutzen wir kurzzeitig, verlassen ihn aber noch vor **Tsa Nouva**

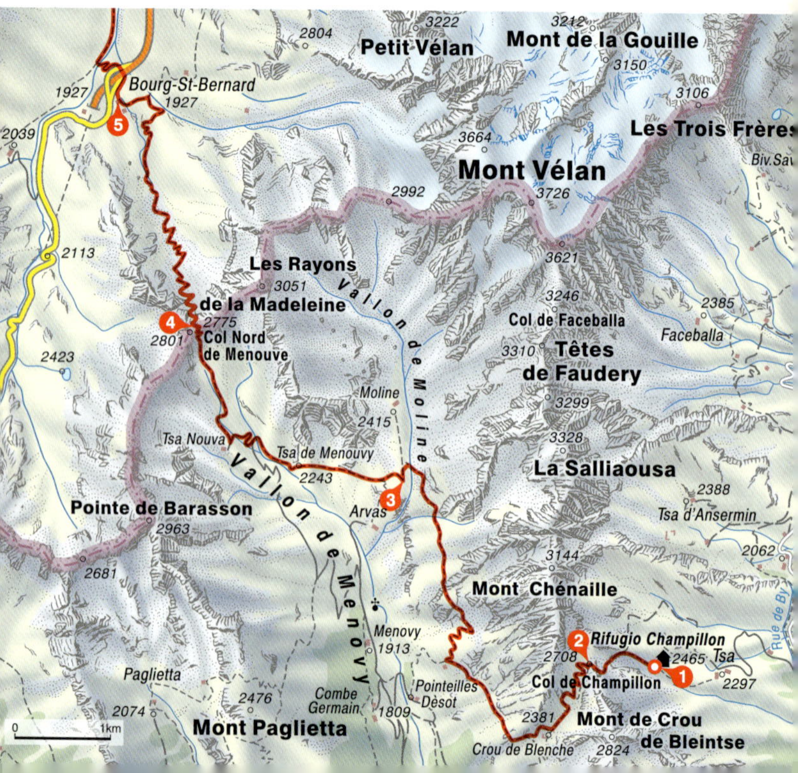

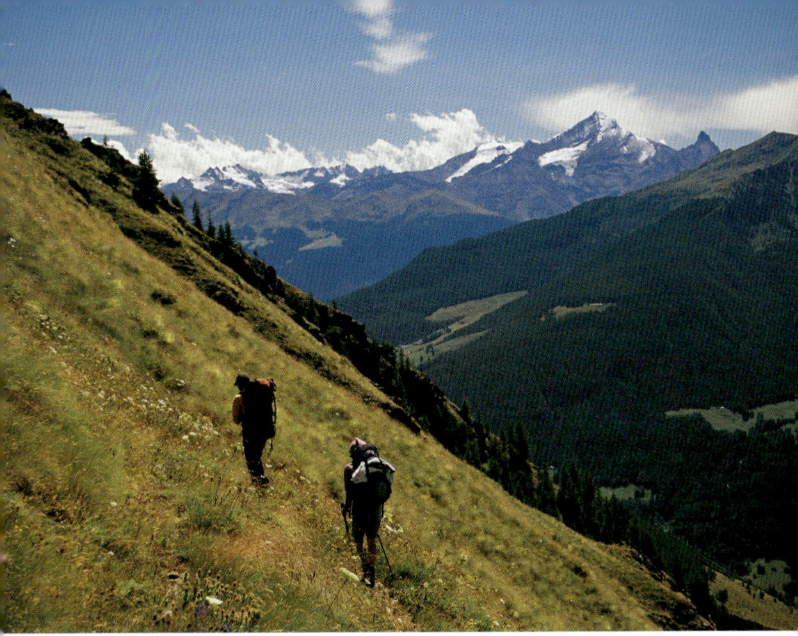

Während einer Hangtraverse grüßt aus der Ferne die Grivola.

wieder, um mit Markierung Nr. 20 im oberen Kessel des Vallon de Menovy bergwärts zu schreiten. Dort peilen wir geradeaus – zuletzt mit einigen kurzen Kehren – den **Col Nord de Menouve**, 2775 m (4), an. Gleich jenseits auf schweizerischer Seite befindet sich eine verwahrloste Seilbahnstation.
Daran vorbei geht es über steilen, erdigen Schotter – der anfangs mit Schrott und Unrat übersät ist! – im Zickzack tiefer; in umgekehrter Richtung sicher kein Zuckerschlecken. Die alte Lifttrasse bleibt knapp links der nur noch schwach angedeuteten, längst im Verfall begriffenen Spur, an der ab und zu noch blasse Farbzeichen zu erkennen sind. Freilich kann die Grundrichtung in dem karähnlichen Einschnitt kaum verfehlt werden. Nach einer Weile läuft das Gelände ohnehin gutmütig aus. Man folgt der breiten Piste und leicht rechts ausholend den Schleifen einer Jeeptrasse, die am Rande einer steileren Geländestufe Richtung **Bourg-St-Bernard**, 1927 m (5), hinunterführt. Der Pfad weiter links ist nicht empfehlenswert, zumal in der Vegetation nur noch schwer erkennbar.
Jenseits der Dranse können wir dann die Hauptroute der Tour des Combins aufnehmen und wie bei Etappe 6 beschrieben am Lac des Toules entlang nach **Bourg-St-Pierre** (6) hinauswandern.

Stichwortverzeichnis

Umschlagbild:
Das Matterhorn von Süden, im Talschluss des Valtournenche (Tour Matterhorn, 7. Etappe).

Bild im Innentitel:
Die klassische Silhouette des Matterhorns kommt oberhalb von Zermatt zur Geltung (Tour Matterhorn, 9. Etappe).

Alle 125 Fotos stammen von Mark Zahel.

Kartografie:
26 Wanderkärtchen im Maßstab 1:75.000 und 1:100.000
(gezeichnet von Angelika und Gerhard Tourneau)

Zwei Übersichtskarten im Maßstab 1:400.000 und 1:800.000

1. Auflage 2013

ISBN 978-3-7633-4427-7

Wir freuen uns über jeden Korrekturhinweis zu diesem Wanderführer!

BERGVERLAG ROTHER · München
D-82041 Oberhaching · Keltenring 17 · Tel. (089) 608669-0
Internet www.rother.de · **E-Mail** leserzuschrift@rother.de